本书为教育部人文社会科学研究青年基金项目

（11YJC810028）的最终研究成果

刘畅 ◎ 著

跨国公司在华可持续发展及对我国外资政策的影响研究

Research on Multinational Corporations Sustainable Development in China and Impact on Our Foreign Policy

天津出版传媒集团

天津人民出版社

图书在版编目(CIP)数据

跨国公司在华可持续发展及对我国外资政策的影响研
究 / 刘畅著. —— 天津：天津人民出版社，2014.8
ISBN 978-7-201-08840-2

Ⅰ.①跨… Ⅱ.①刘… Ⅲ.①跨国公司—可持续发展
—影响—外资政策—研究—中国 Ⅳ.①F832.6

中国版本图书馆 CIP 数据核字 (2014) 第 186531 号

天津人民出版社出版
出版人：黄 沛
（天津市西康路 35 号 邮政编码：300051）
邮购部电话：(022)23332469
网址：http://www.tjrmcbs.com
电子邮箱：tjrmcbs@126.com
天津市永源印刷有限公司印刷　新华书店经销

2014 年 8 月第 1 版　2014 年 8 月第 1 次印刷
710×1000 毫米 16 开本 15.75 印张 2 插页
字数：230 千字
定价：45.00 元

目　录

第一章
理论综述与研究定位

　　当前,外资企业对一个地区经济发展的重要性是不言而喻的。东道国政府希望通过吸引外资来弥补本地发展资金的不足,并学习国外先进技术、知识和管理经验,以此带动本地经济产业发展。因此,许多发展中国家纷纷采取招商引资策略,发展本国经济。然而在一个资本能够进行自由有效流动的时代,任何一个地区都无法保证投资本地的外资不会再次外移出去。一些外资企业往往可能随着本地成本优势的下降而发生外移。事实上,近年来我国已经开始出现少数外资企业的外移行为。这表现为部分外资企业开始向劳动力成本更低的国家或地区转移,且通常这种外资企业的外移行为会给原投资地带来一些负面影响;比如劳动就业的减少、地方财政收入的下降,甚至是当地经济产业的衰退。

　　我国的招商引资实践表明,自"十二五"时期以来,外资企业在中国已经进入一个新的发展阶段,中国利用外资到了转型的时刻。十八大报告强调要提高利用外资的综合优势和总体效益,积极推动引资、引技、引智的有机结合。伴随着外资企业近年来出现的与当地联系少、易外移,溢出效应有限等问题,如何正确引导外资企业在华可持续发展已成为当前中国政府亟待解决的问题。尽管我国政府已经意识到外资企业撤出问题的严重性,但已有政策实践的重点在于如何把外资"引进来",而如何促进外资企业在本地的可持续发展,尚无有效的治理方案。比如我国政府重视吸引大型跨国公司,通过促进跨国公司人员、采购、研发等的本地化来留住跨国公司。当前国内就出现一些大中城市地方政府纷纷争先吸引外资企业在本地设立研发中心。但现实是,规模大并不一定能降低外资企业外移的可能性。因此,仅仅着眼于引进大规模的、实力强的外资企业,推动其"本地化"仍是不够的。再比如我国实施"市场换技术"的外资战略,在一些行业领域并未取得预期效果。这主要是由于外资企业没有把前沿技术转移到我国,但即使把前沿技术转移过来,也大多锁在跨国公司在当地的子公司中,对于本地企业产生的溢出效应很弱。为了促进跨国公司的溢出效应,发展本地产业,我国政府又采取了与旨在促进外资企业和本土企业之间的合作相关联的政策措施,包括原产地规则和当地含量条款等。但这种要求也不能有效推动当地企业的发展,因为外资企业的当地子公司可以通过内部化,或从位于当地的其他外资子公司,或从母国带来供应商等方法"达标"。从诸多引资实践的经验教训中,我国政府逐渐意识到,仅仅引进外资企业是不够的,更为重要的是如何促进外资企业在本地的可持续发展,如何促进其技术溢出和转移,从而更好地促进当地经济的可持续发展。本书正是基于对这一现实问题的考虑,深入探究外资企业在华可持续发展问题。

第一节 相关概念界定

一、跨国公司对华投资

长期以来,我国一直使用"外商直接投资"这一概念。外商直接投资,指"外国企业、公司和其他经济组织或个人按照中国有关的政策、法律在中国境内同中国的企业、公司或其他经济组织共同举办企业等从海外吸收任何形式的资本,包括外币现金、机器设备等有形资本和专利权、专有技术等无形资本"。其包括中外合资企业、中外合作企业、外商独资企业和合作勘探开发等形式。利用外资,指"使用国外资本,包括现汇、实物、劳务、技术等来发展本国经济,提高本国国力"。它包括四种主要形式:①对外借款,包括国际金融组织贷款、外国政府贷款、出口信贷、外国银行商业贷款、对外发行股票和债券等;②引进外商直接投资;③利用外商其他投资,包括补偿贸易、国际租赁等;④接受国外赠款,包括国外政府、国际组织及其他经济组织和个人提供的无偿援助等。

　　跨国公司是指具有全球性经营动机和一体化的经营战略,在多个国家拥有从事生产经营活动的分支机构,并将它们置于统一的全球性经营计划之下的大型企业。在通常情况下,跨国公司对华投资与外资企业对华投资有时会被混用。但是从严格意义上来说,国际法上的跨国公司,按照《联合国跨国公司行为守则》草案的定义,是指"分设在两个或两个以上国家的实体组成的企业",而外商投资的企业,是由外国投资者(可能是自然人,也可能是一个法人)在中国境内投资设立的企业。跨国公司的重点在于往往指的是一个集团,其国籍一般采用主营业地的国籍。外商投资企业,是中国法人,重点指的是由外国母公司在中国投资的子公司。由于资料所限,本书所研究的跨国公司主要是西方发达国家实力雄厚的大规模跨国公司,那些发展中国家跨国公司以及中小规模跨国公司暂不列入研究范围。

二、外资政策及其政策过程

　　外商直接投资政策,简称外资政策,有广义与狭义两种解释。广义的外资政策指与外商投资相关的所有政策,狭义的外资政策通常被定义为东道国政府依据国家目标制定的管理外商直接投资的原则和措施,是一国经济政策的重要组成部分。[①]本书所要分析的有关我国利用外资的政策和法律也主要是利用外商直接投资的政策和法律,包括全国性法律和地方行政法规。具体来讲,我国的外资政策分为外资产业政策、外资区域政策和外资税收政策三部分。

　　制定外资产业政策主要是为了使外商投资更符合国家的产业发展方向,避免盲目投资现象。我国先后制定并颁布了《指导外商投资方向暂行规定》和《外商投资产业指导目录》,以法规形式将吸收外商投资的产业政策公布于众,提高了政策的透明度,大体上将产业项目分为鼓励、允许、限

---

　　① 韩彩珍:《中国外资政策和法律的绩效分析》,中国经济出版社,2007年,第27页。

制和禁止四大类,令投资者一目了然。外资区域政策是在继续发挥东部地区对外开放、利用外资的优势,支持东部地区积极发展资金、技术密集型产业和出口型产业的同时,采取有力措施积极引导和鼓励外资投向中西部地区。外资税收政策是指我国对跨国公司投资实行相对优惠政策,并对国家鼓励投资的行业、地区实行包括所得税、流转税等在内的多种税收优惠政策。

一般认为,外资政策过程主要包括有关外商投资问题的提出、议程设置、政策制定、政策执行和政策评估五个方面。①

(1)问题的提出,即将社会中存在的所有问题,经过利益团体、社会公众以及政策分析、制定与执行人员等充分提出。主要包括思考问题、勾勒问题边界、寻求事实依据、列举目的和目标、明确政策范围等方面。

(2)议程设置,即决定什么问题进入决策者考虑的范围,以及各个问题之间的优先等级。主要包括立法机构的审查、领导决策会议的讨论,并决定将哪些问题提上日程作为公共政策问题来加以解决等过程。

(3)政策制定,由立法机构、行政机构领导人同意或决定采纳某一项解决措施并公布政策方案。

(4)政策执行,是指在政策制定完成之后,将政策由理论变为现实的过程。包括设置政策执行机构,进行政策宣传和政策试验,最终实施该项政策。政策执行手段包括政治手段、法律手段、经济手段等,使用时应多样化、交叉化,结合实际情况运用相应手段。

(5)政策评估,是指依据一定的标准、程序和方法,对公共政策的效率、效益和价值进行测量和评价的过程,它的目的在于获取公共政策施行的相关信息,以作为该项政策维持、调整、终结、创新的依据。

作为典型的利益集团,跨国公司在对华投资过程中,对我国外资政策过程的各个环节都会施加影响。它们通过寻租和博弈等手段,直接或间接地介入到我国外资政策的制定和执行过程中,使外资政策发生改变。

---

① 严强、王强:《公共政策学》,南京大学出版社,2002 年,第 222 页。

三、跨国公司在华可持续发展

出于种种原因,并非所有企业在对外直接投资过程中会保持不变,跨国公司在东道国的发展受到多方利益主体博弈的影响,其过程必然会产生各种目标冲突问题。即使现实中我国很多地区对跨国公司提供了不少优惠政策,但是很多公司与当地的联系仍然有限。因此,东道国政府在制定外资政策时,必须对外商投资的行为决策及其主要影响因素有一个全面、客观、深入的了解,使其嵌入东道国的经济体系中,为东道国的经济增长作出更大的贡献。

第二节　跨国公司传统理论

传统的主流跨国公司理论形成于西方大型跨国公司大规模成长与扩张时期,因此偏重于分析和解释拥有"垄断优势"的大企业如何"第一次"走向海外,以及如何达到"全球存在"而形成跨国公司,而对于走向海外后,如何进一步获取新的优势,如何壮大和发展的问题并没有给予关注。相应地,传统的跨国公司行为可以综合为一种传统模式——全球推广模式:跨国公司依赖于在母国建立的优势,在世界各地建立分支机构,不断推广和利用这些"母国优势"。全球推广模式的一个假设前提就是:跨国公司的母公司是公司竞争优势的唯一来源,母公司可以提供整个公司优势得以构建的全部资源和知识。但是随着时代的变迁,全球竞争形态的转变,跨国公司传统的优势也正经历着不断的改变,全球推广模式所能提供的竞争优势正在被削弱,跨国公司需要寻求新的竞争优势来源。更为重要的是:有价值的资源和知识正日趋分散化、多样化、全球化。越来越多的证据表明,更多的差异化和创新的机会分散在全球各地。现今也有越来越多的跨国公司已经建立了遍布全球的网络体系,不单纯是为了开阔新的市场和新的业务,更是为了在全球范围内搜寻和获取这些有价值的、差异化的资源和知识,并把它们当作构建差异化优势的重要来源。

一、主流跨国公司理论

在最早论述对外投资理论的经济学家中，马克思从资本剩余价值的角度论述了资本输出的原因，认为资本输出的本质与资本的本质是一致的，资本输往国外，并不是因为它在国内已绝对不能使用，而是因为它在国外能获得更高的利润率。①从严格意义上讲，对外直接投资理论起源于20世纪初。传统的国际资本流动理论的代表——新古典利率理论，认为世界各国的产品和要素市场是完全竞争的市场，各国生产要素的边际产值或价格取决于各国生产要素禀赋的相对差异，国际资本流动的根本原因是由于各国间存在着利率的差异。但直到20世纪60年代以后，对外直接投资理论框架才独立成体系。概括起来，主要有以下四种分类：一是以产业组织理论为基础的分类，由垄断优势理论和寡占反应理论构成，主要代表人物为斯蒂芬·海默(Stephen Hymer)、金德尔伯格(Charles P. Kindleberger)和尼克尔博克(Frederick T. Knickerboker)；二是以贸易学说理论为基础的分类，主要由生命周期理论和比较优势理论构成，其代表人物为弗农(R.G. Vernon)、小岛清(Kiyoshi Kojima)等；三是以交易费用学说为基础的分类，主要代表人物及理论是巴克利(Peter J. Buckley)和卡森(Mark Casson)的市场内部化理论；四是以综合优势理论为基础的分类，主要代表人物是英国经济学家约翰·邓宁(John H. Dunning)及其国际生产折衷理论。

(一)垄断优势理论

1960年，美国学者海默在其博士论文中，首次提出了以企业优势为中心的直接投资理论——垄断优势理论。海默提出的垄断优势理论首创了国际直接投资理论，可以说是国际直接投资理论研究的"零公里界碑"。②该理

---

① 刘恒：《外资并购行为与政府规制》，法律出版社，2000年，第14页。

② 张纪康：《跨国公司与直接投资》，复旦大学出版社，2004年，第128页。

论以产业组织理论为基础,强调市场的不完全性,注重微观层次的企业行为的分析和行业组织结构特征的分析。海默指出,跨国公司进行对外直接投资时,面对着东道国这一新的经营空间,相对于东道国当地企业会在诸多方面处于不利地位,比如东道国当地企业更熟悉投资环境,更熟悉市场,运输费用更低廉,信息更灵通,更易于取得政府部门的支持以及没有语言、文化方面的障碍等。跨国公司的对外直接投资不但要承担更多的费用,而且会面临更大的经营风险。为此,跨国公司必须拥有当地竞争者并不具有的特定优势,以此抵消东道国当地企业的诸多先天优势,并有效克服在东道国陌生环境中投资经营所增加的额外成本,能够获取经营利润。海默把跨国公司的特定优势归结为技术、先进管理经验、雄厚资金实力、相对全面而灵通的信息、规模经济以及全球性销售网络等优势。海默认为,国际直接投资并不仅仅是一个简单的资产交易过程,它包括了非金融和无形资产的跨国转移,是跨国公司在另一个空间使用和发挥其内在优势的过程。而跨国公司之所以能够克服跨国投资的种种不利,并在一个于诸多方面存在不利的空间中站稳脚跟,乃至获得高额利润的因素就在于跨国公司拥有特定优势。

海默进一步指出,跨国公司之所以对外直接投资,除了拥有足以抵消当地厂商竞争中的各种不利因素的特定优势外,还在于外部市场的不完全使得厂商能够保持对特定优势的独占性,从而使特定优势成为垄断优势。换句话说,跨国公司垄断优势是外部市场不完全的结果。海默和金德尔伯格(Kindleberger)把外部市场的不完全主要归结为四个方面:产品和生产要素市场的不完全、规模经济引起的市场不完全、政府干预经济导致的市场不完全和关税等引起的市场不完全。正是市场的不完全,导致各国在商品和要素的市场容量、供求关系、价格水平等方面出现差异,从而为跨国公司的对外直接投资开辟了空间。而跨国公司也正是在市场不完全的条件下,充分利用自身的垄断优势拓宽了投资领域,实现了跨国经营。

垄断优势理论对跨国公司垄断优势的分析、对市场不完全类型的研究以及知识资产和产品差别能力是跨国公司重要优势的论断都具有较强的科学性,对外商直接投资理论和实践的发展都发挥了重要作用。从时空角度来看,垄断优势理论主要是一种静态的外商直接投资理论,它对跨国公司之所以能在本国以外的异质空间进行投资经营的决定因素作出了较为科学的理论解释,但它只说明了特定时点上跨国公司拥有的既有优势,并未说明跨国公司这些优势的形成过程以及随跨国公司内外条件的变化这些优势的动态变化过程。

(二)生命周期理论

1966 年,美国哈佛大学教授弗农利用产品生命周期的变更原理,提出了产品生命周期理论。[①]弗农认为,任何产品都要经历从创新、成熟进而标准化的周期性发展阶段。在产品的生命周期中,其市场需求、资本技术密集程度、关键生产要素与生产区位都处在一个动态化的演进过程之中。在产品创新阶段,由于技术不成熟,产品生产非标准化,市场需求较小,需要大量研发资金,产品一般集中在创新国国内生产。[②]这是因为,此时创新厂商主要关心的是客户的需要和对新产品的反应、非标准化产品保质保量的原料和零部件供应商的稳定,以及竞争对手的反应,即更关心国内生产而非生产成本和有利的生产区位, 因此一般将产品置于开发母国生产而不会将自己尚处于摸索阶段的产品马上投向相对遥远的国外去生产,对于其他发达国家的市场需求则主要通过少量的出口来满足。随着其他国家对该产品需求的迅速增长,生产技术逐步成熟,为了占领和接近市场,减少交通运输成本和其他交易成本, 创新国生产厂商开始对其他发达国家直接投资、建立子公司进行生产并就地销售;同时开始向发展中国家出口其产品。最后,当产品完全走向成熟,生产进入标准化阶段,降低生产成本,尤其是劳动力成本成为跨国公司的主要目标和竞争手段,产品的生产

---

① Raymond Vernon,International Investment and International Trade in the Product Cycle,*Quarterly Journal of Economics*,1966,May,pp.190-207.

② 弗农(Vernon,1966)通过对美国市场的研究发现,一般国内市场容量大、研发能力强和资金多的国家在开发新产品、采用新技术方面居于优势地位,由于战后美国社会生产力发达、资金供给充足、消费市场容量大、变化快,所以众多新产品主要是在美国创新出来。

区位也逐步转向发展中国家，创新国乃至其他发达国家都开始从发展中国家进口这些产品。在这一产品生命周期中，产品从创新到成熟再到标准化，其生产区位从创新国转移到其他发达国家再转移到发展中国家，产品生产区位的空间转移的主要手段就是通过国际直接投资。

（三）内部化理论

1976年，英国学者巴克里和卡森将产权经济学家科斯（R.H.Coase）提出的"内部化"的概念应用到对外直接投资领域，以市场不完全为假设，提出了"市场内部化理论"[①]。这一理论的出现标志着西方国际直接投资理论研究发生了"一个重要转折"[②]。内部化是把市场建立在企业内部的过程，内部化优势是相对于市场交易，企业组织在某些活动中所具有的低成本的优势，正是交易成本过高和市场失效为企业实行内部化提供了动力。内部化理论的分析思路可以追溯到科斯（1937）的理论。科斯认为，企业与市场是两种不同而又可以相互代替的交易制度，市场交易需要支付一定的成本，而企业之所以存在，关键在于"内部化"能减少交易成本。[③]垄断优势理论提出市场不完全是国际直接投资的前提条件，但主要把市场不完全归结为结构性市场不完全；内部化理论也承认市场不完全，但把市场不完全归结为交易性市场不完全，并主要从市场机制的内在缺陷、中间产品特别是知识产品交易的特殊性方面来论述内部化的必要性。[④]与垄断优势理

① Peter J. Buckley, Mark Casson, *The Future of the Multinational Enterprise*, Holmes and Meier, 1976, pp.76–79.

② 李东阳：《国际直接投资与经济发展》，经济科学出版社，2002年，第56页。

③ Coase, R.H., The Nature of Firm, *Economica*, November, 4, 1937, pp.386–405.

④ 结构性市场不完全和交易性市场不完全分别强调了市场不完全的两个重要方面。前者强调市场结构特征方面的市场不完全，而后者则强调市场交易活动存在障碍所导致的市场不完全，基于对这两种市场不完全的分析，产生了"垄断优势理论"和"内部化理论"这两个相互竞争的假说，它们都有相应的理论基础，并且均能较好地揭示国际直接投资的发生。尽管都强调市场的不完全，但在揭示跨国公司对外直接投资的收益来源机制方面，"垄断优势理论"和"内部化理论"背道而驰。

论强调跨国公司的特有优势不同，内部化理论强调企业通过内部化组织体系以较低成本在内部转移该优势的能力，并把这种转移能力而非优势本身看作企业进行对外直接投资的真正原因。正是交易性市场不完全导致了企业用内部化交易取代市场交易动力的产生，而企业对外直接投资就是企业经营活动中规避世界市场不完全的手段。跨国公司通过国际直接投资将不完全的市场结构内化，以高效率的企业行政结构替代了低效率的交易成本过高的外部市场。

内部化理论对国际直接投资的研究从着眼于跨国公司的垄断优势转向了跨国公司的市场内部化优势，由此开辟了一种不同于传统外商直接投资理论的研究路径。与其他外商直接投资理论相比，内部化理论较好地解释了外商直接投资的动机，它既可以解释发达国家的对外直接投资行为，又可以解释发展中国家的对外直接投资行为，从而具有较大的适应性。从时空角度进行衡量，尽管内部化理论仍然主要是一种静态外商直接投资理论，但相对于垄断优势理论则体现出了更多的时空思想。从空间思想来说，市场和企业可以看作两种交易方式或资源配置方式的不同空间，前者交易采用外部价格机制，后者交易采用内部行政指令。外商直接投资的主要动机就是把市场这种交易成本过高的空间转化为跨国公司的内部空间，它不仅拓展了经营空间，更重要的是改变了空间中的交易方式。从时间思想来说，内部化理论有助于较好地解释战后跨国公司的增长速度、发展阶段等发展事实。如知识资产市场的内部化激励了跨国公司在研发方面投入巨额资金，为保持和扩展其技术优势、避免过高的交易成本而增加对外直接投资，由此推动了战后外商直接投资的高速增长。

（四）比较优势理论

1978 年，日本一桥大学教授小岛清在其《对外贸易论》中，首次提出"比较优势理论"。该理论的核心是，对外直接投资应当从本国已经处于或即将处于比较劣势的产业依次进行，投资国通过对外直接投资可以充分利用东道国的比较优势来扩大两国间的贸易。

　　第二次世界大战后,在以非欧美国家为研究对象的跨国公司理论中,小岛清的理论最具有影响力。他于 20 世纪 70 年代,以日本的对外直接投资时间为研究对象,并在对美国、日本对外直接投资进行比较研究的基础上提出了著名的边际产业理论。边际产业理论的基本假定是:一个国家应该从已经或即将处于比较劣势的产业开始对外直接投资,并依此进行;这些产业可以被定义为边际产业——已经或者即将失去比较优势的产业。①小岛清的研究主要以日本跨国公司为对象,第二次世界大战后,日本主要向发展中国家投资,目的在于确保对其经济至关重要的初级产品的进口,即把一些劳动密集型产业转移至发展中国家。而美国的对外直接投资如产品周期理论所述,从具有比较优势的产业开始转移,先转移至西欧,当产品的生命周期处于标准化阶段再转移至发展中国家。由于日本制造业的对外直接投资中有很大部分是由中小企业进行的,其规模也比美国的对外直接投资规模要小得多,所转移的技术也是一些比美国企业转移的高科技含量低的、适合当地情况、中等水平的实用技术。因为转移的技术并不是国际上绝对领先的技术,所以投资形式也多为合资,而不是独资的子公司。而美国对外直接投资基本上是由大企业发起和推动的,而且多倾向于利用自己的技术优势(即所有权优势),因此采用独资经营方式和特许经营方式非常普遍。小岛清认为,日本的对外直接投资是"顺贸易导向的投资",即按照边际产业顺序进行对外直接投资将导致贸易的扩大,这时投资与贸易之间是相互补充的关系,而不是彼此替代关系。美国的对外直接投资是从优势产业开始的,通过投资将优势产业转移到欧洲,这样做显然违背了比较优势理论,结果导致美国出口的减少并直接导致在欧洲生产的产品返销美国,这种现象可以被称为是"逆贸易导向的投资"。在这种情况下,投资和贸易之间形成替代关系,对外投资不利于美国的贸易收支平衡,也限制了美国对外贸易规模的扩大。

---

① 　[日]小岛清:《对外贸易论》,周宝廉译,南开大学出版社,1987 年,第 444 页。

（五）生产折衷理论

1977年，英国经济学家邓宁发表了著名的《贸易、经济活动的区位与多国企业：折衷理论探索》一文，首次提出了国际生产折衷概念。1981年，邓宁在其《国际生产与多国企业》一书中，比较全面地阐述了国际生产折衷理论的框架。该理论认为，从事国际直接投资的企业，必须要具备三大优势：一是所有权优势，即投资企业所拥有的特有优势，特有优势或所有权优势是跨国企业相对于东道国当地其他企业所具有的至少在一段时间内为该企业所独有或垄断的优势；二是内部化优势，即跨国企业将所拥有的所有权优势在其内部使用而带来的优势，进一步说，通过对外直接投资，企业能够把某些跨越国界的交易活动加以内部化，以降低交易成本、获取内部化收益；三是区位优势，即东道国拥有的有利于跨国公司直接投资的各种条件，是企业将其优势与东道国当地优势结合起来，比在本国运用更为有利的优势。邓宁将这三种优势进行综合，发展出了三位一体的国际生产折衷（Ownership-Location-Internalization）模式。[①]邓宁认为，上述三类优势都不能单独用来解释企业国际直接投资的倾向和行为，只有同时具备这三类优势时，企业才可能对外直接投资。换句话说，所有权优势只是跨国企业从事外商直接投资的基础，只是决定企业是否能够进行外商直接投资的先决条件。若不具备区位优势，企业决策时可能选择对外出口而不是外商直接投资。若不但不具备区位优势，而且也没有内部化优势，企业则可能只选择对外技术转让的方式来参与国际经济竞争，见表1.1。

[①]　国际生产折衷理论虽然是当今最具影响的外商直接投资理论，不过也有学者对其提出了质疑。如崔新健就认为，折衷理论中的三大优势之间存在着重叠和冲突，因而主张将该理论简化为只有所有权优势和区位优势两个变量，这样就可以将跨国公司与东道国放在一个平等的平台上研究，从而能够弥补传统理论忽略东道国的重要性这一弊端。见崔新健：《外商对华直接投资的决定因素》，中国发展出版社，2001年，第45~47页。

表 1.1 企业三大优势与参与国际经济方式的选择

参与方式	所有权优势	内部化优势	区位优势
外商直接投资	有	有	有
对外贸易	有	有	无
对外技术转让	有	无	无

资料来源：[英]邓宁："用国际生产折衷理论解释发展中国家对外直接投资"，载 Krishma Kumar, Max well G. Mcleod 主编的《发展中国家跨国公司》，1981 年，第 41 页。

邓宁的国际生产折衷理论集众人所长，吸收了垄断优势理论、内部化理论的精髓，并将其与区位优势理论相融合，形成了综合而又独特的外商直接投资理论。这一理论论证了跨国企业进行外商直接投资的充分条件，并进一步揭示出企业三种优势和企业三种国际经营方式之间的相互关系。可以说，该理论是迄今为止解释能力最强、最全面和权威的国际直接投资理论体系，并因此被西方经济学界冠以了"通论"的美称。不过从时空思想角度来衡量，国际生产折衷理论仍然主要是一种静态的外商直接投资理论。相对于单独的垄断优势理论、内部化理论和区位优势理论，它更系统地解释了国际直接投资空间扩展的条件和动机，以及影响国际直接投资具体投资选址的因素，但仍然缺乏对外商直接投资动态发展的系统研究。

邓宁随后又进一步发展了上述理论，提出了投资发展周期理论，又称投资发展水平理论。其核心命题是发展中国家对外直接投资倾向取决于：①经济发展阶段；②该国所拥有的所有权优势、内部化优势和区位优势。根据人均国民生产总值，邓宁区分了四个经济发展阶段：第一阶段，人均国民生产总值在 400 美元以下。处于该阶段的国家的净国际直接投资额呈负值。第二阶段，人均国民生产总值在 400 美元~1500 美元之间。外资直接流入迅速增加；但由于三种优势仍十分有限，故其净国际直接投资额仍为负值。大多数发展中国家处于这一阶段。第三阶段，人均国民生产总值在 2500 美元~4750 美元之间。三种优势都有所增强，对外投资迅速增长。这一阶段国际直接投资流入量和流出量都达到较大规模，但净国际直接投资额仍为负值。大多数新兴工业化国家处于这一阶段。第四阶段，人均国民生产总值超过 5000 美元。进入该阶段的国家为发达国家,对外直接投资达到相当大的规模,净国际直接投资额为正值。具体如表 1.2 所示:

表 1.2　对外直接投资与经济发展阶段

经济发展阶段	外国直接投资	对外直接投资
第一阶段	外国企业所有权优势充足 外国企业内部化优势充足 国内区位优势少量	本国企业所有权优势无 本国企业内部化优势不适宜 外国区位优势不适宜
第二阶段	外国企业所有权优势充足 外国企业内部化优势充足 国内区位优势增加	本国企业所有权优势少量 本国企业内部化优势少量 外国区位优势少量
第三阶段	外国企业所有权优势下降 外国企业内部化优势下降 国内区位优势下降	本国企业所有权优势增加 本国企业内部化优势增加 外国区位优势增加
第四阶段	外国企业所有权优势下降 外国企业内部化优势下降 国内区位优势下降	本国企业所有权优势增加 本国企业内部化优势充足 外国区位优势增加

资料来源:[英]邓宁:"用国际生产折衷理论解释发展中国家对外直接投资",载 Krishma Kumar, Max well G. Mcleod 主编的《发展中国家跨国公司》,1981 年,第 41 页。

二、发展中国家跨国公司理论

前述跨国公司理论都是以发达国家跨国公司为研究对象的,形成了跨国公司理论研究的主流。发展中国家跨国公司理论的兴起是在 20 世纪 80 年代,其中比较有影响力的是刘易斯·韦尔斯(Lois Y. Wells,1983)的小规模技术理论、拉奥(Sanjaya Lall,1983)的适应性技术理论,以及托兰惕诺(Paz Estrekka E. Tolentino,1987)和坎特威尔(John Cantwell,1990)的技术创新产业升级论。这些理论认为,发展中国家的跨国公司虽然实力小,不具备发达国家跨国公司的"大公司优势",但因为其自身的优势,也可以进行跨国经营。这些理论对发展中国家和地区的企业对外投资行为、动因的解释,有一定的合理性,是对传统跨国公司理论的有力补充。

从战略管理角度研究跨国公司是跨国公司理论的重要突破。在这方面作出贡献的有：斯塔福得和威尔士（Stopford & Wells，1972）研究跨国公司如何适应复杂的环境和战略而改变其组织结构；巴特雷特和高绍尔（Bartlett & Ghoshal，1986，1988，1989）、高绍尔和诺瑞亚（Ghoshal & Nohria，1993）以及高绍尔和维斯尼（Ghosal & Westney，1993）突出战略管理和协调的重要性，被称为跨国公司的战略管理学派；波特（Poter，1980）区分多国战略和全球战略，并从价值链的分析角度提出"战略优势"概念；考库特（Kogut，1984）指出，跨国公司利用战略优势可以获得规模经济、范围经济和学习经济，并可以通过多国的子公司网络的适应性和灵活性而最大限度地加强竞争优势；基于战略优势的分析，马克奇里（Mucchielle，1992）对折衷范式进行修改，提出"竞争优势——比较优势——战略优势"的分析模式。

不论跨国公司理论怎样划分，经营优势分析是跨国公司理论的核心内容之一。当人们试图回答跨国公司为什么要到海外进行投资经营和如何在海外投资经营时，不约而同地会注意到跨国公司所具有的经营优势。总之，传统的跨国公司理论主要解释跨国公司的存在原因和机制问题，企业能够跨国经营是因为它们拥有的垄断优势，而对垄断优势的海外扩张和利用就会产生跨国公司。但是随着时间的推移和时代的发展，全球经营环境已经发生了巨大的变化，尤其是信息技术的革命性变化，大大加快了经济全球化的速度，跨国公司的经营环境日益呈现出动态、复杂的特征，传统跨国公司理论建构中的许多前提假设在今天来说事实上已经不复存在了。经营环境的重大变化，对跨国公司的经营活动产生了深刻的影响，其经营优势也发生了重大变迁。因此，传统理论本身的局限性加之现实的演变与发展导致了其对今天的跨国公司问题难以作出令人信服的解释。特别是经历了2008年的金融危机，很多大型跨国公司海外扩张的规模受到遏制，它们纷纷舍弃"传统优势"，如"内部化优势"，不断地将业务外包，纷纷撤离东道国。面对这些跨国经营的新现象，传统跨国公司理论失去了解释力。

第三节　国际环境的发展变化

传统的主流跨国公司理论主要形成于 20 世纪 60 年代至 70 年代,当时的跨国公司面临的基本上是一个稳定、可预测的环境:国界限制了企业之间不受控制的活动,竞争主要是在本产业内的主要对手之间展开的;产业立法限制了竞争者的加入;产业实践界定了产业内的经营规则;科层组织对员工进行控制和约束。当时也正值全球跨国公司大规模成长与扩张时期,相应地解释这种现象的理论就应运而生。随着现代科技进步的日新月异、经济全球化程度的提高,跨国公司的经营环境发生了重大变化。

一、国际环境瞬息万变

如果说早期的经营环境是一种较稳定的环境,那么现在的经营环境则正处于剧变之中。在动态环境下,几乎所有的产业都在经历着新水平的动态性、易变性和不确定性。这对跨国公司的管理活动提出了新的要求,并进一步增强了环境的变动性,给跨国公司的管理带来了必须应对的严峻挑战,主要体现在以下五个方面:

(一)信息全球化的挑战

世界经济信息化、信息全球化为跨国公司的"无国界经营"提供了前所未有的便利条件,如今,是否具备与国际信息网络沟通的便利的信息传输条件,正在成为跨国公司投资地点选择的重要环境依据。信息全球化使跨国公司经营的环境和条件发生了深刻的变化,导致跨国公司思维模式、经营模式的改变,这种影响可以归纳如下:

(1)信息全球化加剧了企业之间的竞争,缩短了产品生命周期,引起经济和电子商务的根本变化,促使跨国公司对新型商业行为、全球并购和全球供应链的态度产生明显的变化,更加关注"小型化"和"灵活化"。

（2）信息全球化创造了一个与有形世界不同的虚拟世界，使得跨国公司的经营不仅要关注有形世界的构造——实体价值链，还要强调虚拟价值链在竞争中的重要价值。例如通过因特网，企业可以用一种前所未有的方式，继承传统经营活动中的物流、资金流和信息流，把对企业竞争实力至关重要的全球资源——全球股东、全球消费者、全球经销商和供应商、全球员工等结合在一起，形成网络优势。

（3）信息全球化使生产商与最终消费者之间的距离不断缩短，多步分销逐渐缩减成单步分销，改变了成本结构。

（4）信息全球化为企业推进虚拟经营这一富有柔性的动态经营方式和与顾客合作奠定了基础，从而使跨国公司更多关注联盟、外包等战略带来的虚拟经营优势。

（二）政府管制和贸易壁垒的消除

在全球化趋势日益明显的同时，政府管制的放松和一些国际贸易壁垒的消除或减少正成为一股不可逆转的趋势。长期以来，在政府管制和贸易壁垒形成的国际不完全竞争市场上，西方大型工业企业凭借自身强大的"垄断优势"有效地克服了海外经营的成本和限制了中小企业的进入，从而成功地进行跨国经营。而随着政府管制的放松、国际贸易壁垒的消除或减少，许多传统意义上为政府管制的产业和企业正在发生剧烈的变化。原来"不具备跨国经营条件"的许多中小企业现在也跻身到世界跨国公司的行列当中，进一步加剧了国际经营环境的动态性和不确定性，为企业的跨国经营带来了更大的挑战。

（三）资源的分散化和全球化

在动态的环境里，资源，特别是知识等无形资源，与全球化竞争和信息技术的高速发展等因素一道，日益成为跨国公司构建未来竞争优势的主导因素。现在，跨国公司越来越注重通过学习和创新途径来获得、积蓄和整合赖以营造持久竞争优势的关键技术、经营诀窍等,并不断优化组织的资源结构,从而为竞争成功和获得持续成长奠定坚实的基础。可以说,未来的成功企业必将是那些把知识等无形资源作为独特生产要素,并能够较其他企业更快速地有效思考、学习、解决问题和采取行动的企业。目前,越来越多的跨国公司已经抛弃了单纯依赖母国优势的做法,纷纷建立了遍布全球的网络体系,不单单是为了开拓新市场和新业务,更是为了在全球范围内搜寻和获取那些有价值的、差异化的知识和资源,并把它们当作差异化优势的重要来源。在这种条件下,跨国公司的经营观念与经营范式发生了重大的变化:不再强调原有优势的保护和利用,而是强调新的竞争优势的获得和构建;不再强调生产规模,而是强调服务与知识;关注的重点不再是市场份额,而是活动份额;不再强调垂直一体化,而是研发与营销等关键活动的内部化与非核心活动的外部化,以便把有限的资源集中于价值链上少数几个关键环节,降低风险和增强柔性等。表 1.3 显示了动态环境下跨国公司经营范式的变化。

表 1.3　动态环境下跨国公司经营从旧范式向新范式的转变

旧范式	新范式	旧范式	新范式
选择与决策	兼而得之	财务指标驱动	价值驱动
命令与控制	教练与团队	生产规模	服务、知识、独特性
为他人制造产品	与顾客共同创造价值	官僚组织	充分发挥想象力
垂直一体化	非核心业务外部化	竞争优势的保护	竞争优势的更新

资料来源:王永贵:《21 世纪企业制胜方略——构筑动态经营优势》,机械工业出版社,2002 年,第 10 页。

(四)服务的凸显和服务业跨国化

20 世纪 50 年代期间,国际直接投资主要集中在原材料、其他初级产品,以及以资源为基础的制造业。而今,技术密集的制造业和服务业已成为全球扩张的主力军。50 年代初,服务业占对外直接投资的比重不到20%,在 70 年代初也只有 25%,而到了 80 年代中期,在世界对外投资约7000 亿美元的总存量中,投资于服务行业已达到 3000 亿美元,占 40%左右。

由于服务商品的非实体性、异质性、不可分割性以及不可储存性,使服务商品往往被认为是不可贸易品,也不存在规模经济。因此服务业过去一直被视为应当是当地化、个性化倾向特别明显的一个行业。然而现代电信和信息传递技术使时间和距离的概念逐渐丧失了其重要性,服务的不可储存性和运输的传统特性发生了改变。从此,许多生产和消费原需同时进行的服务现在可以实现生产与消费的分离,银行、保险、医疗、咨询和教育等原需与供需直接接触的服务现在可以采用远距离信息传递的方式;通信革命大大提高了服务的国际可贸易性,生产的专业化迅速发展。进而服务业国际化的范围从运输、工程建筑等传统领域转向知识、技术和数据处理等不断涌现的新兴领域;现代科技的发展使物质生产和服务生产中的知识、信息投入比重不断提高,从而推动了服务业国际化的发展,以劳动密集为特征的传统服务贸易地位逐渐下降,以资本密集、技术密集和知识密集为特征的新兴服务业逐渐发展壮大。

由于最新的服务业发展主要由经济网络型服务带动,使经济网络型服务与工业的发展形成互补;与此同时,又由于许多服务产品无法出口,因此服务业更多地采用跨国公司的形式。而跨国公司在资金、技术和信息上的巨大优势和跨国公司在全球范围内配置资源的经营行为,也使其在服务领域占据主导地位。由于新兴服务业的知识化和信息化特征,服务业跨国公司比制造业跨国公司的资本密集度更高,技术优势更强,也更容易形成世界市场的垄断局面和全球范围的网络优势。可以预见,随着全球市场的融合,信息成本降低,交易费用进一步下降,在更加完全的市场中,服务业将比制造业更加具有采用跨国公司形式对外发展的倾向。

(五)跨国公司战略大调整

由于市场的复杂化、全球化,产品生命周期的缩短和形势多变的国际与地区市场等经营环境的巨大变化,客观上要求跨国公司有相应的动态化的战略和新的竞争优势源泉。结果影响竞争成败的是对市场趋势的预测和迅速地对变化的顾客需求作出反应,战略的根本点不在于公司的产

品和市场结构,而在于区别于其他竞争者的、难以模仿的组织资源与竞争能力。这一能力的含义主要有:

(1)动态环境中不存在永远的竞争对手。为了某项资源(特别是技术),跨国公司需要更多地考虑与对手的、基于资源的战略合作。

(2)传统的判定价值创造环节的分析工具不再适合这种崭新的环境。例如传统的战略观认为,规模与市场影响力密切相关,但在当今的动态环境中,庞大的规模未必能够给企业带来更大的产业影响力。以前竞争赖以成功的优势现在可能会成为致命的劣势,仍沉迷于"母国优势"的跨国公司会丧失很多获取新优势的机会,而处于竞争的不利地位。

(3)全球产业结构处于不断的变动之中,供应商、竞争对手、顾客与合作者的角色存在着动态转化,从而对跨国公司提出了柔性和快速反应的更高战略要求。

环境的变动带来的变化是跨国公司必须面临的挑战,为了应对这些挑战,跨国公司所作出的反应又强化了环境的动态性,促使全球经营环境结构发生了根本性的变化,致使复杂的组织间跨国网络应运而生,几乎把所有的企业间接或直接地联系在一起,使得跨国公司经营优势的来源已经不再仅仅局限于公司内部的资源或能力,或者是仅仅依靠母国优势,而是在全球网络中获得并重新组合一系列互补的资源,并进而获得新的经营优势。这样,跨国公司必然会不断地更新传统的经营观念、改变传统的竞争规则、产生新的经营范式和不再依赖传统的"全球推广模式"。所以不论目前处于何种国际经营阶段的跨国企业,都必须努力在环境与自身优势之间谋求一种动态的适应性,超越由大规模和多样化生产所带来的传统经营优势,不断寻求新的基于资源与能力的优势来源,保持与环境要求相匹配的战略柔性。

二、后危机时代中国引资环境的变化

2009 年,为抵御国际金融危机带来的不利影响,我国政府提出实施积极的财政政策和宽松的货币政策,出台 4 万亿元的财政投资计划和 9.6

万亿元的信贷投资，以及十大产业振兴政策等一揽子相关政策措施，以抵御经济衰退。通过一系列有力的宏观调控政策，我国经济在全球率先复苏，由"前低"顺利转入"后高"，实现"V"形复苏。2009年国内生产总值达335353亿元，增长率达到8.7%，2010年国内生产总值比2009年同期增长11.9%。自此，我国经济逐渐走出经济危机的阴影，进入后危机时代。

（一）后危机时代跨国公司行为变化

1. 跨国公司对华投资逐渐走出低谷

金融危机造成全球经济增长大幅下滑、资本市场低迷和公司利润削减，这些都严重影响了跨国公司的对华投资形势。跨国公司作为当今世界中实体经济的主导，已深刻感受到了危机的破坏力。后危机时代，跨国公司往往主动裁员，缩减支出，合并机构，减少或撤回投资。裁员是跨国公司应对危机的另一种权宜之计，是典型的收缩行为，短期内是有效果的，但长期看，属于"老办法解决新问题"。而真正的治本方案应该是产业结构和产品结构调整、技术改造和升级等。公司裁员效应具有两面性：一方面减少了人力支出，因为人力支出在跨国公司非利息支出中占有很大的比重，而裁员节约了大量的人力支出。另一方面裁员增加了公司的安置费用和补偿性支出，也导致政府的失业救济支出攀升。多数跨国公司所在的母国（发达国家）对员工的权益保障非常到位，要支付巨额的安置费用和补偿性支出，裁员的最终效果取决于上述两个方面的抵消。从国际化视角看，跨国公司在实施全球裁员时，为了实现效率最优，在母国和发达国家少裁一些，在员工权益保障制度不完善的发展中国家多裁一些，这也是利用政策的不同进行的套利。因此，我国就首当其冲地成为跨国公司大量减员的目的地之一。表1.4表明了金融危机后跨国公司对华投资的缩减情况。从新批设立外资企业数量来看，自2008年第四季度，跨国公司对华投资规模的绝对值与同比增速均有不同程度的下降，直至2009年第四季度后这一局势才稍有好转。自2009年8月起至2010年10月，跨国公司对华投资已经连续15个月保持增长，开始步入全面恢复阶段。

表 1.4　2008 年第四季度至 2010 年第三季度跨国公司对华投资概况

月份	全国新批设立外商投资企业		实际使用外资金额	
	数量(个)	同比增长(%)	数量(亿美元)	同比增长(%)
2008 年第四季度	6913	-30.95	171.83	-4.49
2009 年第一季度	4554	-30.72	217.77	-19.33
2009 年第二季度	5865	-23.14	212.32	-15.69
2009 年第三季度	5929	-4.27	207.57	-3.25
2009 年第四季度	7087	2.52	262.66	5.29
2010 年第一季度	5459	19.87	234.42	7.65
2010 年第二季度	6918	17.95	279.88	31.82
2010 年第三季度	6832	15.32	229.10	10.37

资料来源:根据中华人民共和国商务部数据整理得出。

2. 抢占中国市场

金融危机让许多原本在行业中领先的跨国公司实力大为削减，为了壮大自身实力,它们往往选择在我国开辟新的市场,或进行行业整合,或在本行业内寻求合适的并购对象。如德国邮政集团 2009 年宣布旗下敦豪速递国际快递公司关闭在美国的大多数航空和地面快递业务部门, 影响人数多达 12000~13000 人,但却增加在中国的业务,并于 2012 年之前在上海开通航空枢纽。奢侈品行业的跨国公司,如巴黎春天集团和路易威登集团均转向在新兴市场培育后继消费者及抢占龙头地位。2008 年雀巢集团不仅将美国最大婴儿食品公司嘉宝公司整合进了雀巢婴儿营养业务部,且战略性地拓展了在中国的奶源基地,同时在中美两大市场扩展了版图。同年, 飞利浦通过收购中国第二大病人监护公司深圳金科威实业公司,扩大了对新兴市场高速增长的医疗保健业务的占有率。后危机时代, 随着我国经济逐渐摆脱危机的影响呈回暖态势, 更多跨国公司会抢占中国市场。

3. 积极寻求政府援助和救济

金融危机虽然告一段落,但众多跨国公司由于大伤元气,因此它们首先想到的是获得我国政府经济上和政策上的支援。2008 年 11 月,北京跨国公司地区总部联盟成立,入盟企业 36 家。该联盟将通过定期组织非正式的交流、考察活动,为在华跨国公司和政府之间搭建沟通的平台。为应对金融危机对企业的冲击,市内许多核心商务中心也在酝酿相关政策降低企业成本,该联盟的成立将使这种沟通更加顺畅和有效。根据跨国公司地区总部联盟章程,联盟将协助政府主管部门对总部企业进行管理与服务,并维护会员合法权益,与政府部门进行有效沟通,每年至少召开一次理事会议。截至 2012 年底,朝阳区范围内共有国家商务部认定的地区总部 17 家,占全市 85%;北京市认定的地区总部 26 家,占全市 74.3%。从中央商务中心的情况来看,此次金融危机使这些跨国公司受到不同程度的波及。①

4. 跨国公司投资污染行业数量减少

随着环保理念和低碳经济在国际经济中发挥越来越重要的作用,跨国公司的产业布局调整战略也越来越强调低碳概念。如福特汽车宣布将今后的研发和生产重点放到节能减排的混合动力汽车、插电式混合动力车和纯电动汽车上;沃尔玛公司在采购链中要求对产品进行碳标识,选择那些含碳量低的产品进行采购;英国石油公司成立了替代能源部门,利用天然气、太阳能、风能等低碳、无碳能源技术提高能效,增强产业竞争力。这与我国发展低碳经济的方向不谋而合,这对于促进我国经济结构转型、产业结构升级将起到一定的技术示范效应。表 1.5 显示了近年来跨国公司对第二产业的投资分布变化,从该表可以明显看出,跨国公司投资于采矿业、制造业、建筑业等高污染行业的规模明显缩小,不论是合同项目数还是实际使用金额都在逐年减少。虽然跨国公司对华投资的绝大部分仍投入到这些部门,说明这些行业属于跨国公司投资偏好较高的行业,但是投资规模的减少为我国转变经济增长方式,实现低碳发展毕竟减轻了压力,这必然带来能源消耗和二氧化碳排放的减少。

---

① 范黎波、郑建明、杨雅钧:"国际金融危机中的跨国公司与中国选择",和讯评论网,2012年 12 月 5 日,见 http://opinion.hexun.com/2008-12-05/112005836.html。

表 1.5 2010—2012 年中国第二产业外商投资结构

行业	合同项目(个)			实际使用金额(万美元)		
	2010 年	2011 年	2012 年	2010 年	2011 年	2012 年
采矿业	234	149	99	48944	57283	50059
制造业	19193	11568	9767	4086482	4989483	4677146
建筑业	308	262	220	43424	109256	69171

资料来源:根据历年《中国统计年鉴》有关数据计算整理得出。

5. 跨国公司投资服务业增长较快,产品研发趋势增强

表 1.6 显示了近年来跨国公司对我国第三产业的投资分布变化,从该表可以明显看出,跨国公司投资于信息传输业、科研与技术服务业、水利、环境和公共设施管理业等利于清洁能源发展的行业规模明显扩大, 其中虽然信息传输业的合同项目数是递减的趋势, 但是其实际使用金额数却迅猛增长。而科研与技术服务业和水利、环境业等产业,不论是合同项目数还是实际使用金额都在逐年增加。这与我国发展低碳经济的方向不谋而合,这对于促进我国经济结构转型、产业结构升级将起到一定的技术示范效应。

表 1.6 2010—2012 年中国第三产业外商投资结构

行业	合同项目(个)			实际使用金额(万美元)		
	2010 年	2011 年	2012 年	2010 年	2011 年	2012 年
信息传输业	1392	1286	1081	148524	277479	224694
科研与技术服务业	1716	1839	1066	91668	150555	167363
水利、环境和公共设施管理业	154	138	183	27283	34027	55613

资料来源:根据历年《中国统计年鉴》有关数据计算整理得出。

一般而言,经济危机中传统行业易受打击,而新兴行业表现却较为抢眼。因此,一些跨国公司进一步强化创新战略,加大新产品研发投入。如微软公司 2008 年四季度收入未增,但研发费用同比增加 21%;英特尔公司当季利润下降 90%,但研发费用仍达到 13.2 亿美元。2009 年 9 月,通用汽车中国科学研究院在上海成立, 标志着通用汽车将与我国研发机构共同研制新型的、本土化的创新技术。麦肯锡调查显示,有 1/3 的跨国公司计划通过"推出新产品和服务"来应对危机。

6. 跨国公司独资倾向凸显

跨国公司对华直接投资的方式主要包括合资、独资、合作和股份制。不同的投资方式,反映出外资企业对我国宏观经济和综合投资环境的预期和评估。近年来,外商投资独资化倾向十分明显,独资成为最主要的方式选择。从 2003 年到 2013 年的十年中,中国实际使用外商直接投资金额中, 以外商独资企业方式进行的投资所占比重从 47.25% 迅速上升到 78.27%。从表 1.7 可以看出,虽然受到金融危机的影响,但是 2012 年我国外商独资企业的合同项目数和实际使用金额占全部外商直接投资的比例分别为 79.97% 和 76.29%,略低于 2011 年,但是均高于危机爆发前的年份。

表 1.7　2009—2012 年按方式分外商投资额

年份	项目(个)			实际使用金额(亿美元)		
	总计	外商独资企业	比例	总计	外商独资企业	比例
2009	41473	30164	72.73	630.21	462.81	73.44
2010	37871	29543	78.01	747.68	572.64	76.59
2011	27514	22396	81.40	923.95	723.15	78.27
2012	23435	18741	79.97	900.33	686.82	76.29

资料来源:根据历年《中国统计年鉴》有关数据计算整理得出。

(二)金融危机对我国投资环境的挑战

1. 热钱与游资撤出

危机过后,摆在我国政府面前最急迫的问题之一是巨额的"热钱"和"国际游资", 自 2002 年出现人民币升值压力以来大量热钱进入中国,人民币有贬值的可能性,再加上中国经济增长放缓,这些游资很可能从中国撤出,这才是最大的问题。此外,虽然就目前形势来看,我国还未出现跨国公司大量撤资的现象, 但仍不排除后危机时代在经济萧条对跨国公司的惯性作用下发生这种情况的可能性。对于可能发生的外资撤离,当务之急是控制热钱和游资的撤出。中国目前金融资产市值占国内生产总值的比重很高,在这种情况下,游资撤出会加剧中国股价和房价的下跌,通过财富效应导致国内消费的减少,不利于扩大内需。控制热钱和游资的撤出需要加强资本跨境流动的监测,对异动和非正常情况需要及时预警,并在此基础上加大外汇管制的力度。

2. 国内经济增长放缓,制造业受到严重打击

改革开放以来,中国经济一直保持高速增长势头,国家整体实力逐步增强,国内产销结构得到优化,可持续发展能力不断提高。但自从 2008 年下半年受全球金融危机的冲击,我国经济增长明显放缓,很多企业主营收入和销售利润明显减少,融资与还贷能力明显不足。钢铁、有色金属、石化等部分主要工业品产量大幅下降,整体业绩全线下滑,价格大幅度波动,部分产品出口持续萎缩,一些行业存货增加,亏损面大幅度增加,不少企业陷入经营困境。珠三角和长三角地区一些制造业向中西部地区转移,很多中小企业已经倒闭或面临倒闭,失业人数明显上升。而经济下滑、市场需求减少等现实问题,又使我国制造业面临更大的生存与发展压力。

3. 社会不稳定因素增加

金融危机给国内实体经济带来的外部冲击,特别是在出口依存度超过 30% 的情况下,使得外需大幅萎缩,造成出口依赖型产业和企业大面积减产、停产,甚至倒闭,带来严重的失业和就业问题。后危机时代,受到金融危机的影响在进一步扩大,我国大量劳动密集型企业、中小型企业可能出现破产、清算和转型。大量企业职工正面临着严峻的生活压力。尤其是进城务工的农民,失业将他们推向了两难境地。据统计,我国约有 2000 万农民工由于此次金融危机失去工作或者还没有找到工作而返乡,占外出就业农民工总数的 15.3%。随着农民工大量返乡,一些地方偷盗、酒后滋事等社会治安问题增多,严重干扰社会治安秩序,这必定会影响跨国公司对华投资的热情。

(三)金融危机为我国引资环境带来的机遇

1. 中国国际地位迅速上升,为引资创造良好环境

金融危机的爆发,标志着全球唯一超级大国的美国开始走向衰落。而与此同时,以中国为代表的新兴大国逐渐崛起。"金砖四国"高调亮相和二十国集团取代八国集团是这一结构性调整的重要标志。近十年来,以我国为首的众多发展中国家经济增长速度远高于世界平均水平和发达国家。以"金砖四国"为例,国内生产总值全球占比由 2001 年的 8%上升至 2010 年的 19%。尽管受到金融危机的影响,但 2008 年"金砖四国"的增长率仍远高于发达国家。与之相比,发达国家增长率大多在 1%左右。[①]2009 年中国国内生产总值实际增长 8.7%,对世界经济增长贡献率高达 50%。尽管我国也受到此次金融危机的影响, 但同发达国家相比, 中国受损程度较轻。我国借助此次危机适时转变经济增长方式,也为吸引更多高质量外资来华投资创造了良好的引资环境。

2. 发达国家很难再向实体经济回归,为我国引资创造了空间

金融危机过后,尽管欧美等国都提出要恢复制造业的国际竞争力,这似乎预示着虚拟经济向实体经济的回归,但是从总体趋势上看,在没有新技术革命的前提下,欧美发达国家经济服务业化、虚拟化的总趋势不会改变。绝大多数制造业竞争力不仅无法恢复,而且在今后很长一段时期内还会进一步下降。而我国一直具有劳动力低廉、市场广阔等适合制造业发展的有利条件, 再加上与发达国家在生产要素价格上的落差在短时间内无法消除,因此,我国在生产制造方面的比较优势将继续存在。由此,发达国家向我国不断转移生产工序和加工环节的趋势不会逆转, 并且受金融危机的影响,外商对华投资的产业链会从低端不断走向高端,这是由国际分工的发展规律决定的。今后,我国将会吸引更多的制造业跨国公司,将更

---

① 马荣升、高新涛:"后金融危机时代的全球地缘政治变局与中国的机遇",《东北亚论坛》,2010 年第 6 期。

多新技术、新观念带到我国。跨国公司将更加重视在中国市场的投资与研发，高端生产环节和研发能力向中国转移将成为外商对华直接投资的新趋势。

3. 中西部地区引资优势凸显

自改革开放以来，我国东中西部经济差距日益明显，而形成我国东中西部地区经济发展差距的一个至关重要的原因，即外商对华直接投资的区域差异。由于金融危机对我国东南沿海地区影响较大，而中西部地区的影响则相对较小，受东南沿海地区地价高涨、劳动成本偏高等因素的驱动，越来越多的跨国公司开始向中西部地区转移，这是发展中西部地区，平衡我国区域经济的大好时机。

4. 中国成为世界最具吸引力的投资目的地

联合国贸易和发展组织《2010—2012 年世界投资前景调查报告》得出结论，"目前中国是全球最具吸引力的投资东道国"，说明了"中国经济转型开创投资商机"。根据 236 家全球最大跨国公司高管提供的对全球投资前景的问卷调查结果，世界前 15 个最具吸引力的投资目的地中，有 9 个是发展中国家和转型经济体，中国位居第一，是跨国公司首选的投资目的地。[①]以全球金融危机为契机，我国在经济转型和结构调整方面的力度正在加大，这成为跨国公司对华投资的新商机，很多跨国公司正在将资金投入到与中国经济转型、结构调整有关的领域，如新兴产业、传统制造业改造等。而这些又可以为我国低碳经济的发展带来先进的技术和管理经验，可以说是双赢的结果。

第四节　跨国公司的新理论

全球竞争环境的变化和跨国公司行为的改变，使得传统理论已经很难对当今现象作出合理解释，这要求我们对跨国公司理论研究的焦点要

---

① 罗钦文、杨伏山："投洽会观察：中国经济转型开创投资商机"，中新社厦门 9 月 8 日电，见 http://www.chinanews.com.cn/cj/2010/09-09/2521322.shtml。

从关注"存在机制"转移到"发展机制"上来,对跨国公司的认知也要从一个全新的角度去进行,跨国公司不仅仅意味着"一个由承担生产、销售或服务职能的子公司所构成的高效网络",更应该是"一个不断从全球范围内搜寻和获取资源、知识,进行整合、创造,进而不断获取和更新优势的企业"(Doz, Santos, Wilianmson, 2001)。同时,对跨国公司的母公司和子公司的关系,以及子公司的角色和地位也要进行重新审视。只有这样,我们才能更清楚地认识跨国公司的本质,更清醒地认识世界经济的发展和变化。在新的时代背景下,不仅仅需要考虑"企业具备何种优势才可以跨国化",更需要对"企业跨国经营后如何获取优势"进行考察,这已经成为跨国公司理论研究和管理实践领域新的焦点和新的发展空间。

自 20 世纪 80 年代末 90 年代初以来,在信息经济、网络经济和知识经济日益明显的超强竞争的作用下,有利于环境稳定的国界、规则与控制等因素正趋于瓦解,跨国公司的经营环境正从以前相对稳定的静态环境转向日益复杂多变和充满不确定性的动态环境,传统跨国公司理论得以构建的许多前提假设在今天早已不复存在了,跨国公司面临着"在动态环境中求生存"的现实。基于这一现实,一批新的跨国公司理论便应运而生。

一、区位与集群的跨国公司理论

传统理论认为对外直接投资是母国优势的转移运用,而实践表明跨国经营不仅是企业具备优势的结果,也是产生优势的手段。寇古特(Kogut, 1992)曾将跨国公司的优势分为"初始优势"和"后续优势",初始优势是跨国公司在母国建立的优势,后续优势是跨国公司通过国际化经营所带来的优势。其中区位优势作为跨国公司国际化经营的后续优势之一越来越发挥着重要的作用。企业集团的跨国经营与获取优势是一个互动的过程。跨国经营的实质在于保持和发展优势和寻求新的优势。①因而新型区位优

---

① Kogut, Bruce, Knowledge of the firm, Combinative Capabilities, and the Replication of Technology, *Organization Science*, 1992, Issue 3.

势的开发与跨国公司所有权的特定优势彼此相互联系，共同成为跨国公司竞争力的优势源。布肯歇(Birkinshaw,2000)对来自三个不同国家的 229 个位于不同集群区域的跨国公司子公司进行了实证研究，分析集群中的跨国公司子公司与非集群区域的跨国公司在性质、特点上的差异,结果表明跨国公司位于优势集群区域中的子公司更具有独立性，更扎根于当地土壤和环境,更加国际化。因此,现有研究表明集群效应的竞争优势对跨国公司的组织结构的变迁提出了新的要求。此后,安德森(Anderson,2002)提出,优势集群中的外部网络作为战略性资源有助于通过技术根植性,提高区域中跨国公司子公司技术产品和工艺能力的发展，从而对子公司的业绩具有积极的影响。区位网络优势从两个方面提高了跨国公司的竞争优势：①外部网络增加了跨国公司子公司的资源;②子公司将区位获取的能力转移到跨国公司其他部门,从而使跨国公司整体能力得到升级。[①]由此可以看出，对区位与集群中的跨国公司进行研究将丰富和拓展跨国公司理论,对于认识跨国公司的新特点、新变化、新趋势具有一定的启示作用。

二、子公司特定优势理论

主流跨国公司理论认为，跨国公司总部对全球资源和各地子公司的经营决策几乎拥有绝对的控制权，全球各地的子公司只是跨国公司战略发展的一个管道,或只是总部战略决策的实施者、适应者、改良者,跨国公司总部用相同的术语、标准化原则对待和评价分散于世界各地的子公司。实践证明,用"均衡的处理原则"对待所有国外的子公司,肯定会制约跨国公司在全球的利益扩张和核心能力建设。因此,在 20 世纪末,许多跨国公司围绕国外子公司运作,在观念和战略上都作出了大幅度的调整。谬尔和希勒(Moore and Heeler,1998)通过对中等经济规模国家(如加拿大)拥有

---

① Anderson, Ulf, Forsgren, Mats Holm, Ulf, The Strategic Impact of External Network: Subsidiary Performance And Compentence Development In the Multinational Corporation, *Strategic Management Journal*, Nov. 2002, Vol. 23 Issue 11.

治理权和不拥有治理权的子公司进行研究发现,同一国家和同一产业的子公司在承担的职能方面有很大的差异,可以从不承担职能到承担重大的职能。这项研究发现,区位特定优势无法充分揭示子公司之间的区别,尽管它们在同一个国家开展业务,并同样可以充分利用东道国的当地产业优势。同理,在一个跨国公司的框架内,不同国别市场的子公司也拥有不同的治理权。通过研究分析,谬尔和希勒提出,跨国公司可以获取一个新的优势,这个优势存在于子公司层面上。随着各国跨国公司对子公司特定优势理论重视的增强,该理论逐渐被国外许多学者誉为"第四层竞争优势"。

传统上的跨国公司是以母公司为核心的发展模式,母公司负责知识的发展和扩散,子公司被动接受母国的知识资产,负责在当地形成竞争力并转化成利润。所以子公司开展的活动都属于下游活动范围,如销售、服务和装配等。相对于母公司而言,子公司地位很低且角色单一,少有权限,同级子公司间平等无差异。但是现在的跨国公司以及跨国公司未来的发展趋势,是以子公司网络为核心的发展模式。任何的分配取决于子公司拥有的资源和能力,有特定优势的子公司在与兄弟公司竞争时更能获取到重要的国际任务,总部也会倾向于有独特能力的子公司,一旦某子公司得到这种委任,成为某一决策中心,那么它就能得到更多的资源和更多的权力,这一方面意味着它在跨国公司里地位得到提升,角色发生演变,另一方面对子公司自身的发展也有好处,从而提高与母公司讨价还价的能力,这样周而复始良性循环,子公司的地位就不断得到升迁。所以说,子公司特定优势理论能提高子公司在跨国公司内部的地位和角色扩展能力。

三、代理理论

代理理论着眼于企业内部的组织结构与企业中的代理关系。标准的委托—代理理论建立在两个基本假设之上,即委托人对随机产出没有直接的贡献;代理人的行为不易直接被委托人观察到。在所有权和经营权分离的上市公司里,代理问题主要表现为以首席执行官为代表的高层管理人员与股东之间的利益冲突，其中一个主要原因就是当权利主体和责任主体不一致时，执行人员在追求个人利益最大化的同时，有可能会损害股东及其他相关主体的利益。在代理理论看来，人的有限理性和自利性使其具有天然的偷懒和机会主义动机。为了防止代理人的"败德行为"和"逆向选择"，就需要一个有效的监督机制。

韩国的黄永民（Eunmi Chang）认为代理理论也存在于跨国公司中。在跨国公司里，代理关系存在于母公司（委托人）和子公司（代理人）之间，母公司在子公司投资资金和资源，子公司为母公司的利益工作。这一代理关系中存在的代理成本包括子公司采取的任何可以提高其自身利益的决策对集团造成的损失。由于海外子公司在一个与母公司截然不同的文化、语言和政治及法律环境中经营，因此黄永民认为，这种代理成本更可能存在于跨国公司和它的国外子公司之间，且代理关系比纯粹的国内企业更为复杂，由此导致的控制问题也更复杂。黄永民运用代理理论和比较国家文化的框架，研究了美国和日本在韩国的子公司被其母公司控制的类型和程度的决定因素，发现跨国公司的两个特征，即跨国公司的所有权程度和跨国公司母公司的国籍，影响着它们所运用的控制状况：跨国公司的所有权程度影响了控制的程度，其国籍影响了控制的类型。①代理理论实际上是从层级的观点出发来研究委托—代理关系的，在跨国公司中是将总部—子公司视为简单的层级关系，但如今在子公司与其他实体之间存在广泛联系且相互依赖的网络中，这种理论则无法解释。

四、跨国公司可持续发展理论

企业可持续发展是指企业在市场竞争中由小到大、由弱到强的发展趋势不因内部调整和外部市场环境的变化而消失。而跨国公司可持续发展问题则涉及两个基本层面：一是同经济赢利性相关的发展问题，二是同

---

① Eunmi Chang, Control in Multinational Corporations: The Case of Korean Manufacturing Subsidiaries, *Journal of Management*, 1999, 25(4), pp.541–565.

社会合法性相关的可持续发展问题。在后危机时代全面责任竞争日益成为竞争新范式的大背景下,跨国经营不仅要注重效率,更要注重公正。

按照传统的外生型资源优势理论所采用的贝恩—梅森的"结构—行为—绩效"范式,跨国公司发展的基础来源于企业外部的资源优势,例如有吸引力的产业环境和产业发展阶段。按照迈克尔·波特在此范式基础上提出的竞争战略理论,跨国公司可以通过占领优势行业及在行业的五种竞争力量中处于优势地位获取优势。[1]基于迈克尔·波特后来提出的国家竞争优势理论,企业发展的基础还外生于国家竞争优势和有吸引力的产业集群等空间产业组织。但是这种基于外生型资源优势的发展基础非常脆弱。彭罗斯(Penrose,1999)认为企业是一个由各种各样不同性质的资源组成的集合体,资源发挥效用的范围由企业现有的知识水平决定。[2]沃纳菲尔特(Wernerfelt,1994)首创的资源基础论认为,外部的市场结构与市场机会对企业竞争优势有一定影响,但是企业建立强有力的内生型比较优势远胜于拥有突出的市场优势,企业获利能力取决于企业所拥有的产生潜在租金价值的战略性资源。[3]鲁梅尔特(Rumelt,1997)也指出,最重要的超额利润源泉是企业具有的特殊性,而非产业内部相互关系。[4]这说明,表现为持续超额利润率的企业持续竞争优势来源并非市场结构和市场机会等外部市场力量,而是存在于企业内部包括企业特有活动、能力及知识在内的内生型因素。

(一)基于活动的内生型比较优势

按照波特的观点,资源本身并不创造价值,企业利用资源的各种复杂

---

[1]　Porter, *Competitive Advantages*, NY：The Free Press, 1995, pp.45–68.

[2]　Penrose, *The Theory of the Growth of the Firm*, London：Basil Blackwell, 1999.

[3]　Wernerfelt, A Resource-Based View of the Firm, *Strategic Management Journal*, 1994, Vol. 5, pp.171–180.

[4]　Rumelt, *Theory Strategy and Enterpreneurship in Competitive Strategy*, Edited by Teece, Cambridge MA：Ballinger, 1997, pp.96–113.

的连锁活动才是创造价值的直接来源。企业是一个有机的价值创造系统，价值创造表现为通过一系列投入转变为有目的的产出的复杂过程。竞争者价值链及其活动之间的差异是竞争优势的一个关键来源。尽管企业利用资源的各种复杂的连锁活动是创造价值的直接来源，但是只有通过能力将资源纳入活动之中才能创造价值和可持续的竞争优势。

(二)基于能力的内生型比较优势

企业能力理论开始了对资源基础理论过于注重物的因素批判。彭罗斯(1999)首先提出企业能力的概念。企业能力是企业拥有的、在某些方面超过对手或者区别于对手、能够持续创造价值或者增加利润的特殊技能。普拉哈拉德和哈默尔(Prahalad & Hamel,1990)首先提出的核心竞争能力理论更明确地将企业能力定义为"企业所拥有的资源、技能和知识的整合能力,即组织的学习能力",并认为企业竞争力来自存在于企业的产品/技术平台之上的核心能力,而核心能力是"组织中的积累性学识,特别是关于如何协调不同的生产技能和有机结合多种技能的学识"①。企业能力理论认为企业拥有或者控制的特殊能力,才是企业可持续发展的内在活力来源,而且"企业能够更加有效地利用其自身拥有的资源和能力"是企业区别于竞争对手的关键所在。

(三)基于动态能力的内生型比较优势

传统意义上的企业能力的定义强调企业对生产性知识和技能的综合运用能力,具有静态性。而在新经济社会,新技术的产生速度大大加快,领先技术的生命周期越来越短,企业之间的动态竞争不断加强,企业核心能力不断受到挑战,企业需要在利用企业内、外部特有能力的基础上发展新

---

① Prahalad & Hamel,The Core Competence of the Corporation,*Harvard Business Review*,May-June 1990.

能力。蒂斯等人(Teece,Pisano & Shuen,1997)提出的动态能力理论为企业培养和锻炼能力，促进可持续发展提供了动态发展的视角。其核心观点是,企业必须建立一种具有动态特征的能力结构,以确保企业在复杂动态环境下能迅速整合、发展及重新配置内外部资源和技能,从而形成新的持续竞争优势。①

（四）基于知识的内生型比较优势

德姆塞茨提出的企业知识理论产生于对企业能力根源的探索。理论上,测度企业发展基础的基本尺度包括创新能力、难以模仿、可持续性及学习能力四个方面,而企业知识正是在这四个方面发挥了关键作用。②企业知识理论认为,企业内部的知识积累是解释企业获得超额收益和可持续发展的关键。决定企业能力的是企业的知识及与知识密切相关的认知学习,而且企业本身就是一种使知识一体化的制度。例如企业首先要通过协调将众多个人专业知识一体化,以便组织成员之间转移、交流与共享知识;其次,要保护内部知识以维持企业可持续发展的源泉;再次,要建立一种知识转化机制以促进知识内部共享;最后,还要加强组织单位结构上的紧密联系及系统地理解和交流知识,以开发组织学习能力来实现知识内部的顺利转移。

五、简单的评价

传统的跨国公司理论主要研究跨国公司的对外直接投资行为，因此也称为对外直接投资理论。理论的核心是对企业进行海外扩张的原因进行解释,这些理论所要回答的根本问题是跨国公司为什么会产生,即聚焦

① Teece,Pisano and Shuen,Dynamic Capabilities and Strategic Management,*Strategic Management Journal*,August 1997,18(7).

② 余光胜:"企业竞争优势根源的理论演进",《外国经济与管理》,2002年第10期。

于跨国公司的存在机制。而从海默提出的创造性的垄断优势理论开始,优势分析就构成了跨国公司传统主流理论的核心内容。主流跨国公司理论解释跨国公司行为的逻辑是:跨国公司在东道国是个外来者,处于一种不太熟悉、不太和谐的政治、经济、社会和文化环境当中,在经营过程中会遇到很多不利因素的影响,麻烦多、风险高、成本高,因而跨国公司需要具备某些胜过当地企业的优势,才能在国外成功地经营。实际上,这些理论认为企业跨国经营的必要条件就是必须具备一种或几种"传统优势"①,因此传统理论关于跨国公司经营优势的分析是为了解释跨国公司的存在问题。而反过来就可以认为,如果跨国公司拥有"传统优势",为了扩张和利用这些优势,就会跨国经营。跨国经营是企业发展到一定阶段并具有某种优势时的海外扩张行为,跨国公司是企业垄断优势海外扩张的产物。(滕维藻、陈荫枋,1994)

但是主流的跨国公司理论由于其本身的缺陷加上现实变化的原因,导致了它对跨国公司经营的新行为和新趋势难以作出合理解释。虽然其他学科的发展及应用使主流跨国公司理论在若干方面有了新进展,但这种理论上的"修修补补",总给人以捉襟见肘的感觉。随着时代的发展和环境的变化,许多有关跨国公司的新理论日益显现并且得到长足的发展,对传统跨国公司理论形成了巨大的冲击。虽然跨国公司的新理论仍不尽完善,但它们选取了不同于传统理论的研究对象或研究视角,给人耳目一新的感觉。

综上,跨国公司新理论形成了这样的共识:跨国公司竞争优势越来越来源于它所掌握和可以利用的资源,尤其是知识等战略性资源;这种战略性资源不仅仅是"母国资源"或"母公司资源",更是那些分散在全球各地的子公司资源或子公司所在的东道国资源。因此,跨国公司必须不断地创新,从外部获取资源和更新战略资源。跨国公司竞争优势来源于其特定的

---

①　主流跨国公司理论强调的这些优势主要有:垄断优势(包括核心资产优势、规模优势、货币优势)、所有权优势、内部化优势以及区位优势等。我们将传统理论强调的这些优势统称为"传统优势"。

跨国经营活动,以实现在全球范围内有效地获取资源、整合资源和运用资源。对跨国公司来说,无论是企业特定优势还是区位特定优势,都只是企业建立竞争优势的基础和源泉,而将其转化为竞争优势的关键是跨国公司能否将母公司的资源与子公司及其所在东道国的特定资源加以有效整合。只有充分发挥东道国的外部资源作用,并与跨国公司自身的内部资源有机整合,才能在东道国站稳脚跟,长久发展。

第五节 本书的研究定位

本书的研究工作正是在前述背景下展开的。鉴于国内外学者研究中的不足,笔者的研究定位是:以东道国为核心,充分运用现代经济分析工具,建立关于跨国公司对我国外资政策过程影响的系统理论分析框架,以期能为该领域研究的基本方向和模式的确立,做一些基础性、尝试性的准备工作。具体包括以下四个方面的内容:

一、以东道国为核心,以东道国利益最大化作为分析的基本前提

这一分析原则是由本书研究的根本目的在于为我国外资政策的科学转型提供理论指导所决定的。在具体研究中,该原则将体现在每一个分析环节。在本书整体研究框架的构建中,笔者以东道国的外资政策作为分析的核心,并以此作为贯穿全书的一根"红线",仔细探讨不同条件下外资政策的作用机制和效果,以及相应的制定和实施原则。在分析模型有关指标和参数的选择上,东道国的利益标准被确立为最根本的参照系,这一处理方式的根本原因就在于,"投资质量"是从东道国利用外商投资的收益角度出发来衡量跨国公司对华投资的种种特征,它比"投资规模"概念能更好地突出东道国利益最大化原则。

二、建立系统、规范的理论分析框架

系统、规范的理论分析,包括严格设定和论证的假设前提,前后统一、逻辑连贯的理论推理,以及明确、有效的政策建议。在一定意义上,笔者的研究工作是在一个比较空白的理论领域开展的,是用经济学的方法研究政治问题,一些基本的理论分析前提尚未形成,所以这将是研究工作的首要内容。在系统分析开始之前,笔者首先对两个核心的博弈主体——东道国政府和跨国公司——的行为特征给予严格的定义和规范的行为分析,从而确立起全书分析的两大支柱。此后的分析中,随着假设前提的不断放宽和变化,笔者还将从不同角度入手进一步深化这一分析,以使整个理论推演过程始终建立在严格的假定基础之上,而理论分析框架的系统性则是通过借鉴政策过程理论的分析框架来实现的。

三、理论联系实际

理论发展来源于实践的需求,也要服务于实践。这就要求理论研究必须从实际出发,不仅能够全面、充分地理解现实经济活动的基本机制和特点,还要善于从中把握决定经济活动主体特征和趋势的"充足统计量"。这种研究努力,不仅可以保证理论研究的现实性,避免陷入泛泛而谈的境地,而且可以通过现实经济活动本身内在的"统一性",在一定程度上保证理论分析本身的内在统一。

四、充分利用现代分析工具

本书尤其注重使用经济学中的博弈论和政治学中的政策过程理论。一方面,本书分析的核心是跨国公司影响下的我国外资政策变迁。外资政策的本质在于:东道国通过一些有强制执行保证的行为规范,约束、指导跨国公司在本国的各种经济活动,以达到预期的引资目的。我国政府和跨国公司之间行为的"相互性"是外资政策存在的基本前提。传统分析工具是在完全竞争的理论前提下逐步发展起来的，其中价格机制是联系所有经济活动主体的唯一"通道"，也就是说，经济活动主体之间的联系是通过市场和价格间接地实现的。缺乏直接联系的通道，这种分析框架对存在"相互性"的政策行为的分析无能为力，而这正是博弈论最具分析能力的领域。在博弈分析中，政策以博弈规则的形式出现，博弈规则决定了博弈参与人（我国政府和跨国公司）的决策空间和每种策略状态下的预期收益，从而使参与人通过理性决策，确定出博弈的均衡点及相应的经济绩效。博弈分析与政策机制之间这种内在的统一性，是笔者选择博弈分析工具的根本原因。另一方面，政策过程理论是本书采用的另一个主要分析工具。本书围绕政策全过程，深入分析跨国公司影响我国外资政策的问题提出、政策制定、政策执行、政策评估等，从中发掘跨国公司对我国外资政策的影响机制，为研究外资政策变迁理论以及利益集团理论提供了新的研究视角。

第六节　本书的结构安排

本书研究的主体内容共有三个部分。

第一部分为第二章，跨国公司对华投资的可持续性分析。通过对跨国公司对华投资的实际考察，笔者从中抽象出两大阶段特征，即对华投资阶段和在华撤资阶段，并根据研究需要，确定跨国公司与我国政府、母公司、本土企业、行业协会等利益相关者之间的关系为本书分析的基点，然后从跨国公司对华投资的影响因素、对华撤资的表现形式及原因等方面，对跨国公司与利益相关者进行了系统、规范的分析。在此，东道国的外资政策被分解为政策工具、政策话语、政策背景等，而跨国公司对华投资的规模和质量也被描述成影响我国外资政策的博弈策略，从而使本书关于跨国公司和外资政策研究的核心概念，取得了规范的理论表述方式，为后面即将展开的理论分析奠定了基础。

第二部分是本书的核心，包括第三、四、五章，共三个章节，分别研究了跨国公司对华投资过程中利益相关者的互动分析，我国外资政策的变迁以及跨国公司对外资政策的影响机制与影响结果。本书力图通过对跨国公司与不同利益相关者的互动分析，探寻东道国外资政策的作用机制和制定与实施中的一些基本原则，最终总结归纳出跨国公司对我国外资政策的影响机制。各部分分析既前后贯通又自成体系。

第三章，跨国公司对华投资过程中利益相关者的互动分析。跨国公司在华可持续发展是多方主体互动博弈的结果。本章将跨国公司对华投资的动态演进过程总结归纳为"四个博弈主体"（跨国公司、地方政府、本土企业、行业协会）的互动作用，形成"四大演进动力"和"三大演进模式"。"四大演进动力"指外资企业的整体战略部署、地方政府的推动、本地企业的成长、行业协会的连接。"三大演进模式"则指外资企业与地方政府博弈下的演进模式、外资企业与本土企业互动下的演进模式、外资企业与行业协会依托的演进模式。在外商对华投资的整个过程中，上述各种演进动力和演进模式并非是独立并行的，相反，在对华投资过程的不同阶段，四大演进动力各自的作用力是交替和变化的，三大演进模式也呈现出交替主导的组合关系。本章着重分析它们之间的互动作用，为使跨国公司真正融入我国产业发展，融入我国技术创新，融入我国经济增长进行初步的探索。

第四章，我国外资政策变迁。我国外资政策是随着政府对吸引外资问题认识的不断深入而有序推进的，经过几十年的发展，我国已经形成了内容较为完备的外资政策体系，在吸引外商直接投资和振兴经济发展方面取得显著成效。本章首先介绍我国外资政策的特点，进而运用政策网络理论和范式转变理论深入分析我国外资政策的变迁，在此基础上，对我国外资政策变迁的路径进行分析。

第五章，跨国公司对外资政策的影响机制分析。本章拟从三个层面进行分析：一是跨国公司影响政府政策的内外环境，说明其作用的外部环境条件和影响因素；二是跨国公司的权力资源及作用途径，说明主体优势及其作用于客体的方式路径；三是不同跨国公司的利益目标和立场，分析主体的行为模式及取向。

第三部分为第六章，我国外资政策的未来发展与跨国公司在华可持续发展。本章是全书的归纳与总结。首先提出一个基本思路:要想使跨国公司在华可持续发展,就要实行多元治理模式,即跨国公司在华可持续发展的动态演进过程综合表现为跨国公司与东道国政府的博弈、跨国公司与本土企业的竞合、跨国公司与行业协会的依托。为了实现这一目标,就要修订我国已有的外资政策。不仅要从政策工具上适应新时期的变化,而且还要在政策过程上适度调整。

第二章
跨国公司对华投资的可持续性分析

第一节　跨国公司对华投资概述

　　跨国公司对华投资过程中，处于不同发展阶段会面临不同的主要影响因素、主要影响主体和主导力量，因而也会在内外、在机理和政策焦点等方面表现出不同的阶段性特征。根据阶段性特征的不同，本书将跨国公司对华投资的过程划分为两大阶段：进入阶段和撤出阶段。事实上，这两个阶段正好对应了现实中我国引资政策的实践困境：一是如何将跨国公司引进来从而促进当地经济产业升级发展，二是如何避免本地跨国公司撤出去从而在当地能够长期持续稳定的发展。在本书的分析框架下，不仅两个阶段的行为机制得到了很好的统一解释，而且也为现实引资政策实践困境的解决提供了重要思路。

一、跨国公司对华投资的两个阶段——投资与撤资

　　（一）跨国公司对华投资概况

　　自新中国成立初期至今，我国利用外资取得了举世瞩目的成绩，从无到有，规模不断扩大。尤其是 1992 年邓小平同志南方谈话发表以后，中国建立了建设社会主义市场经济体制的战略目标，改革开放的步伐进一步加快，投资风险大大降低，投资环境不断完善，再加上中国是世界上最大

的新兴市场之一,其劳动力价格低廉、自然资源丰富、经济发展势头强劲、基础设施日益完备,逐渐引发了跨国公司对华投资的热潮。跨国公司对华投资的过程具有明显的阶段特征,根据跨国公司投资规模的不断发展壮大,可以将其对华投资分为四个阶段。

1. 零投资阶段(1949—1979 年)

新中国成立初期至改革开放即属于跨国公司对华投资的零投资阶段。这一阶段由于我国经济发展水平很低,人均收入不高,国内市场有限。尽管劳动力成本低廉,但由于缺乏基础设施,劳动生产力水平受限于少量的人力资本,廉价劳动力的优势被完全抵消,因而无法吸引优秀的跨国公司及其先进技术。1978 年我国的人均国内生产总值仅为 268 美元,由于受计划经济的影响,当时我国政府引进的外国技术很少,且一般都是国外 20 世纪 60 年代甚至更落后的技术。直到 1979 年 7 月,我国才正式颁布了《中外合资经营企业法》,开始允许跨国公司在华直接投资。由于当时缺乏关于技术和产品的信息情报,所以没有甄别能力,加之从"六五"中期开始,中央由经委牵头利用技改资金加快技术引进,并制定了 1986 年完成技术引进 3000 项的目标,所以引进的技术和产品良莠不齐,相当一部分是落后过时的产品。

2. 有限投资阶段(1979—1985 年)

随着经济的不断增长,我国在 20 世纪 80 年代基础设施得到改善,人均收入提高导致教育水平提高,从而使劳动力素质提高。相对低廉的劳动力这时便成为吸引跨国公司来华投资的主要因素。大量的劳动密集型生产设施在这个阶段转移到我国。改革开放初期,由于中国有关利用外资的立法不完善,跨国公司对中国投资还有很多顾虑;同时,各种基础设施均比较落后,跨国公司对华投资基本上都是持试探性的态度,中国利用外商直接投资较少。1980 年,中央先后批准广东、福建两省在对外经济活动中实行特殊政策和灵活措施,在深圳、珠海、汕头和厦门四个城市设立经济特区,跨国公司对华直接投资正式起步。立足中国市场并寻找合适的产业"踏脚石"是跨国公司在此阶段开展业务的起点。①当时我国正处于加速基

---

① 所谓"合适"并非业绩最好而是拥有全套生产、经营资质并在政府和行业拥有良好人脉关系的企业。

础建设的关键阶段,各级政府财政都捉襟见肘,中央出台政策鼓励"三资"企业,这种机遇与跨国公司进入中国的需求一拍即合。

综观这一阶段,实际引资效果并不明显,一方面因为跨国公司还处于观望、试探阶段;另一方面是因为 20 世纪 70 年代末 80 年代初正值中国改革开放初期,国内经济尚处于恢复阶段,经济发展水平比较低,投资环境还很不理想。该阶段尽管跨国公司直接投资的实际金额在增加,但总量极为有限。据统计,1979—1985 年,中国引进的外商直接投资项目总数只有 6797 项,年均批准 973 项;合同利用外资金额累计 160.83 亿美元,年均 22.98 亿美元;实际利用外资金额累计 60.6 亿美元,年均 8.66 亿美元;三项累计分别仅占 1979—2005 年累计总额的 1.23%、1.47% 和 0.96%。[①]

3. 投资增长阶段(1986—2000 年)

1986 年以后,国家又先后开放了 14 个港口城市和 14 个沿海经济开发区,对其利用外资实行优惠政策,同时采取了扩大地方外商投资审批权限等一系列有力措施。1986 年 10 月,国务院颁布了《关于鼓励外商投资的规定》及若干实施办法,改善了跨国公司的生产经营条件,并对跨国公司投资于产品出口企业和先进技术企业给予更为优惠的待遇;同年 7 月,我国正式申请加入世贸组织的前身关贸总协定组织,向世界发出了强有力的信号,表明了中国融入世界经济的决心。1987 年 12 月,国家有关部门制定了指导吸收外商投资方向的有关规定。1988 年,辽东半岛、山东半岛及其他沿海地区的一些市、县相继被开辟为沿海经济开放区,海南被批准设立海南经济特区。1990 年,国家又决定开放上海浦东新区。一系列政策的实施和沿海地区的逐步开放,使跨国公司在华直接投资有了一个较好的起步,并呈稳步发展态势。表 2.1 列出了我国自改革开放以来,逐步增加吸引外资的区域,并出台了一系列有利于跨国公司投资的政策。

---

① 以上数据根据《中国统计年鉴 1987》计算得出。

表 2.1 中国对外开放主要日程表

类型	年份	地区
经济特区	1980	汕头、深圳、珠海、厦门
	1988	海南
沿海开放城市	1984	福州、广州、湛江、北海、秦皇岛、连云港、南通、大连、烟台、青岛、上海、天津、宁波、温州
沿边开放城市和内陆省会城市	1992	13 个边境城市,18 个内陆省会城市以及长江沿线 5 个城市省会城市有:合肥、兰州、贵阳、哈尔滨、郑州、长沙、长春、呼和浩特、南昌、武汉、银川、西宁、西安、太原、成都、乌鲁木齐、昆明、拉萨
	1997	重庆成为直辖市
*西部大开发战略	1999	西部 10 个省、自治区成为开放地区,外商投资企业享受优惠待遇
东北振兴	2003	辽宁省、吉林省、黑龙江省和内蒙古自治区呼伦贝尔市、兴安盟、通辽市、赤峰市和锡林郭勒盟(蒙东地区)
中部崛起	2004	山西、河南、湖北、湖南、安徽、江西

资料来源:根据历年有关中央文件整理得出。

注:*后的战略举措为第四阶段中增加的吸引外资区域。

1992 年,我国实际利用外资首次突破了 100 亿美元,达到 110.1 亿美元,是 1991 年 43.66 亿美元的 2.5 倍;1993 年突破 250 亿美元,在上年翻番的基础上再次实现翻番, 是 1992 年的 2.5 倍;1994 年突破 300 亿美元大关;1996 年突破 400 亿美元大关。其间,由于国家在 1995 年取消对跨国公司进口关税、增值税减免优惠,引发了剧烈震荡,最后有关政策一再调整,仅过渡期就改了多次,结果是跨国公司对华投资也受到一定程度的抑制,增幅减缓。但即使这样,1987 年到 1995 年间,我国共审批外商投资项目 321382 个,合同利用外资 6235.08 亿美元,实际利用外资 3232.89 亿美元,按合同外资计算,项目平均规模 194 万美元。[①]自 1993 年以来,我国一直是世界上最大的外商直接投资东道国之一和发展中国家中的最大的外国直接投资吸收国, 中国成为名副其实的世界各国对外直接投资的热点

---

① 以上数据根据《中国统计年鉴 2008》整理得出。

地区。

这一阶段可以形象地称为"布点—拉线",即跨国公司在中国大量设立办事处或分公司,在沿海或沿江城市组建合资工厂,在合资工厂与母公司及全球分公司之间建立关联交易。跨国公司不可能只满足在当地发展,在找到合适的"踏脚石"并成立合资公司后,它们开始大范围的市场和体制调研,摸透市场格局和竞争对手的优缺点,在找到理想的产品切入点后它们便将能够匹配中国市场需求的产品拿到在华合资工厂进行组装。因为背后有强大的资本和技术支持,这类合资工厂的发展相当迅速,一般都能做到年初规划、年中竣工、年底或者下年初大规模投产,而且往往投产后的半年就能有不菲收益。

4. 大规模投资阶段(2000—2008 年)

国内市场随收入提高而扩张到相当水平,从而为市场导向型外商直接投资提供了极大的诱因。跨国公司开始大举进入东道国以获取规模经济效应,同时工资上涨导致劳动力成本提高。[1]出口导向型外商直接投资开始下降,但由于市场导向型外商直接投资增长迅速,外商直接投资输入总量仍然高于前一个阶段。[2]我国目前正处于这个阶段。

加入世贸组织是中国改革开放又一重大突破。中国加入世贸组织对跨国公司直接投资产生了重大影响。首先,为跨国公司进入中国市场提供了能够符合世贸规则和国际惯例的运营环境,市场经济秩序和投资环境得到根本改善,透明度进一步提高,为跨国公司来华投资及其企业长期战略决策创造了良好预期。其次,进一步扩大了市场准入范围,商业、银行业及其他服务贸易领域的逐步开放,吸引了越来越多的跨国公司。再次,给予跨国公司国民待遇,取消了影响外汇平衡的要求以及生产产品进出口

---

[1]　对市场导向型外商直接投资来说,更趋向于对产品差异性大、绝对资本成本高(市场准入障碍大)、经济规模大、产业多样化程度高、企业经营要求高的行业进行投资。根据这些特征,市场规模、市场增长前景、东道国经济发展状况,是市场导向型外商直接投资重要的区位因素。

[2]　出口导向型外商直接投资则取决于当地廉价生产要素,如劳动力、自然资源等。相对充裕的劳动力资源、较低的工资水平,成为外商直接投资区位选择的倾向性因素。

比例的要求等不符合国民待遇的做法，扫清了跨国公司进入中国市场的障碍。同时，跨国公司与国内企业经过十几年的合资合作，已经逐步了解并熟悉了我国的相关法规、市场规则以及竞争对手、风俗习惯、游戏规则，它们积累了大量在中国投资经营和竞争的全过程经验，具备了大规模进入中国市场的条件。由于上述原因，在全球跨国投资大幅度下降的形势下，我国吸引跨国公司投资仍然一枝独秀，保持了较高的增长速度。2002年实现实际利用外资 527.43 亿美元，突破 500 亿美元大关，第一次超过美国，成为世界上最大的外资吸收国。2007 年突破 700 亿美元大关。①

这一阶段中最为关键的一步是跨国公司加速并购行业龙头企业，借助它们的生产和销售体系急速扩张在中国的销售渠道和服务网络。市场因此而开始重新洗牌，跨国公司会采取各种手段孤立其他有实力的国内企业并伺机各个击破。以第二产业为例，2000 年，中央撤销了机械工业部，除少部分大型企业仍由中央政府主管，大量部属企业全部属地化管理，地方政府开始作为国有资产出资人运作这些企业，但地方政府无论在资金规模还是政策手段上都捉襟见肘。在这一时期，由地方政府主导的国企改制声势比较高，一些地方政府想要甩掉这些国企包袱，以便在招商引资工作中能够轻装上阵。改变国有企业性质、引入多元产权机制的方式有很多，但出卖国有股产权成为最为便捷而且是"一箭双雕"的选择。一些地方政府认为把自己控股的国有企业卖给跨国公司，能够在规定时限内同时完成国企改制和招商引资的双重考核指标。对跨国公司而言，这是一次重大的政策机遇，跨国公司对于政府抓在手中的这最后一批国企早就垂涎三尺。与此同时，跨国公司不约而同地调整人事安排和工厂分布，它们先后建立了各自的中国投资公司和财务公司，有的甚至将分布在各大城市的代表处升级为子公司。一轮市场洗牌之后，这些跨国公司在中国的业绩开始显著增长，尤其是资产规模急剧膨胀。

通过对外商直接投资发展历程的回顾不难发现，三十多年来的跨国公司直接投资发展总体上呈现出一种长期增长的趋势，这主要源于 20 世

---

① 以上数据根据《中国统计年鉴 2008》计算得出。

纪 80 年代以来，在经济全球化和国际直接投资迅猛发展的大环境下，中国比其他国家和地区具有相对更强的国际直接投资集聚能力的结果，而中国强大的外资集聚能力的形成又主要得益于中国多年来持续的改革开放。正是对外开放的持续推进和国内体制的不断改革创造出了中国集聚跨国公司直接投资的越来越好的条件，由此构成了集聚跨国公司的强大吸引力，促进了外商直接投资的不断增长。①

（二）跨国公司在华撤资概况

我国经济多年来一直保持高速增长态势，良好的经济发展形势吸引了大量外商直接投资。目前，中国已经成为仅次于美国的世界第二大利用外资国，与此同时，由于各种因素的影响，中国外商撤资呈加速趋势。但随着金融危机的影响以及我国人口红利的逐渐减退，资本的逐利性使越来越多的外商投资企业纷纷撤离我国。近年来，每年年底跨国公司登记户数均有减少，实际使用外资金额亦有下降趋势。根据 2013 年 1 月商务部举行的例行新闻发布会上公布的数据，2012 年全国新批设立外商投资企业24925 家，同比下降 10.1%；实际使用外资金额 1117.2 亿美元，同比下降5.08%。表 2.2 显示了 2003 年至 2012 年这十年间我国外商投资企业对华投资情况，可以看出，自 2008 年以后，每年年底跨国公司登记户数都在减少，说明跨国公司撤资问题严重。跨国公司的撤资直接导致我国实际使用外资金额的减少，这一趋势在 2013 年仍在持续。

表 2.2　2003 年至 2012 年外商投资企业对华投资概况

年份	年底登记户数		实际使用外资金额	
	数量（户）	同比增长（%）	数量（亿美元）	同比增长（%）
2003	226373	−	561.40	−
2004	242284	7.03	640.72	14.13
2005	260000	7.31	638.05	−0.42
2006	274863	5.72	735.23	15.23
2007	406442	47.87	783.39	6.55

---

①　张纪："美国对华直接投资影响因素实证分析"，《世界经济研究》，2006 年第 1 期。

（续）

年份	年底登记户数		实际使用外资金额	
	数量(户)	同比增长(%)	数量(亿美元)	同比增长(%)
2008	434937	7.01	952.53	21.59
2009	434248	−0.16	918.04	−3.62
2010	433244	−0.23	1088.21	18.54
2011	432487	−0.17	1176.98	8.16
2012	430682	−0.42	1117.2	−5.08

资料来源：根据中华人民共和国商务部数据整理。

2009 年，外商在华撤资清算流出额同比增长了 143%，达到 318 亿美元，掀起了后危机时代的撤资浪潮。截至 2013 年底，共有 5652 家外商减资，5578 家跨国公司终止在华营业，撤资总额更高达 325 亿美元，占当年外商投资总额的 37%，见图 2.1。从总体规模上看，近年来，外商在华撤资额呈现出明显的增加趋势。

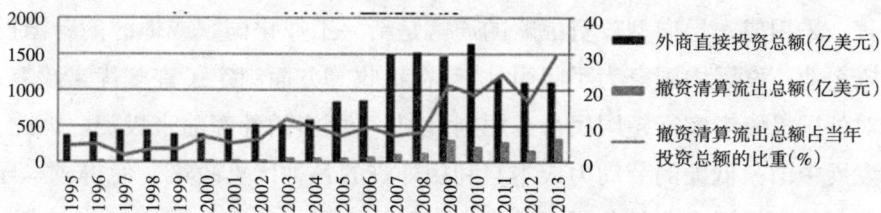

图 2.1　1995—2013 年外商来华直接投资状况

首先，从国别上看，①高端美资企业撤离我国。自 2011 年以来，受美国制造业回迁政策的影响，高端美资制造业正在从包括珠三角在内的中国内地地区悄然撤退，美资企业撤离将成为大势所趋。全球新一轮产业转移正出现新的特征，发达国家高附加值产业普遍从发展中国家"转移"。②日资企业纷纷撤回母国。2008 年以来日本经济出现衰退，许多日本跨国企业的母公司纷纷参与政府号召的自我救赎行动，减少国外子公司投资或者将其撤回本土。日资企业从中国撤离日益明显。（佟东，2011）③韩国中小企业在我国的非正常撤离。2007 年前后在青岛投资的 8344 家韩国企业中，仅非正常撤离（未经过清算的非法撤资）的企业就达 206 家，绝大多数为生产劳动密集型产品的中小企业。④中国港台地区和欧盟的企业纷纷从中国内地撤出转至东南亚地区。近年来,在珠三角从事加工贸易的 6 万家企业中,有 1.73 万家港台企业计划在未来 3 年内,将全部或部分转移到东南亚国家或地区,大批港台及欧盟企业对中国劳动力、土地、租金等价格的上升感到无奈。(王光丽,2013)

其次,根据投资目的不同,通常将外商投资战略分为成本导向型投资战略和市场导向型投资战略。采用不同投资战略的外商,其撤资的动因及对东道国就业和产业结构优化升级的影响具有明显差异。(栾谨崇、于学花,2012)采用成本导向型投资战略的跨国公司,其对外投资的主要原因在于其产品的国内成本高于国外成本。一般而言,这类跨国公司在其本国生产的产品成本较高,其对外直接投资的重要动机之一,就是要利用东道国的廉价劳动力等生产要素来降低产品的生产成本。这种对外直接投资动机表现在投资行为上,就是在东道国投资设厂,生产各类工业制成品及其他产品,并把其中的绝大多数制成品返销本国或出口第三国。一般而言,采用成本导向型投资战略的通常是新兴工业化国家或地区的跨国投资企业。发展中国家为了吸引外资,在税收等方面制定了许多优惠政策,对外国投资者实行超国民待遇原则,以吸引更多的外商前来投资。因此,发展中国家低廉的劳动力成本与利用外资的各种优惠政策,使得成本导向型外商投资企业具备了产品成本降低的空间。其中低廉的劳动力成本对于跨国公司成本的降低尤为重要。与之相反,以市场为导向的跨国公司直接投资的主要目的,是为了获取东道国产品销售市场并取得巨额利润。为此,企业不但要在东道国投资设厂,并且产品的绝大部分也要在当地市场销售,并期望占领当地市场。从实际投资现象看,采取这种投资战略的外商企业多为规模较大的跨国公司。

最后,从行业看,①制造业。我国制造业吸收外商直接投资呈下降趋势,而同时我国山东、长三角及珠三角等地区涌现的"撤资潮"现象更主要集中在制造业,由此可见制造业面临着严峻的外商撤资压力。[①]2012 年,制造业减资和全额撤资比重分别占全国减资和撤资总额的 70.4% 和 60.3%。

---

　　①　宋纪宁:"跨国公司在华子公司撤资动因实证分析",《当代财经》,2010 年第 5 期。

在日资企业从我国撤资的案例中,有 72%是集中于制造业。①②商业和服务业。目前我国商业领域外商撤资倾向不是很大,但全球 3C 连锁零售巨头百思买中国上海公司突然宣传停业,应当引起警惕。③金融业。在 2009年以来多家境外银行先后从我国内资银行撤资的背景下,后危机时期我国银行业的撤资动态也不得不引起关注。②

二、跨国公司对华投资的影响因素

概括来讲,跨国公司对华投资的影响因素主要有三,即本地区位因素、跨国公司内部因素以及全球价值链因素。

(一)跨国公司本地区位因素的影响分析

在经济日益自由化、全球化的趋势下,生产的地理集中以及外商直接投资区位的空间集聚现象引起了学术界广泛的关注。在经济领域进行激烈竞争的主角已不仅仅停留在企业与企业之间,而且扩展到国与国、地区与地区之间。传统的跨国公司理论已经难以解释当今这种现象。为了解释这种空间集聚及其优势现象,传统理论被不断修正,新的理论观点不断地被提出,区位因素的内涵得到很大的拓展,具体可以分为地理性因素、制度性因素和创新性因素。

1. 地理性因素的影响

地理性因素具有相对容易模仿和复制的特点。当前,由于全球范围内地区间的竞争越来越激烈,对于一部分地区来说,短时间内建立起一些地理性因素条件还是有可能的。因此,仅仅依靠地理性因素难以给地区带来持续的竞争优势。建立在地理性因素基础上的区域竞争也容易导致"囚徒

---

① 彭伟:"基于社会网络视角的多边联盟研究与概念框架构建",《外国经济与管理》,2013年第 5 期。

② 潘双脂:"后危机时代外商撤资动态分析",《对外经贸实务》,2011 年第 3 期。

困局"的恶性竞争。

但是现实中,制度性因素和创新性因素并非所有地域都能同时具备,而且这两种因素一般不可能在一朝一夕间培养起来,它们需要历史积累。因此,对许多地区来说,地理性因素仍然充当着地区竞争的基本要素。尽管地理性因素不是创造持续竞争优势的充分条件,但往往却是必要条件。如果基本的地理性因素条件也不具备,那么其他区位因素优势是难以发挥出来的。因此,对于地方政府,既不能仅仅关注地理性因素条件的建设,也不能仅仅从制度、学习等单方面着眼,而忽视基本的公共或准公共性要素建设。这些要素包括基础设施、劳动力储备、资金市场等,它们都成为跨国公司投资区位选择以及长期根留发展的基本考虑因素之一。一些实施"集群式"发展战略的地区,随着外商直接投资的大量进入,会给当地的公共环境和房地产市场带来过大压力,导致交通拥挤、商用房和居住房价格过高、劳动力市场紧张等问题的出现。这些问题反过来会妨碍新外商直接投资的进入和现有外商直接投资的扩大再生产。因此,不良的公共设施基础条件成为影响跨国公司对华投资的负面因素,表现出"拥挤效应"或"负外部性"。

2. 创新性因素的影响

创新性区位要素更多表现为一种动态性要素。从区域竞争和产业外移的角度,斯多波和沃克(Storper & Walker,1989)也表达了支持性观点。他们曾经将区域竞争能力区分为弱竞争和强竞争两类。其中强竞争是指区域本身的资源因素就是竞争力的来源,这些资源因而难以被取代,例如生产力、技术、知识、信任与合作网络;弱竞争则是指资源因素取决于外在条件,例如土地、劳工、原料、生产流程等。不同商品的资源因素的限制性并不相同,某些商品的资源因素可以在各地便宜地取得,但是某些商品的资源因素则并非如此。因此各产业中的关键资源要素成为决定产业外移程度的关键因素之一。若该产业关键资源要素就是区域本身的资源,则投资于本地的意愿就强,撤资的可能性也相对较小。在这些产业关键资源要素中,作为区域性资产的信任、合作关系,生产力,技术及知识水平等因素尤为重要。

　　总的来说,一方面,东道国不同的资源禀赋影响了跨国公司对外投资的程度和范围;另一方面,从学习观来看,不同的区位特定要素具有不同的特性,一些是显性资源,一些是隐性资源。不同资源的转移性和可获得性是不一样的。有些资源的获取更需要跨国企业与本地建立更多的联系,而且需要与本地其他行动者建立更多基于信任等的社会网络关系。尤其是当本地产业网络呈现出产业集群的特征时,往往会对跨国公司的本地嵌入性产生更为深刻的影响。产业集群中,在产业链上游,相同或相关产业内的企业由于地理集中,能提高专用设备的效率,发展专业市场和降低管理费用。

3. 制度性因素的影响

　　跨国公司对华投资的过程,是不同的行动者不断互动、调适,以至于形成共同的组织性逻辑与行动规则的社会建构过程。由社会关系所形构的信任机制有助于竞争力的发展,生产网络不但是一种社会性的建构,其经济交易活动也嵌入在人际关系网络中,并且经济关系与社会关系会相互强化,如果能够兼具地域性的信任与协力机制和对外的开放性连接,除了能够发挥既有的弹性生产优势之外,还能够促进整体生产网络的动态调整。网络化运作必须有社会、文化与政治制度等机制的支持。所有的生产体系都会面临不确定性的问题,解决这些不确定性而能够进入集体行动的方式是通过"惯例"的制度机制。"惯例"是相对应于这些不确定性关系的参与者之间被视为理所当然、不言而喻的规则、文化与社会性机制。具有地域特殊性的"惯例"往往有助于形成区域的关系性资产。这样的关系性资产如何再生产,在新的发展情境下如何因应变局,作出调整而不至于陷入路径依赖关系的"锁死"是至关重要的。这也对于特定地方行动者或者地方能动性的能力提出了要求。(杨友仁、夏铸九,2005)因此,跨国公司为了适应当地经营环境,必然会受到东道国特定的社会、文化、政治和制度的影响,并作出相应调整。在这个过程中,跨国公司逐渐融入当地的环境中,而且地方社会制度环境不同,跨国公司融入地方的程度和方式也不同。

(二)跨国公司内部因素的影响分析

跨国公司对华投资不仅受到区位因素的影响，而且还受到跨国公司内部母子公司关系和子公司的地位、角色等非本地因素的影响。外商直接投资不仅仅只是为了在海外拓展所有权优势，运用自身资源在海外市场获利，同时也是为了连接不同地区的资源，增加全球竞争力。这些资源既包括跨国公司母国内经营所缺的，也包括海外经营所需要的。跨国公司基于自身不同的资源优势，以及被投资地的区位资源优势，根据企业的战略部署，选择与当地建立不同的连接关系。因此，首先，跨国公司的战略动机、资源优势以及进入模式（相当于内部化模式①）三个因素主要反映的是跨国公司整体战略布局的结果。再者，子公司的角色与地位也深刻影响着跨国公司的对外投资。

1. 战略动机

不同的企业在考虑是否进行对外投资时，往往因为自身不同的组织能力与不同的外资冲击，会着眼于不同的投资因素。依据企业希望依靠的对外投资行为，来获取何种可以降低营运成本、增强竞争优势或增加企业利润的因素，邓宁曾经把外商直接投资分为四种类型：寻求原始资源型、寻找市场型、寻求特有资源型和寻求效率型。不同外商直接投资类型反映了跨国公司出于不同动机或战略目标而采取与当地建立相应的本地连接关系。其中寻求原始资源型、寻求特有资源型、寻求效率型表现为不同资源类型的连接关系。按照资源的战略性不同（即资源越是隐性，越容易给企业带来竞争优势，使企业处于越有利的战略地位），可以分为：非战略性连接关系，如非知识性劳动力连接关系、天然资源和非核心原材料等筹供连接关系、边缘性非外包连接关系等；战略性连接关系，如知识性劳动力

---

① 折衷理论认为，外商直接投资是区位优势、所有权优势和内部化优势综合作用与影响的结果。这里，"内部化"指的就是直接投资的国际化方式。但内部化方式也有不同具体表现形式，如通过独资、合资等不同形式。

连接关系、核心原材料等筹供连接关系、核心外包连接关系、研发创新连接关系等。由于不同资源的获取难度和方式不同,因此在当地建立不同的资源连接关系,会形成不同的经济嵌入类型和强度。一般情况下,寻求原始资源型的本地经济嵌入往往属于非战略性连接关系;而对于寻求特有资源型的本地经济嵌入往往属于战略性连接关系。对于寻找市场型而言,跨国公司在当地建立的经济嵌入表现为与本地市场活动的连接关系。一般来说,东道国市场指向型的子公司通常比出口指向型企业更多地选择在当地采购。因为出口指向型生产对成本和质量的要求严格得多,特别是那些作为国际生产体系一部分的外国子公司更多地依赖于公开的全球采购政策,很少能够自由选择供应商。当然,部分跨国公司也可以与本地建立资金连接关系等。

具体来说,根据资源特有性特征,可以把跨国公司的资源连接战略分为三类:第一类是对基础性资源的连接,这包括获取当地较低的劳动成本、廉价的水电与土地资源,以及利用便利的交通运输区位等资源。基础性资源通常是大众性资源,跨国公司往往在其他地方同样可以找到,因此并非区位特有的资源。第二类是对战略性资源的连接,这包括利用当地完善的产业配套环境、专业技术人才、国际化程度以及大陆市场资源等。战略性资源并非自然禀赋,相反,需要一个地区通过较长时间的培育与适应而积累起来的,因此此类资源通常是区位特有的。要获取战略性资源,企业一般需要亲身位于本地。第三类是对知识性资源的连接,包括获取当地产品技术知识、生产技术诀窍、市场经验与知识,以及当地管理技能等。知识性资源是企业特有的、难以模仿的。跨国公司只有通过与当地外部企业与机构互动学习才能获取此类资源。

从上面分析可以得出这样的推论:跨国公司越是试图连接第二、第三类的资源,越有利于推动跨国公司的对外投资,尤其是对于第三类资源的获取更是有助于公司员工根植于东道国。

2. 所有权优势

跨国公司具备不同所有权优势,也会影响到企业的对外投资行为。跨国公司对外进行直接投资以后,虽然会维持与母国网络的连接,以获取诸如市场情报或技术等重要资源,可是它们也会调适自己来建立与当地网络的关系。而且会将母国的核心经营事业转移到投资国当地的网络中,以期在跨国营运时,降低交易成本。换句话说,跨国公司对外投资不仅是与国外网络的连接,更是网络关系的重新布建。网络关系的重新布建,是由于有限的企业专属优势因竞争压力而快速被侵袭而造成。依靠与当地网络建立关系,跨国公司可以增加当地的销售,购买更多的原材料及零部件,也有可能最终选择与母国截然不同的全新的产品领域,以发挥当地累积的资源优势。对于跨国公司而言,接受东道国本土特色的名称以融入当地的社会,也是常发生的事。(Chen,1998)近年来,跨国公司普遍拥有更为强烈的本地化倾向。但是跨国公司在与东道国建立外部联系时,相对于依赖企业内部连接,可能面临更大的风险。概括来说,跨国公司所有权优势通过两个方面影响其对外投资:第一,跨国公司的所有权优势不同,寻找的互补资源也就不同,融入东道国的方式和程度也就不同;第二,跨国公司的所有权优势不同,其承担风险的能力、与其他企业的谈判能力也不一样,从而影响了其融入本地的类型和强度。由此可见,跨国公司的所有权优势会对对外投资产生影响,影响途径可能并不直接和简单化。例如所有权优势不足的跨国公司在动机上更愿意融入东道国,但是由于谈判能力不足和风险控制能力有限,偏向于与当地建立非战略性连接关系。而对于具备所有权优势的大型跨国公司而言,它们具备建立本地嵌入的能力,其意愿和结果如何,取决于跨国公司整体战略部署以及子公司在跨国公司内部网络中的角色与地位。

3. 投资进入模式

跨国公司进入东道国产业网络的方式也会对融入东道国的程度产生影响。跨国公司的进入方式一般可以有三种选择:成立新的独资子公司、成立新的合资企业和并购。通常情况下,通过并购方式进入虽然能够迅速建立与供应商和消费者的关系,成为关系网络中的一员,但有可能引起本土企业的敌对意识,难以真正地进入集群网络。通过合作方式进入虽有助于避免社会进入障碍,接触到地方化的专有资源,但跨国公司却不能获得全部的控制权。通过建立分公司的方式进入则需要花费较长的时间和较大的成本才能得到集群的认可。而合资公司也并不一定能促进跨国公司对外投资的高效率。一方面,由于跨国公司担心先进或核心技术外泄,一般不太会把最先进的技术转移到合资企业中;另一方面,合资企业中存在着中外双方对于管理权和控股权的争夺与彼此制约,在一定程度上影响了合资企业的经营效率和经营计划的落实,反而阻碍了合资企业与本土企业的融合程度。相反,独资子公司由于很大程度上避免了这两个问题,反而更有可能构建出有效的本地学习网络。

4. 子公司的角色与地位

子公司的角色与地位主要体现在两个方面:一是子公司的经营自主权,二是子公司的功能活动范围。前者反映的是母子公司间的控制与自主之间的关系,后者则是反映了跨国公司内部功能性分工的关系。子公司的自主权越大,所从事的功能性活动越重要,活动范围越广泛,即反映了子公司在跨国公司内部的角色与地位相对越高。子公司的角色演化过程同时也是子公司的本地成长过程。

（1)子公司的自主权与对外投资

跨国公司子公司因母公司国际化策略而存在,母公司为实现其国际化目的,必然对其子公司行动有所限制,也会授权子公司自定战略去应对区域环境的变化。因此,控制与自主是相对而言的。

自主权包括程度与范围两个方面。以跨国公司母公司控制的角度看子公司的行为,自主权的程度大致可分为:①在母公司授权范围内行动。这种情形多见于全球型企业的子公司,母公司为追求最高效率的全球整合而实行强力控制,以确保自身获取最大收益。②向母公司报准后行动。这种情形多见于国际型企业或部分多国型企业,母公司将部分经营、管理、决策授权于子公司,实行相对较低的中度控制。③行动后向母公司报备。这种情况多见于多国型企业,为了让子公司专注于响应当地需求,母公司授权程度最高。以子公司拥有决策自主权的功能活动来看,自主权的范围是指在再生产、采购、研发、财务资金管理、人力资源管理与战略制定等功能活动方面拥有自主权的范围。

在理论上,母公司过多的控制不利于子公司与当地的融入。一方面,母子公司间或子公司间分属不同地区,东道国与母国间环境差异较大,信息取得也有困难,而不同国家或地区的文化差异性,使得每个子公司面对着独特的经营环境。因此,母公司对子公司当地环境往往缺乏足够深入的了解。子公司在当地建立本地网络关系,需要对当地合作伙伴的情况进行了解。而且彼此间的合作需要相互适应,这些都需要消耗资源和时间。比如要增进彼此联系和相互投资,需要建立彼此间的互信。与当地合作伙伴的交往技巧本身也是一种隐性知识,母公司要获取、理解和评价这些知识是相当困难的。另一方面,母公司关心的通常是跨国公司整体发展战略而非子公司的个体发展。相反,拥有高度和广泛自主权的子公司,更可能从一个本地成员的角度进行思考。它们通过更多的人员本土化,建设自己的外部合作网络,融入本地产业环境中。

基于上述分析,母公司过多的控制将干预子公司的自主经营活动,由此可能会阻碍子公司与本地商业伙伴合作关系的发展。建立本地网络关系时需要资源和时间,是一件长期、复杂的工作,涉及许多适时的协调和决策。因此,母公司过多的控制、子公司自主权的不足,可能不利于子公司的本地嵌入。

(2)子公司的功能性活动范围与对外投资

跨国公司跨越地理范畴而到世界各地建立据点,故分布在同一地理区的价值活动可能很多(如具有整合功能的营运中心),也可能很单纯(如纯粹的生产基地或销售据点),如何安排价值活动,使其对整体企业产生最大的效益,必须考虑战略需要。当东道国的战略地位提升或市场的重要性增加时,为创造较大的价值,子公司会拥有比较完整的价值链,以服务当地顾客的需要。而当母子公司之间或者子公司之间往来比较密切时,意味着价值活动分散于全球各地,价值活动间的协调与取舍会产生较大的内部交易成本。即使是单纯产品或服务的提供,在必须整合不同地区的价值活动时,也同样会产生较大的内部交易成本和较高的代理成本。

子公司功能活动范围反映了母子公司之间的内部分工关系。对于功能活动范围比较窄的子公司来说,母子公司往往表现为垂直分工关系。例如一些到内地投资的香港企业,往往内地子公司只负责生产制造,而香港总部负责产品设计、营销接单和客户服务。一些台湾企业,则是台湾负责研发与财务,内地负责生产,香港负责出货和客户服务的区域分工。对于功能活动范围比较齐全的子公司来说,母子公司之间往往表现为水平分工的关系。比如跨国公司把高端产品的经营活动留在母国,而把低端或成熟产品外移到海外子公司,并且海外子公司拥有从市场接单、采购、生产、客户服务、资金融资等齐全的经营职能。这种情况下,母子公司之间的联系内容主要是信息交流,而不是实物交易。

子公司在当地生产的前提是子公司与企业外部发生联系。一方面,如果子公司的联系仅仅局限于与母公司的内部联系,而不发生外部联系,那么就根本谈不上在东道国的长远发展。另一方面,功能活动范围较窄的子公司,往往依赖母公司的资源,而且自主权也比较小,对当地资源的依赖性有限。对于相同的资源连接,内外部之间存在相互替代关系。相对来说,功能活动范围较广的子公司存在着更多与当地发生联系领域的可能性。而且子公司不需要花费很多成本处理与内部其他分支机构的交易关系,也有利于子公司对当地经营环境的关注。在通常情况下,那些开拓本地市场的跨国公司,其在东道国的发展往往较好,原因可能是多方面的,如为了抢占当地市场,为了显示对投资地的友好,或出于竞争压力而更倾向于与东道国的互动。这些都需要跨国公司更多地与本土企业与机构进行沟通与联系。

(三)全球价值链因素的影响分析

地方产业主要通过贸易或外商直接投资等方式被整合到全球价值链的治理关系中。全球价值链的整合主角是跨国公司,跨国公司通过对外投资活动,而将各区域及其企业连接在一起。全球价值链的影响本质上是一种权力治理关系。处于不同全球价值链类型,位于不同价值链位置的跨国公司,以及投资地在全球价值链中的角色都会对跨国公司在东道国的可持续发展产生影响。

1. 全球价值链类型

跨国公司建立本地网络的一个重要目的是获取当地的生产和创新资源,包括新产品开发和生产工艺的改善。关系资本的建立有助于促进企业间学习,而后者则是创新的重要来源。

如果一个生产者有权力把创新成果的标准在网络内进行推广,让所有其他网络成员接受,创新成果的价值会更大。通常来说,与处于购买者驱动的价值链相比,处于生产者驱动的价值链中的企业拥有相对较大的权力去推广某种创新成果标准。因为在生产者驱动的生产网络中,生产安排可以提前进行计划,而在购买者驱动的生产网络中,生产则主要是根据消费者偏好而作出反应。因此,对位于购买者驱动价值链中从事分包生产的海外子公司来说,通常没有热情发展当地连接,而会选择把主要精力放在维持原来母国的往来关系网络。尤其当服务对象是国际客户,而非本地客户的时候,这种情况更为明显。对于这些海外子公司来说,与东道国互动不十分迫切,而总部控制的关键资源更为重要。因此,它们的本地连接主要限于与母公司关键资源互补的目的。在这种情况下,为了保持母公司的核心竞争力,子公司可能会牺牲当地联系的多样性。所以与处于购买者驱动的价值链相比,处于生产者驱动的价值链中的子公司有更强的积极性去投资建立本地网络连接。

2. 全球价值链位置

对于跨国公司来说,进行对外投资,必然伴随着原有产业网络与本地网络的整合问题。在这个整合过程中,一个准则是必须要确保主要连接关系得到加强而不是削弱,这样才能保持和提升原有的竞争力。

对位于全球价值链主导地位的国际跨国公司来说,尤其是欧美等掌握着核心技术或品牌和市场渠道的国际大企业来说,它们拥有更强大的谈判能力,对上下游企业具有较大的影响力。其影响效应主要表现在以下四个方面:第一,其投资到某个地方,往往会引起许多其他相关的新旧配套企业的跟随,迅速在当地形成一个产业网络。第二,主导性国际企业可能更愿意进行一些长期性投资,更愿意花时间和精力培育当地的供应配套体系,特别是那些以当地为目标市场的国际企业。第三,主导性国际企业长期性投资计划往往更偏向于实施本地化发展战略,融入当地经济社会中。第四,主导性国际企业基于价值链当中的结构性位置所拥有的"体系性权力"一定程度上影响了生产网络的治理机制。

可见,跨国公司在全球价值链中所处的位置反映了跨国公司的核心能力所在,也影响了跨国公司可能嵌入当地网络的方式和形态,但最终的嵌入程度还与区域当地在全球价值链中的角色与能力有关。

3.区域在全球价值链中的角色

区域在全球价值链中的角色表现为两个层面。

从宏观层面来看,表现为位于本区域的价值链活动(包括跨国公司与本土企业)的环节和层次。以美国硅谷、中国台湾新竹、广东东莞的个人计算机(PC)全球产业分工网络为例。美国硅谷是举世公认的全球信息技术产业中心,中国台湾新竹一带形成世界最大的个人电脑设计、生产基地(尤其是高技术含量产品的生产制造),广东东莞则是台湾目前在内地的重要加工制造基地(主要是低技术含量产品的生产制造),依次形成核心——半边陲——边陲的角色分工关系。

从微观层面来看,表现在跨国公司所形成的区域产业网络中,本土企业(本地资本)与跨国公司(跨国资本)之间形成的关系性质。值得强调的是,能促使跨国公司在东道国持续生根发展最重要的力量是以本土企业为主体的发展完备的地方产业体系。根据本土企业对跨国公司依赖性的高低(包括技术依赖与市场依赖),可以把本土企业的地位分为依赖式和自主式。本土企业在技术上和市场上越依赖于跨国公司,越容易受制于跨国公司,一旦跨国公司撤资,将会受到很大的打击。本土企业能力越高,技术上和市场上的自主性越强,跨国公司越会选择在本地建立自身产业网络,区域越能够"黏住"跨国公司企业。

置于微观层面与宏观层面的关系中,从短期角度来说,有可能通过招商引资政策,促成高层次的本区域价值链活动;但从长期角度来说,宏观层面上本区域的价值链活动升级,根本动力来源于微观层面上本土企业群的形成与成长,这对于跨国公司在东道国的可持续发展有极大的促进作用。首先,可以为跨国公司提供一个良好的本地产业配套环境,有利于跨国公司在东道国的可持续发展;其次,通过改善与跨国公司的关系的质量,可以获得更大的谈判能力,获取更多的发展空间;再次,本土企业的成长也可能发展成为当地跨国公司的竞争对手,在竞争压力下,跨国公司必须进行技术与产品升级,从而营造一个动态竞争环境,最终带动本区域价值链活动环节和层次的升级。

从一定意义上来说,本土企业在价值链中的地位与能力本质上决定了区域在全球价值链中的角色,也成为影响跨国公司在东道国可持续发展的重要因素。根据这一判断标准,可以将跨国公司可持续发展分为两种类型:外资经济主导型和本土经济主导型。

第一,外资经济主导型。在此情形下,跨国公司和本土企业之间通常是一种支配型的关系。它是通过跨国公司区位集聚的带动以及一系列的制度安排来强迫或引导外资进行本地结网,进而融入本地产业网络中。其最初的动力主要来源于当地政府的推动。在此种情形下,跨国公司理想的本地嵌入形态表现为:跨国公司之间,以及内地企业与跨国公司之间彼此相互依赖,在资源、社会网络和制度结构中,共同塑造了本地学习和创新的平台。从改善区域角色和本地企业学习的角度来看,此种情形的优势在于外资主导型经济较为容易形成,劣势在于跨国公司的本地嵌入相对困难。另外,跨国公司的本地嵌入还受到跨国公司自身所处的全球价值链位置的影响。

第二,本土经济主导型。在此情形下,跨国公司与本土企业之间是一种对等平衡型关系。它是通过强有力的本土经济以及一系列的制度安排来营造跨国公司可持续发展并融合在东道国本土企业的发展环境。其动力来自于当地经济中以本土企业家为首的民间力量的推动,而不是完全依赖当地政府。在此种情形下,跨国公司理想的本地嵌入形态表现为:内源型产业集群为跨国公司的本地嵌入提供了现成的良好条件与环境。其优势在于来自内源型集群企业极强的技术吸收能力与创新能力,反过来也成为吸引跨国公司生根发展的重要力量;劣势在于并非所有地区都具备现成的内源型产业集群。

三、跨国公司对华撤资的表现形式及原因分析

（一）表现形式

当前，跨国公司在华撤资的表现形式可以归纳为三种：

1. 本地不结网

跨国公司对华投资可持续发展的前提是必须发生本地结网行为。如果没有建立本地网络关系，则跨国公司对华投资行为是十分有限的。本地不结网现象，从不同角度有不同的表现。

从网络连接对象的不同来看，可以分为两种情况：一种是与上下游、同行、相关行业等企业之间极少发生网络连接关系。一个典型例子就是"三来一补"企业。这种类型的企业，原材料、图样设计和生产配件依靠进口，完成生产后产品出口，基本与当地产业网络很少发生关系。另一种是与政府部门、科研院校、中介机构等非企业组织之间极少发生网络连接关系。除了与政府间关系外，与科研院校和行业协会等联系普遍很少，这在我国比较普遍。大多数跨国公司，尤其是来自中国台湾、香港等地区的中小型跨国公司即使在上下游关系的本土化上已经迈出了一大步，但是与本地机构的技术合作关系很少。当然，现在这种现象开始有所改观，慢慢出现跨国公司与国内某些高校合作的例子。

从有没有发生外部关系来看，也可以分为两种情况：一种是子公司的外部网络关系都不在本地，另一种则是子公司不发生外部连接关系。当然，完全不发生外部连接关系是不可能的。这里所指的是当前的一种现象，即投资当地的子公司把原来在母国的外部筹供关系进行内部化，也就是说，通过垂直整合上下游环节，提高内部自给自足的程度，从而减少了与本地其他企业组织的联系。

从不同层面来看，本地不结网现象可以表现为两种情况：一是企业个体层面表现为孤立的"堡垒式"企业，描述的是生产规模很大，在当地很少

发生外部联系,处于孤立、隔绝状态的子公司。二是产业层面表现为"企业扎堆",描述的就是大量相同或相关企业集聚在一个地方,但是实际上彼此之间联系很少。

从关系纽带性质来看,同样可以分为两种情况:一种是缺乏经济网络(或交易网络)联系,另一种是缺乏与当地社会人际网络联系。跨国公司中的低本地人就业率和高员工流动性导致在当地难以形成一个长期稳定的关系网络,包括内外资企业之间和员工之间的关系。如果企业中的大多数员工,甚至中高层管理者都是本地人,这将非常有利于跨国公司与当地企业和政府等非企业机构间的牵线沟通。这些本地的社会人际网络联系反过来也有利于促进经济网络关系的形成。

2. 网络封闭

从地方的角度来看,子公司的网络封闭主要体现在以下三个层面上:

第一,局限于投资本地原先的合作网络成员。对于核心厂商来说,则表现为供应商网络封闭;对于上游协力厂商来说,则表现为顾客网络封闭。

第二,局限于同国籍企业间的网络合作关系。即尽管子公司没有维持跟原来网络成员的合作关系,但是在寻求新的合作伙伴时,偏向于和相同国籍企业建立合作关系。这种情况常见于日本和中国台湾生产型企业的海外投资行为中。

第三,局限于跨国公司间的网络合作关系。即子公司的网络成员很少被纳入本土企业,而愿意跟其他跨国公司打交道。这种情况,一者是如第一点所述,核心厂商与协力厂商之间本属于不同的国籍,二者是在本地新开发的网络成员仍是跨国公司。

3. 网络学习效应差

尽管子公司的网络关系一定程度上已经实现本土化,并且被纳入了本土企业,但是企业之间的关系可能仅仅停留在生产分工和市场交易的投入产出层面的关系上,彼此间的学习效应不明显,网络整体创新能力差。子公司对当地关系的依赖更多是处于降低成本的考虑,而非出于学习创新的考虑。简单地说,就是仅仅停留在生产交易网络,而非创新网络。跨国公司与本土企业间往往等级分明,甚至关系敌对而非合作,地方供应商企业没有参与到产品的开发过程中。这种联系往往加深了本土企业对跨国公司的技术依赖,其一般表现为跨国公司嵌入本地经济,与本土企业形成创新合作网络,在与本土企业合作的过程中,跨国公司向本土企业转移了技术、经验,提高了它们的竞争力,帮助它们成为专业供应商,甚至表现为彼此互动学习和同步创新, 由此也带动了区域的发展。对于子公司来说,嵌入一个学习性强的创新网络比起嵌入一个学习性差的生产网络,其发展的可持续性更高。网络成员间社会资本的欠缺,以及本土企业与核心企业之间的不平衡依赖关系是网络学习效应差的重要体现。

(二)跨国公司在华撤资的原因分析

对于跨国公司在华撤资的原因,可归纳为五点:

1. 自身原因——跨国公司战略重构

在华投资的跨国公司进行总体战略重构时, 可能会全部或者部分撤出在华投资企业。总的来说,这种现象并不表明本地子公司处于不良经营状态,与其在华投资企业的经营状况和财务绩效,或者中国的投资环境没有必然的联系。换言之,作为公司总体重构中的子战略,全部或者部分撤出在华投资企业,服从于全球战略中总投资目标的调整,而不论其在华企业的业绩和前景如何, 它是跨国公司应对不断变化的国际市场而作出的战略反应,是为了恢复、更新或者加强其核心竞争力而进行的战略调整,因此跨国公司内部因素对于子公司能否长期对华投资影响巨大。

2. 直接诱因——金融危机使得全球经济下滑,影响整体投资形势

2008 年金融危机引发全球银行业信用紧缩,众多企业不堪融资困难、利润下降,要么缩减产量,要么收缩在海外的生产以保证母公司的资金需求。一些企业甚至不惜出售海外资产,并大幅裁减全球雇员。可以说,金融危机以来,跨国公司海外撤资成为全球性的行为,并不是中国所独有的,但是跨国公司在华撤资的举动尤为突出。

3. 根本原因——跨国公司社会关系的非本地化

跨国公司对华投资过程涉及中西方不同的文化背景和企业管理的学

习、调节与适应。跨国公司要与本土企业和机构建立连接关系,首先需要了解对方, 而信息流通渠道尤为重要。这些信息包括竞争企业的技术能力、产品性能、企业文化、诚信经营等各个方面。在通常情况下,建立业务往来的企业彼此之间传递信息的渠道有两种:正式渠道和非正式渠道。其中正式渠道包括中介机构、服务咨询机构、行业协会和一些专业的信息网站等。跨国公司可以通过这些组织提供的信息资料获取有关东道国的企业文化和企业经营情况等有用信息。而非正式渠道在我国还尚未形成完善的体系,这就为跨国公司寻租提供了可能的空间。跨国公司在华投资,势必需要寻找降低成本和提高利润的方法, 这时往往就会选择与第三方的合作来降低进入本地产业网络的壁垒。而第三方合作者的选择,往往是跨国公司以前的合作伙伴、母国在华投资的兄弟企业以及一些私人关系等,这种以非正式渠道获取信息,提高自身实力的方式,往往会加重跨国公司与本土企业的壁垒,造成跨国公司社会关系的非本地化。一旦有一些风吹草动,由于根基不牢,跨国公司往往会选择从我国撤资以减少损失。

4. 制度原因——"两税合一"对跨国公司的影响

2007 年 3 月,我国新的企业所得税法被批准通过,标志着跨国公司在中国享受了二十多年的所得税上的极度优惠画上了句号。新税法对于内外资企业实行统一的 25% 的企业所得税率。一方面,"两税合一"使得内资企业卸下沉重的税收包袱,与跨国公司公平竞争。相应地,跨国公司则失去了原先的优势地位,必须要面临更加激烈与残酷的竞争。另一方面,新税法限制地方随意增加税收优惠条款, 对跨国公司的税收优惠政策明显减少,跨国公司的平均应纳税额显著增加,继而影响跨国公司在华的获利水平。很多跨国公司不堪利润大幅下降而撤资。

5. 国际区域间的竞争

区域间的竞争包括两层含义:第一,不同区域企业之间的市场竞争;第二,不同区域间的资本争夺。随着市场的日益全球化,以及跨国投资的日益发达, 企业越来越多地面临着来自于其他区域企业的全球性和区域性的市场竞争。面对这些竞争压力,企业可能会进行产品和技术创新,可能会倒闭,也可能会进行业务重组或退出,或者采取跨地域外包方式以降低成本、提升竞争优势。当然,也有可能通过直接投资方式把生产转移到其他区域。这就发生了资本的跨地域流动。

不同区域间的资本争夺不仅体现在企业寻找新的投资区位的行为,而且表现为不同区域地方努力吸引外来投资的行为。确实,最近二三十年的最显著变化之一就是国家间(或在一个国家内的各地区之间)对于相对有限的国际流动资本的竞争性叫价。事实上,许多实际利用的外来投资是由东道国或地方政府通过各种形式的金融贷款、财税优惠,以及物质或社会基础设施等形式实现的。这种区域间的竞争导致跨国公司更具有地理流动性,更轻易地从我国撤资外移到别的国家。

第二节　跨国公司在华可持续发展的理论内涵

"跨国公司可持续发展"研究的实质是"跨国公司与东道国当地的关系"问题。因此,有必要先对跨国公司与东道国的关系进行分析,以作为本书理论构建的逻辑起点。

一、跨国公司与东道国的关系

在一般的研究中,往往将关系网络看作跨国公司与东道国相互作用的一个中介,也成为理解两者间关系的重要分析工具。迪肯和马姆伯格(Diken & Malmberg,2001)也曾指出探讨企业与当地间的连接,必须将企业—产业网络—地方联系起来,也就是分析企业、产业系统及地方政府三个主体所要面向的连接。企业是更广的产业系统动态中的一部分,彼此互连而形成了整体的网络化形式的产业系统。企业网络化地嵌入更广的产业系统的网络化结构中,企业—东道国的连接不仅仅是个别企业如何位于与其相连接的领域内,同时也涉及了企业如何嵌入于自身产业内与其他产业间的复杂议题,以及这样的系统如何进行地方化进程。由此,本书将基于图 2.2 所示的"跨国公司—东道国"关系构架展开分析。

图 2.2 跨国公司—东道国关系构架

二、跨国公司在华可持续发展的概念框架

跨国公司的可持续发展可以简单理解为，跨国公司通过在东道国建立本地产业网络与东道国发生各种经济的和社会的联系，见图 2.3。

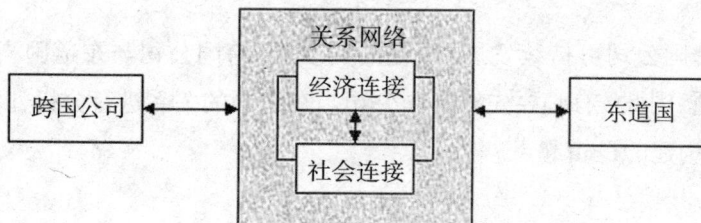

图 2.3 跨国公司在华可持续发展的概念框架

从图 2.3 可以看出，要想使跨国公司在东道国保持一种长期的可持续发展状态，必须在东道国建立一整套的关系网络，用各种经济连接和社会连接"黏住"跨国公司。

首先，关于经济连接与社会连接的关系。无疑，现实中经济连接（经济关系）与社会连接（社会关系）往往是彼此交织在一起，难以区分的。但从形成过程来说，则存在一个时间上"既存"或"后置"的区分。"既存"指的是将现有的经济交易活动建构在既定的社会关系网络之中，从既有的社会关系网络中寻找合作、交易的对象，顺序上是先有社会关系才有经济交易。"后置"则是合作及交易对象并非建构在现有的社会关系网络之中，而是依靠交易的行为过程将对方纳入自己的社会关系网中。对于本土企业来说，可持续发展的逻辑一般属于前者；而对于跨国公司来说，可持续发展的逻辑一般属于后者。即跨国公司一般先是基于"专业连带"（如品质、价钱、距离及管理等因素）的信任与东道国当地企业建立起经济与交易关系，经过双方多次的合作之后，企业与企业之间才逐渐发展出基于文化同源、人际关系等的社会连接关系。因此，就因果关系来说，经济连接是在先的和主导的。这种基于专业连带的经济网络加上人际连带建立起来的社会网络，促成了跨国公司在东道国的进一步发展。对于前来投资时本身就已经形成了或自带了完整的配套协力网络的跨国公司来说，尽管在协力网络内部已经存在相互经济连接与社会连接关系，但这种情况下与东道国的紧密程度是有限的，跨国公司往往还需要进行进一步的当地渗透，一般也要经历经济连接先于社会连接，最后彼此交织在一起的过程。这是动态理解跨国公司在华可持续发展行为的重要方面。

其次，经济连接与社会连接只是构成本地嵌入的表象，是较容易识别的行为连接层面，但是仅仅着眼于当地可持续发展的行为连接要素层面，不足以全面理解可持续发展的内涵与作用机制。要进一步深入把握可持续发展的概念内涵，一个重要的思路就是从可持续发展的基本影响因素着手进行分析。综合各种相关研究，可以将影响跨国公司在东道国可持续发展的因素分为两个方面：内部环境要素和外部空间要素。其中与当地各种经济连接和社会连接的关系纽带构成了跨国公司在当地可持续发展行为结构中的内部环境要素。这些关系纽带具有多样性和结构性。外部空间要素是指这些内部环境要素组合起来之后对外界产生的影响。这些外部空间要素决定着跨国公司在东道国可持续发展的经济社会性特征，体现了可持续发展对跨国公司行为绩效和东道国当地发展的影响机制。如果说内部环境要素是可持续发展的表现的话，那么外部空间要素则是可持续发展的特性。这两个方面对于反映跨国公司与东道国的关系都具有重要意义。两者之间的内在关系也从内涵层面反映了跨国公司对外直接投资的动态演进过程。也就是说，跨国公司在东道国的可持续发展，第一步是在当地的关系纽带的建立，第二步是关系纽带性质的演变，见图 2.4。

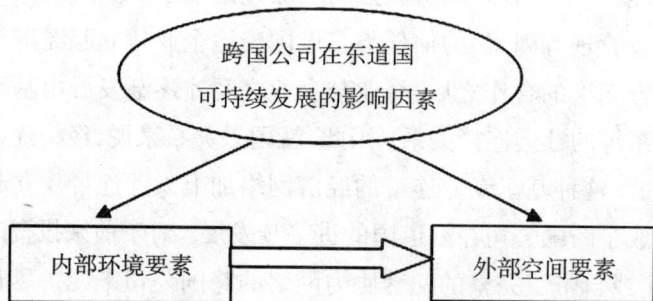

图 2.4　跨国公司在东道国可持续发展的影响因素及内在路径

三、跨国公司在东道国可持续发展的内涵特征

从上述分析,可以归纳出"可持续发展"的四个内涵。一是"地理性"。网络是没有边界的,它可以跨越地域,延伸到世界上任何一个与结点有联系的角落。但是地方产业网络有一定的地域限制,它的结点是地方的行为主体,由于一定的利益关系而相互吸引,集聚在一定的地域范围内。跨国公司在当地的可持续发展并不等同于其本地化。本地化与本地可持续发展的相同点在于,在表象上存在一些相同之处。如本地采购与本地销售率等,都是跨国公司本地化和可持续发展的重要表象指标。二者的区别在于本地化主要是从企业角度,描述跨国公司对当地的适应行为。本地可持续发展则是从企业与地方的关系角度,描述跨国公司对当地的依赖性,即企业与地方的互动互赖关系。从本地化的视角来说,本地采购和销售率强调的是采购和销售活动的空间分布;而从本地可持续发展的视角来说,则是关注本地采购和本地销售背后发生的企业与地方的连接关系,包括经济连接关系和社会连接关系,以及这些连接关系所内含的对企业成长与地方发展的意义。最好的例子就是"两头在外"的跨国公司。这种企业也许具有一定的本地化程度,比如具有研发功能、人员和管理本地化程度高,但是其真正融入当地的经济程度是很低的。而跨国公司在当地的可持续发展描述的则是跨国公司对东道国当地的经济、社会制度环境的一种依赖性,是企业与本地外部环境的一种互动关系,企业只有与外部发生关系才

会持久地在当地发展下去。地理内涵反映了可持续发展的地理空间分布特征。

可持续发展不仅强调与当地其他企业和机构发生连接关系（地理性），而且包含这个关系的本地性，由此带出第二个内涵，即"社会性"。如前文所言，"同地域"并非可持续发展的必要特征。跨国公司一般在东道国建立工厂以此作为输送原材料等资源的通道，但是这么做很可能会失败，因为当地部分知识（特别是那些隐性或地方依赖的知识信息）的流通与扩散往往是通过社会网络和人际关系网络来实现的。而地理接近的确有利于这些当地网络成员间社会网络和人际关系网络的形成，这也是增强跨国公司在本地的"溢出效应"的重要因素。企业之间非经济层面的相互依赖性，提供了通过非正式的安排来增强创新和地方知识学习的途径。跨国公司通过与本土企业和相关组织发生连接关系，建立本地关系纽带，构筑起与本地交流和合作的系统。这样，一方面增强了跨国公司在当地的可持续发展，另一方面也给当地创造更多的技术学习与创新机会，增强东道国当地的区域竞争力。通过对美国的波士顿128公路地区和加州硅谷的比较可以发现，尽管二者技术接近且在同一市场活动，但结果是前者受挫，后者蒸蒸日上。发生这种差异的根本原因就在于硅谷有着波士顿所缺乏的良好的制度安排和社会文化环境。这表达了可持续发展的"社会内涵"。对于跨国公司来说，本地可持续发展的社会内涵又可以表现为两个方面：一是跨国公司与本地网络成员的经济联系嵌入到社会关系和社会结构的程度；二是跨国公司本地产业网络成员的本地化程度，即跨国公司本地网络多大程度上纳入本地企业，即跨国公司本地网络的本地开放程度。

第三个内涵是"学习性"。如果社会性内涵反映的是跨国公司在东道国可持续发展的经济连接与社会连接的相互影响的话，那么学习性内涵，则是针对经济、社会关系的功能性而言的。学习性内涵要表达的是，经济、社会关系不仅具有交易功能，而且强调跨国公司与地方之间的学习功能。跨国公司在当地建立的生产体系本身存在转化成为学习区域的潜在可能，关键就在于地方社会资本的建立。换言之，如果只是简单的采购关系，或是通过市场竞标以及一次性方式进行采购，并不能将技能（特别是特殊技能)有效转移;相反,需要较为稳定与长期的社会关系作为中介,才有利于上下游厂商在信息与技能上的流动。从跨国公司的角度来说,尽管通常情况下跨国公司的技术水平会高于本土企业,但仍存在着需要学习的地方。一方面,本土企业也存在某些环节独特的技术,尤其是与当地市场相适应的技术。另一方面,跨国公司还需要掌握本地的特有知识,比如当地市场和消费的情况、当地产业链情况、与当地政府沟通的方式,以及当地特有的员工管理方法等。这些往往是跨国公司需要向本土企业学习,以应对发展中国家相对不确定性较高的环境。其中一个非常重要的学习渠道是"关系资本"。关系资本体现为跨国公司与东道国本土客户、供应商、合作伙伴、政府机构、科研机构等之间的信任关系。通过这种关系资本,跨国公司能够以一种有效的方式获取当地相关资源,从而带来竞争优势。从东道国发展的角度来说,建立在与跨国公司的各种经济、社会连接关系上的学习效应,对于本土企业与东道国产业升级具有重要的意义。因此,学习性成为跨国公司在东道国可持续发展的重要内涵特征。这种学习性和跨国公司与本土企业之间的关系特征具有重要联系,越是基于信任和平等的关系,双方越是具有学习性。

第四个内涵特征是"互动性"。这是相对于以往"全球化"和"本土化"概念而言的。全球化作为一个概念出现,大约是在 1960 年,伴随着运输与通信技术的改良所带来的"时空压缩",将原来完整的地理尺度组织(包括国家、区域乃至地方)的社会与经济发展过程进行转变。而这一过程中,外在的全球性社会、经济组织将成为支配性的力量,而压缩了既存的社会地理单元。与之相对应,企业的本地化观点则更多强调了企业自身的经营活动,而忽视了企业与当地区位之间的互动互赖关系。与上述两种观点不同,本地可持续发展过程中内含着两方面的内容,即跨国公司不仅对东道国产生影响,而且也同时受到本地社会制度的反向作用。在新的全球竞争当中,跨国公司与东道国的经济、文化、社会条件的互动有可能更为深刻,跨国资本与"东道国条件"是相互影响的。(Dicken et al., 1994)

第三节　跨国公司在华可持续发展的影响因素

研究跨国公司对华投资的可持续性,目的在于从网络理论的视角,以跨国公司在华可持续发展的构成要素为切入点，界定可持续发展的概念内涵与内在路径。从一定意义上来说,本节属于可持续发展内涵层面的动态研究。与一般直接将跨国公司的本地连接行为作为研究对象的思路不同,本书把可持续发展的构成要素分成实体要素和效应要素。通过分析两种要素之间的严谨关系,以及各自的演进轨迹,较好地描述了跨国公司在华可持续发展的内在动态路径。

一、跨国公司可持续发展的内部环境要素

跨国公司可持续发展的内部环境要素只是跨国公司与东道国形成的各种经济性和社会性的关系纽带。实际上,在嵌入性结构中具有多种多样的关系纽带,这些关系纽带在可持续发展结构中发挥着多重作用。这些关系纽带按照不同的角度可以划分为不同的类型，不同的关系纽带组合成不同的跨国公司本地发展形态,体现出不同的作用机制。

（一）关系纽带的作用

关系,无论在网络分析中,还是在对外投资分析中,都受到很大的关注,成为许多分析模型的基本分析单位或分析方法。伯特（Burt,1982）提出的两种基本分析方法之一就是关系分析法（另一种是位置分析法）。在哈肯森（Hakansson,1987）著名的网络模式中,包括行为主体、资源和活动三种彼此依存的网络要素。在该模型中,关系成为连接网络三种要素的基本单位,认为企业关系是多层次的,这些关系把活动联系起来,使行动主体相互结合,并形成资源纽带。刘清华（2003）在哈肯森的基础上,把关系的基本作用（功能）归纳为建立行为连接、促进资源融合和形成行为者纽带。

（1）建立行为连接。指两个或更多企业之间由于共同活动的参与建立了各种各样的关系，通过关系，企业在技术、管理和交易等方面的行为被联系到一起。不同的关系形式，反映了不同行为连接的协调方式。

（2）促进资源融合。关系在企业间资源融合中的角色表现为两个方面：第一，作为一种特殊的资源，以企业间一种互赖资源的形式而存在；第二，作为一种控制资源的工具，通过关系的建立，企业可以获得对对方部分资源的控制，但是也放弃了对自己资源的部分控制权，于是把内外部两种资源的控制权进行了重新配置和平衡。

（3）形成行为者纽带。企业之间的关系提供了企业有关当事人（如企业领导者、经营管理者、有关业务员等）行为者之间联系的纽带。企业在不同关系中会具有不同的角色与身份。这些角色和身份以及带来的信任和承诺等社会性要素，对关系成员来说，既是一个行为约束因素，也会促使企业调整自己的行为模式。这些要素本身也构成了行为者纽带的一部分。

跨国公司出于不同原因，与当地不同主体形成各种关系纽带，其中包括用户、供应商、大学和科研机构、竞争对手、政府、技术中介组织以及个人等。跨国公司通过与东道国各种组织建立联系来提升自身绩效。第一是跨国公司与东道国本土企业进行战略联盟，建立与供货商、顾客和其他厂商间互补资源的长期关系；第二是通过创投公司资金与管理的投资，降低新创事业初期经营的风险与资金危机；第三是通过与大学或研究机构进行合作计划与交流，提供了新创事业技术发展与提升人力资本的机会；第四是通过加入行业协会等非政府组织，与有价值的伙伴进行投资参与并积累长远的社会资本，同时通过这些协会或组织，使新创建的业务可以搜寻到新的市场趋势与信息。①

联合国贸易与发展会议（UNCTAD）也从其他视角总结了跨国公司子公司与本土企业可能建立的关系纽带。从连接对象的性质来看，可持续发展中的关系纽带可以分为"与商业机构连接关系"和"与非商业机构连接

---

① 吴晓波、刘清华："基于知识观的战略联盟机理分析"，《研究与发展管理》，2003 年第 1 期。

关系"。从功能活动类型来看,可以分为后向(筹供)连接关系、前向(分销)连接关系、横向(合作生产或外包)连接关系、研发连接关系、资金连接关系和市场连接关系等。从连接关系的强度来看,可以分为"纯粹"市场交易、短期关联、长期关联和股权关系等连接关系,见表2.3。

表2.3　跨国公司与东道国本土企业及组织之间的后向关联与其他联系

形式	跨国公司与东道国本土企业的联系			跨国公司与东道国非商业机构的联系
	后向(筹供)	前向(分销)	横向(合作生产)	
"纯粹"市场交易	现货采购	现货销售		
短期关联	一次性或间歇性采购(根据合同)	一次性或间歇性购买(根据合同)		
长期关联	为采购进一步加工的投入品而作出长期(契约)安排;最终产品或中间产品生产的外包	与当地分销商或最终客户的长期(契约)关系;国内企业向外国子公司外包	和当地竞争企业的合资项目	为大学和研究中心等当地机构签订研发合同;大学为企业举办培训项目;学生在企业实习
股权关系	与供应商成立合资企业;(由现有的外国子公司)建立新的供应子公司	与分销商或最终客户成立合资企业;(由现在的外国子公司)建立新的分销子公司	横向合资企业;(由现在的外国子公司)建立新的生产相同产品或服务的子公司	公立或私立联合研发中心/培训中心/大学

　　资料来源:修改自联合国贸易与发展会议,冼国明总译校:《2001年世界投资报告》,中国财政经济出版社,2002年。

(二)内部环境要素的四个维度

　　各种经济性和社会性关系纽带构成了可持续发展的内部环境要素,不同类型的关系纽带具有不同的功能作用。其功能作用不仅表现为一对一的关系,而且还表现为各种关系的组合。不同的关系结构特征具有不同的作用。因此,仅仅停留在内部环境要素层面,难以深入把握可持续发展的内涵,也难以弄清跨国公司为何会从东道国撤资等问题。所以要进一步分析跨国公司与东道国建立的各种联系,还要深入分析内部环境要素的各个维度,即企业关系、企业结构、企业区位和企业成员,见图2.5。

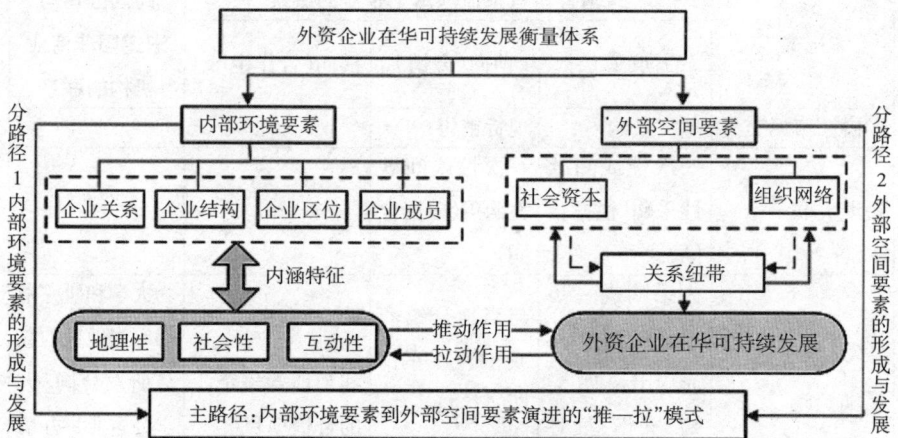

图 2.5　跨国公司在华可持续发展指标评价体系

1. 企业关系

企业关系是指企业与当地供货商、顾客、伙伴间及非企业组织机构,所共同形成的一种正式或非正式的关系。组织间透过这些网络关系,彼此互相扶持、交换信息,并私下沟通意见。企业关系是以双边交易的质量为基础,表现为交易双方重视彼此间的需要与目标的程度,以及在信用、信任和信息共享上所展示的行为。企业关系认为, 在彼此关系密切的企业间,可能会发展出相互分享信息与资源的经济行为,而这种互相分享的行为不但能带给企业利益,并且影响到企业的运作。一般来说,企业应会采取有利于自己的措施,经由与其他企业、机构之间的连接关系,可以了解到比目前经营形态更好的方式,进而模仿学习。此外,企业间经由连接所交换的信息可以使企业彼此相互了解, 并且降低环境不确定性因素的影响,提升相互信任的程度。因此,企业间的连接关系变成获得未来合作伙伴的能力和信赖的渠道。在企业关系形成过程中,企业主为了规避风险、降低交易成本,可能刻意营造出交易上的信任。企业关系虽然是由过去往来的经验所形成,但彼此刚往来时,都是陌生人,所以彼此间的桥梁可能是经由别人搭起的,也有可能是自己刻意经营的。在一些个案中也显示,企业间因为品质与价格的考虑,会有不顾对方而中断交易的情况;但也有因为供货商个人品质的可靠及业主的情谊,在价格波动时,也能维持一定的交易量, 这主要是考虑到长期稳定交易的利益,而愿意牺牲短期的利益。因此,如果企业关系紧密度强,双方所追求的是一种长期合作的关系。

2. 企业结构

企业结构是指企业与当地供货商、顾客、伙伴间及非企业组织机构所共同形成的组织之间的一种网络结构。这意味着组织之间不仅具有双边关系,而且与第三方有同样的关系,使得群体间通过第三方进行连接,并形成以系统为特征的连接关系结构。通过这种网络关系,可以使得组织间彼此合作,并进一步形成授权、合资、战略联盟等形式的商业关系。企业结构着重关注企业所在网络位置以及企业与企业之间的连接形成的网络状态,而企业在网络结构中的位置乃是由企业本身所拥有的特性所决定的,如名声、资产、技术领先地位等。

如果说企业关系是指网络中一对一成员之间的关系,那么企业结构则是指网络的整体建构。企业结构描述的是企业各种关系纽带所组成的关系网络结构与企业在其中所处的位置, 参与网络中的组织的行为与结果除了会受其直接连接与间接连接的组织影响外, 也会受到组织在整个网络结构中占据的位置的影响。①由于每个组织其本身条件的不同,与其他组织连接方式的不同,造成了其在网络中位置的差异,同时也决定组织在网络中所能扮演的角色。也就是说,组织是利用合作伙伴来确立自身在网络中的角色与关系。

企业结构正是通过上述网络位置所带来的信息优势、资源优势和网

---

① 朱泯静、杨永福、朱蕾:"基于网络结构视角的企业创新绩效影响实证研究",《统计与决策》,2013 年第 10 期。

络权力来对其他网络成员和整个网络运作实施社会控制，这些社会控制机制包括共同解决问题、限制性接触、网络文化、集体制裁、商誉等。通过这些社会机制来进行调整、协商以及保障交易的基础，达到网络的社会控制、降低交易成本、避免投机行为的产生等效果。

3. 企业区位

企业区位衡量的是跨国公司的地理空间分布。区位因素分为地理性区位因素和创新性区位因素。其中地理性区位因素包括基础设施、劳动力储备、资金市场等，这些因素较为容易复制与模仿，成为跨国公司投资区位选择以及长期留在地方发展的最主要因素之一。创新性区位因素呈现动态发展的特点，包括弱竞争和强竞争两种。弱竞争指的是资源因素取决于外在条件，例如劳动力、土地、原材料和生产流程等。强竞争指的是区域本身的资源因素就是竞争力的来源，这些资源是镶嵌于本区域之内而无法取代的，例如生产力、技术、知识等。

由经济地理和区域发展等相关理论可知，组织间基于地理接近的互动关系可以为企业带来竞争优势。公司的网络关系，包括其与当地的客户、经销商、供货商、工会、商会、政府机关、学术单位与研发机构等所建立的关系。公司与网络成员的良好连接，可以产生不同方面的效益。当与客户、经销商或供货商交易时，由于长期间的往来关系，彼此都有相当程度的了解，因此交易可能涉及的事前成本及事后成本，都因彼此的熟识所建立的互信基础而降低。与学术单位或研发机构的良好关系，更有助研发计划的合作，降低研发活动的风险及研发成本。与政府机关的良好互动，有助于第一时间取得独卖权、专利权或有利于公司法案的推行，使公司得以建立更佳的竞争优势。与合作企业互通有无，可以取得自己所欠缺的资源与能力或共同开创市场商机。从学习区域观点来看，本地网络关系更有助于企业的学习，特别是不易模仿、难以言喻的隐性知识，更需要网络成员长时间相处才能顺利移转。公司与外部网络的关系所可能带来的效益，包括降低公司与网络成员的交易成本、建立竞争优势、降低研发风险、取得互补性资源，以及加速学习等效益。

子公司的外部往来成员网络都位于投资地，表明跨国公司涉入当地的经济活动程度较深，也意味着融入当地的社会制度和产业文化的可能性更大。它提高了对当地知识溢出的可能性，对当地发展的带动作用可能更大。跨国公司通过在当地建立前向和后向的产业联系，有利于带动当地供应产业和相关产业的形成与发展。跨国公司与当地中介组织及公共科研机构建立关系，也有利于这些当地机构与跨国公司的相互交流，促进自身的学习和知识的传播。由此可见，产业网络内含着企业区位的含义，把区位作为跨国公司在本地可持续发展的分析维度之一，具有理论依据和现实意义。

4. 企业成员

当前，有三种不同现象引起了人们对跨国公司在东道国可持续发展的关注。

首先，世界一些经济快速发展的区域，出现了产业集群的现象，如美国的硅谷和意大利的"第三意大利"地区。在这些地区，大量的企业和机构在地理上集聚在一起，彼此分工合作，由于具有共性和互补性而联系在一起。集群内部企业表现出很强的竞争力或创新能力。在探讨产业集群的形成及其竞争优势来源时，许多学者认为，产业集群及内部集群企业之所以表现出如此强的生命力，除了地理上靠近的原因外，产业集群内部企业及机构与东道国形成的合作关系是更为重要的原因。由此引发了许多针对企业集群绩效与创新行为、产业集群的优势与演变，乃至区域发展的关系的相关研究。

其次，原先在国内发展的企业和产业，会随着不断成长而走上跨地域扩张或海外经营，或由于国内外环境变化而出现产业对外转移。其中有三个典型的例子，一个就是在 20 世纪 80 年代，日本的大量企业到欧美和东南亚等进行海外投资；另一个例子就是台湾的制鞋产业、电子信息产业在 20 世纪 90 年代末大量转移到内地；再一个例子是国内一些地区如温州等，企业把总部搬到上海，或者将生产基地迁移到其他省份。这些现象都引起了企业外移而导致产业空洞化的争论和担心。尤其是原来在国内当地以产业集群存在的企业也出现大量外移的现象，更是值得关注。在这样的背景下，许多学者和政策制定者纷纷对本国企业在何种程度上会根留本国,如何增强企业的可持续发展展开研究,以图为避免本国或当地的产业空洞化寻找对策。

再次,从东道国角度来看,许多发展中国家纷纷引进外商直接投资以图发展本国经济,但往往发现许多情况下,"筑巢引凤"所形成的一些外向型加工区域仅仅是跨国公司暂时落脚的"飞地"。跨国公司由于没有真正融入当地的产业网络中,因此对于当地的溢出效应也是非常有限的。于是如何留住或"黏住"跨国公司以持续地获得其投资效应就成为许多东道国政府和学术界关心的问题。

上述三种现象都涉及跨国公司在东道国的可持续发展问题。对于第一种和第二种现象来说,共同点在于都是关注本地企业的可持续发展问题;不同点在于:第一种现象的关注焦点是使用可持续发展来解释产业集群的竞争力产生的内在机理,以及可持续发展的形成和适度性问题;第二种现象的关注焦点是可持续发展的保留与维持问题;第三种现象与前两种现象的最大不同在于其关注对象是跨国公司,这也正是本书研究的重点。

跨国公司和本土企业是两种不同性质的个体,因此它们在当地的可持续发展行为必然存在着区别。对于本土企业来说,往往由于共享着区域特有的文化价值、规范、习俗、与本地其他机构之间相对容易形成协作型经济网络和信任型社会网络,嵌入到本地的社会、经济网络和制度、文化环境之中。这种地方联系不仅是经济的,而且还包括社会、文化、政治等其他方面。但是相比之下,跨国公司要想在当地可持续发展,却困难重重。首先,建立和维持本地的外部联系可能涉及对当地合作伙伴的选择,而这往往由于最初这些潜在合作伙伴实际能力、信誉情况的相关信息不完整而难以选择。其次,跨国公司与本土企业建立起最初的互动,必须首先有机会共同参与到某个项目中。跨国公司必须有能力理解对方企业存在的文化、制度背景,才能与其进行交流与互动。而这一过程需要以双方的能力为基础,双方企业必须善于说不同的语言,因为如果对不同制度背景缺乏理解的话,彼此交流会有很大难度。由于上述复杂性与困难,一些跨国公司采取了群体式迁移的投资方式,即把母国原有生产网络整体搬移到当地,而与当地的企业与机构并没有发生过多的联系。

　　上述区别也带来了对评价和衡量本土企业与跨国公司在当地可持续发展的不同重点。对于本土企业来说，判断其可持续发展的基本条件只需要看其多大程度上嵌入本地产业网络中，而网络成员的特征不构成一个重要方面。但对于跨国公司来说，则时有出现"群体迁移"的现象。虽然它们能够形成庞大的产业网络，并能由此产生较高的区域知名度，但是由于本地企业很难进入跨国公司的产业网络，或者仅仅位于产业链的低端价值环节，获得的外溢知识量较少。跨国公司对本地的依赖程度低还隐藏着地方产业集群的诸多不稳定因素。近几年来，出现一些台商从珠三角地区、福建沿海地区"北移"到长三角地区的投资区位可能说明了这种模式的潜在危机。这种现象不仅在我国（如明基公司2003年连同14家供应商落户苏州形成本地生产网络），而且在欧美也时有出现（如日本汽车业跨国公司进入美国时，有意回避以底特律为中心的东北部工业区，因为这些地区的工人组织化程度高、工会力量强，而且立法严格，因而不利于开展日本式经营）。在这种情况下，尽管跨国公司在当地建立较为完善的产业网络，但是这个封闭的产业网络并没有真正融入当地产业系统。所以只有当跨国公司在考虑外移时，会出现因丧失当地特有的支持而遭受损失，也会出现因打破当地稳定的商业交易网络和丧失当地具备信誉的合作伙伴而增加其迁移的成本。这些因素使得跨国公司迁移成本增加，对于跨国公司根留于当地起到积极作用。由此可见，跨国公司本地网络成员的开放性成为其在东道国可持续发展的重要标志。跨国公司增加与本地产业网络其他企业和机构的联系是增强其可持续发展的重要途径。

　　在实践中，企业关系衡量的是可持续发展的强度，企业结构衡量的是可持续发展的关系，企业区位主要是从企业地理空间分布角度提出，而企业成员则是从本地网络的开放性角度提出。简言之，如果说企业关系是指网络中一对一成员之间的关系，那么企业结构则是指网络的整体建构，企业区位描述整体关系纽带网络的地理空间布局，企业成员则描述网络成员的社会属性和本土化程度。上述四个维度的划分同时营造了跨国公司可持续发展的时空结构，综合体现了可持续发展的四个内涵特征：地理性、社会性、学习性和互动性。

二、跨国公司可持续发展的外部空间要素

跨国公司可持续发展包含两个关键性的外部空间要素：社会资本和网络权力。外部空间要素是由各种关系纽带要素之间组合、互动形成网络结构与形态所产生的效应与结果，反映了可持续发展的各种经济、社会特征，也构成了可持续发展的动态内涵。

（一）跨国公司在华可持续发展的"推—拉"模式

社会资本是区别于物质资本、人力资本的一种资本形式，以社会关系为主要载体，既是企业竞争优势的重要来源之一，同样也是地方发展的重要优势资源，关系纽带本身并不一定构成社会资本，而是关系纽带所产生的各种经济、社会效应构成了社会资本。随着关系纽带的发展，网络成员之间有越来越多的机会共同完成某些价值活动。在此过程中，企业由单纯的自利、经济动机开始，经双方互动的议价与协调使"规范"系统日益完备，这些规范成为主导双方行为的准则和预期对方行为的基础。如果过去的合作经验符合期望，则成员间逐渐建立起较为亲密的社会网络关系，对彼此的信任日益深化，逐渐将互惠互利纳入自身的决策考虑之中。社会资本，一方面体现为以低成本获取资源的能力（伊建华，2004），另一方面构成了企业间经营交易活动的重要社会控制机制。这些社会控制机制有利于减少交易成本，降低交易风险，甚至有助于网络成员的创新，而这在纯市场性交易中是难以实现的。社会资本一旦建立在地方基础上，则成为当地的一种资源优势，成为当地重要的区位要素。它反过来进一步推动跨国公司在当地的可持续发展，以及本土企业与产业的发展。

网络权力是可持续发展的另一个重要特性。网络权力产生于网络成员间的依赖性。第一，来源于跨国公司与本地产业网络成员对资源的依赖程度。跨国公司在东道国可持续发展中建立的各种经济、社会连接，本质上是网络成员双方资源、能力的连接关系。资源连接关系的建立必然会形

成彼此间的相互依赖性。这样的依赖性是任何分工结构下的关系纽带所必然产生的结果。上游提供的零部件和相关技术能力，是核心厂得以生产优质产品的基础；相对应地，下游顾客的订单则是协力厂得以生存的必要条件，而许多协力厂更依赖核心厂提供生产、作业的相关知识与技术。企业之间的资源越是具有互补性和专用性，彼此之间的相互依赖程度就越深。第二，处于不同的网络位置拥有不同的网络权力。产业网络中谁具有关键性的资源，谁就有较大的权力与战略的自由度。

尽管资源互赖关系的建立是创造合作利益的共同基础，但是网络互赖关系的形成对于双方是具有风险的，尤其是对于处于单边依赖的一方来说。比如关系专用性资产投资使厂商面临更高的投机行为风险，即使在双方具备对等依赖性的情境下，厂商仍需投入相当的谈判、监督等交易成本以确保自身利益。尤其当交换关系涉及无法评价的隐性知识，或难以厘清责任归属的事情时，交易成本更会大幅提高。而双方所建立的共同规范、相互信任关系则可有效地降低这些成本。因此，共同规范与相互信任是双方资源共享所必须发展的机制，而该机制的发展又有助于资源的共享与连接，创造合作利益。由此看来，社会资本的形成降低了网络权力不对等性带来的信任风险，促进网络权力关系的建立和维持。由于社会资本的建立，企业间形成相互依赖性的关系则更为容易。这里并不是说社会资本和网络权力之间一定存在因果关系，而是说在跨国公司可持续发展过程的效应机制中，往往是社会资本先导。

社会资本和网络权力的相互结合构成了深化跨国公司可持续发展的关键性外部空间要素。一方面，社会资本和网络权力是网络成员过去长期互动过程的结果；另一方面，社会资本和网络权力反过来也影响了关系纽带的发展。社会资本、网络权力与内部环境要素之间的互动作用表现为可持续发展动态发展的内在路径。

（二）社会资本的推动效应

社会资本在跨国公司可持续发展中的推动效应表现为两个层面："一

对一"对偶层面和整体网络层面。这两个层面最重要的社会资本分别为信任和网络文化。

1. 对偶层面——信任

信任关系的研究一直是管理学、经济学和社会学等众多学科的研究焦点。在不同的学科,信任被视为价格和权威之外的第三种治理机制,被视为管理信念与管理哲学的关键因素,被看作网络式运营的要素。信任可以分为不同层面:个人层面的信任、组织层面的信任和宏观社会层面的信任。不同层面对信任的定义不同,即使同一层面对于信任的定义也有差异。经济学中高度重视信任的经济功能,认为信任有助于解释社会生活的秩序、稳定性与持续性。因为真正将行为者连接在一起的,并不是单一的利益刺激,还有情感关怀、道德责任规范等社会性因素。

对于跨国公司来说,刚刚投资到东道国,其信任往来关系仍维持在原有合作网络成员伙伴之间。跨国公司在嵌入到本地产业网络的过程中,逐渐与当地新的合作伙伴形成信任关系。但这个信任关系的建立不是一朝一夕的,往往是先有经济往来关系,随着时间的推进,才逐渐建立起彼此信任关系。基于本地经济、社会环境的信任扩展既是跨国公司本地嵌入的内在要求,也是其外在表现。信任的建立与扩展反过来进一步促进了跨国公司在东道国的可持续发展。

在经济生活中,信任的作用受到越来越多的重视。首先,信任可以降低交易关系中的不完全性与不确定性。没有任何的契约与协议能对未来的交易情境作完全的预测与规定,如果信任程度很低,在每次进行交易时,双方都必须在获得必要的信息后才会进行交易,那么交易成本就会大大提高。经济行动者相互间的信任,有利于弥补交易合约的不完全性,保障各方的利益。其次,信任有利于增进合作伙伴在"关系特定资产"的投资意愿,进而降低双方在交换或互动活动中的交易成本。再次,信任可以强化组织间的学习绩效,进而有利于组织竞争力的提升与战略目标的达成。许多隐性知识与技术,只有在双方高度信任与密切互动的情境下,才有可能真正实现相互转移。因此,跨国公司与本地网络成员间信任关系的建立对于本地企业的学习与成长也非常重要。

2. 整体网络层面——网络文化

这里关注的网络文化特指产业网络文化。网络文化指一套交易者间共同分享和广泛接受的信念、价值、行为假设与互动角色等组成的系统。这种文化源于直接或间接关系网络，企业关系程度越高，网络成员分享共同文化的可能性也越大。比如在同一文化体系下的交易者更具有总体文化的共同性。这套系统可能包括特定领域的专业知识、职务知识与特定产业知识，这些知识让经济行动者形成一种对于顾客、供应商、竞争对手和其他社会组织的行为预设，指导与引领经济行动者的行为模式。网络文化是所有网络关系成员所共享的，而不仅仅是高层管理者所专享的。而且产业网络文化通常具有一定地域性，每个地方或区域都或多或少地拥有一种产业网络文化。

一般认为，网络文化可以通过两种方式形成：第一，通过网络成员的流动和衍生。网络成员的流动使得这些行为标准、价值观和对未来的预期在整个网络内扩散开来。网络成员的不断衍生使得网络规模越来越大，新衍生的网络成员与原有成员之间一般较容易拥有一种共同的文化认同。第二，通过制度的方式进行传播。一是可以通过正式的教育机构，如高等院校等以授课的方式加以传播，如美国的硅谷文化，一定程度上与附近的斯坦福大学不断输送学生人才，不断传播一种网络与创业文化密切相关。二是通过商业刊物与行业报刊等传播产业信息的方法，以及工商促进会、企业展览等机构性工具皆可维持与传播总体文化。

反过来，网络文化也会不断影响和塑造网络成员的行为与态度。首先，总体文化通过共同的行规与不同的行业术语，以及应付不同状况的不成文惯例与原则，来促进合作企业的相互协调。而在彼此文化相近的情况下，双方进行沟通合作，则免于产生落差与障碍。当合作伙伴具有共同的价值观，且目标认同趋于一致时，则对彼此交换关系的信任程度较高，并愿意作出承诺。其次，网络文化本身也代表着一套特定的语言和交流方式，处于这种共同文化下，网络成员容易总结和传递复杂的规则或信息，特别是那些依赖于以制度、关系、社会文化为基础的社会空间特定的知识，方便企业间的交流。总的来说，网络文化有利于促进网络成员间的有效交流和学习，减少网络中的协调成本。

　　当然,产业网络文化不可能在一朝一夕间培养起来。它涉及网络成员共同价值观和常规惯例的形成。对于作为外来者的跨国公司来说,面临着两种选择:

　　第一,不进入东道国的产业文化中,继续维持与原有产业网络成员的合作关系,将原有的网络文化跨界利用。既有的供应关系可以是有助于国际化活动的无形资产,因为对上下游企业而言,本身的许多技术、组织能力皆以无形的组织间惯例的形式存在。如果上下游企业一同投资东道国,既有的供应关系和网络文化可以继续发挥作用, 借助既有合作关系有助于适应新环境。然而在东道国重建既有供应关系,维持原有网络文化也有其潜在问题。首先,海外不同的经营条件可能对此关系的稳定性有负面的影响。其次,既有的供应关系之所以有效,势必与母国的营运和环境因素密切相关,故是否能适应海外环境仍待检验。倘若两地环境存在差异,则当地的新供货商对环境的了解和适应能力往往胜过来自母国的供货商。在海外发展的早期,下游的需求量可能不足以支持上游达到经济规模,此时,与其重建与母国的供应关系,不如另寻当地已经具备足够规模的专业供应商。再次,合作关系之所以得以维系,必须依赖相近的价值与目标,这样的条件到了海外是否仍然成立,也是影响重建关系能否成功建立的重要因素。

　　第二,考虑另一种可能的情境,即跨国公司必须在当地寻找新的供应关系或者开拓本地市场。此时, 跨国公司往往需要融入本地的网络文化中,但需要一个过程。跨国公司通常通过采取人才、管理等本地化措施,不断与本地已有网络成员建立合作关系, 逐渐建立相互交流和不断学习的关系。这无形中与当地产业网络成员形成了较为接近的管理思路、文化与价值,甚至是组织结构。这些特性皆有助于降低转移成本和建立新的合作关系。应该说,跨国公司与当地产业网络文化可能存在一种相互影响的关系。如果产业网络文化发展越成熟,网络成员范围越广,文化价值越强,那么往往主要表现为跨国公司对当地文化的适应过程。如果本地产业网络文化还处于初步的形成发展期,则要视跨国公司的实力和原有企业文化的强势情况而定。如果跨国公司的实力和文化都是十分强势的,则结果很可能是当地网络文化受到了该跨国公司的影响,甚至是重塑。一个例子就是投资于珠三角与浙江两地的台商形成不同的总体网络文化。由于在珠三角，尤其是东莞，原先基本没有成形的产业基础，没有现成的产业文化，因此东莞许多产业，尤其是电子信息业或鞋业等主要是以投资当地的跨国公司为主导来塑造当地的产业文化。相对来说，一些投资浙江的台商，由于当地已经存在成形的产业集群和区域产业文化，因此外来投资的台商会融入当地已有的文化中。

综上，社会资本的推动效应机理分为两个层面，见图2.6，一是对偶层面，表现为随着关系纽带的建立和发展，信任关系也从制度信任逐渐衍生出人际信任。信任关系的衍生，反过来也促进关系纽带的深化，共同推动了本地嵌入的演进。二是整体网络层面，表现为随着关系纽带的建立和发展，网络共同文化从基于相同国籍的网络文化向基于地方文化融合的网络文化延伸。网络共同文化的延伸，同样反过来促进关系纽带的深化，共同推动了本地嵌入的演进。

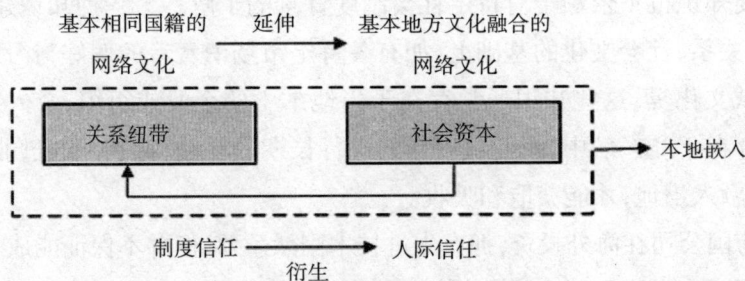

图 2.6　社会资本的推动效应

（三）网络权力的拉动效应

前文分析已经提出，网络权力有两个特征：互赖深度和互赖对等性。互赖深度主要表现为彼此资源共享和交换的程度，而互赖对等性的重要表现是跨国公司对交易规则的制定（如契约）和修改的主导权。下面分别以信息共享和网络主控权为代表，讨论网络权力随时间演变的动态过程。

1. 互赖深度——信息共享

信息共享的方式事实上反映了跨国公司与当地的互赖关系。在跨国公司主导的不对等依赖关系下,信息传递往往是单方面的,难以与跨国公司形成共同学习的关系。相反,在对等依赖关系下,学习效应和信息传递一定程度上可以实现双向交流,甚至是共同创新和同步创新。

信息的不同特性也反映了跨国公司在当地可持续发展在信息传递与分享方面的不同作用。关于知识特质,有很多种分类方法。从知识论角度,根据知识的传递性可以把知识(信息)分为显性知识和隐性知识。显性知识是指可用语言、文字、数字、图表等清楚表达的知识,因可以被符码化,在传递过程中不需要伴随知识主体,是客观性的知识。相比较而言,隐性知识指的是直觉的、难以言喻的知识,因此难以被符码化,其传递时也难以脱离知识主体。显性知识容易实现跨地域、远距离传递,而隐性知识很大程度上需要在互动中传递与学习,如师傅帮带关系。从存在论角度,就知识存在的情境,可以把知识(信息)分为两种:一种是不依赖于特定社会空间或制度文化而存在的知识,这类知识容易被运用到其他地方,而且获取这类知识也不依赖于对特定社会制度背景的了解;另一种知识建立在制度、关系、社会文化的基础上,如有关特定市场消费者的偏好与习惯、特定区域文化等,这些知识通常存在于当地本土的企业或组织、个人身上,或者存在于"空气"中,企业只有与其进行长期的互动,特别是通过非正式交往,融入当地,才能获取和吸收。

跨国公司在海外投资,拥有先进技术固然重要,但并不保证能成功。跨国公司要在东道国建立竞争优势,还需要掌握当地的特有知识,比如当地市场和消费者的情况、当地产业链情况、与当地政府沟通的方式以及当地特有的员工管理方法等。一方面,跨国公司需要向本土企业学习,以应对发展中国家相对不确定的市场环境;另一方面,本土企业通过与跨国公司经常来往,可获取一些技术信息和海外市场信息。通常情况下,拥有良好业务关系的企业之间甚至会存在给对方介绍和推荐新的客户或供应商的情况。对于跨国公司来说,只有通过真正扎根本地,尤其是企业内部成员的本土化,才能获取到上述信息与知识。本土企业和机构与跨国公司通过正式与非正式渠道的信息交流,也会给东道国当地产业的发展带来积极影响。由此可见,信息共享的程度和方式反映了跨国公司与当地的互赖关系,而互赖关系的程度又取决于当地所提供的独特性资源,其中两个重要因素就是本地产业知识特质和本地网络成员的技术能力。本地产业越是趋于高级化和创新化,本地网络成员技术能力越高,越有利于建立对等依赖关系,越有利于当地与跨国公司之间形成双向的信息共享和共同学习机制。

2. 互赖对等性——网络主控权

简单来说,网络主控权指的是游戏规则的制定权或"话语权"的掌握。从治理关系角度来看,网络主控权表现为对等依赖关系和不对等依赖关系两个类型。考虑到通常情况下跨国公司比本土企业的技术管理水平高,因此不对等依赖关系指的是以跨国公司为主导的权力关系。不同权力关系类型会导致不同的结果,主要表现为以下两个方面:

一是表现为获取价值能力的不同。根据波特的价值链理论,价值链包括许多环节,每个环节都可以创造和捕捉价值,都存在塑造竞争优势的可能。企业分配到的价值大小一般取决于两个因素:第一,企业所处价值链环节。不同的价值链环节创造的利润率是不一样的。比如对于购买者驱动型的全球价值链来说,战略性价值环节往往是品牌和市场环节;对于生产者驱动型的全球价值链来说,战略性价值环节则往往在于关键技术研发环节。因此,处于战略性价值环节的企业将可以获取更多的价值。第二,上下游之间的谈判能力。在价值链上下环节之间存在一部分的博弈性价值。这部分价值取决于双方的谈判实力,谁的谈判实力强,谁就能占有更大份额的价值。在不对等依赖关系下,往往是处于网络主导地位的跨国公司获取更多的价值;在对等依赖关系下,博弈性价值在跨国公司与本土企业之间的分配将比较均衡。

二是表现为本土企业学习效应的不同。大量有关全球价值链的研究表明,不对等依赖关系模式有利于后进国家企业快速进行产品升级和流程升级。但是核心厂商出于维持自身的竞争优势和市场地位,往往利用网络权力阻碍供应商的功能升级。这表现为,处于不对等依赖关系中的本土企业一般仅从事生产环节,而很难在非生产环节(例如品牌、产品开发、营销等)进行学习。以信息产业为例,近年来,大批集成电路跨国企业投资我国。首先,跨国公司的大举投资,无疑给当地带来技术的扩散、信息和知识的外溢,刺激了当地产业的快速成长。其次,当地产业网络受跨国公司的影响日益深刻,尤其是发展中国家相对比较落后的产业集群,对跨国公司的贸易、技术依赖性增大。快速的区域经济增长背后,潜藏着不稳定的危机。再次,协力厂商对于核心厂商的过分依赖,可能形成的一个后果是这些协力厂商只为该跨国公司生产零组件,而与其他厂商则少有市场买卖关系。这种类似绑架式的上下游价值链关系,对知识传播和扩散的促进是有限的。但这种关系不是不能变化的,能否变化取决于本土企业的战略和本地产业的力量。经研究表明,大多数情况下发达国家买主和发展中国家的供应商的关系都是不对等依赖关系类型的,只有随着技术权力关系的改善,才能改变交易关系的性质,从而促进"主—仆"型依赖关系变为基于合作的伙伴关系,提高双方的互赖深度与互赖对等性,从而推进合作的深入,扩展合作的范围。

由此可见,在网络主控权越高的情况下,跨国公司的本地嵌入程度越有限;在网络主控权越低的情况下,跨国公司对本土企业的依赖性越强,本地嵌入程度越高。

综上,网络权力的拉动效应机理表现为:随着关系纽带的建立和发展,跨国公司与本地网络成员间的权力关系从不对等依赖关系向对等的依赖关系转变。网络权力关系的转变,反过来也促进关系纽带性质的变化,共同拉动了跨国公司在当地可持续发展的演进。网络权力关系性质的转变体现为互赖深度和互赖对等性两个层面,见图2.7。

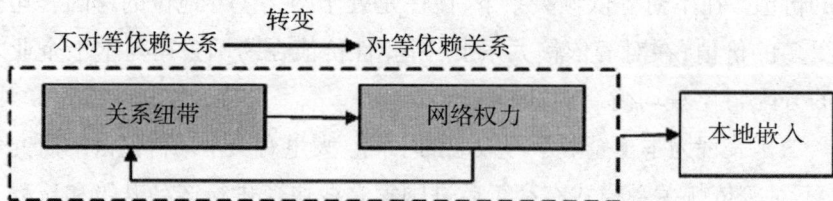

图 2.7　网络权力的拉动效应

三、小结

从跨国公司的海外经营来看,其本质上是跨地域的资源连接行为,区域所积累的知识、技术与社会机制,既是来源于跨国公司的可持续发展的溢出效应,同时也反过来成为促进跨国公司进一步可持续发展的强大力量。一方面,区域所积累的知识、技术提高了东道国当地对跨国公司投资的吸引力和跨国公司对本地的依赖性,从而降低了跨国公司的网络权力。知识、技术水平很大程度上决定了地方和本土企业的权力角色。另一方面,以社会资本形式存在的各种社会机制,有利于跨国公司生产经营效率的提高和交易成本的降低,尤其是有利于跨国公司对本地特有资源的获取。上述两者都某种程度上降低了跨国公司外移的可能性和自由度。

由以上分析可知,社会资本着重体现了可持续发展内涵的"社会性",网络权力着重体现了"互动性",两者所具有的地方特性则共同体现了"地理性",两者所内含的学习性机制则共同体现了"学习性"。由此可见,二者综合反映了在全球化背景下跨国公司与东道国的关系本质。

可持续发展反映的是经济行为和社会关系、社会结构的互动关系。以往对于社会关系和社会结构的探讨往往集中于社会网络所产生的信任等社会资本。其中社会网络理论对于可持续发展研究的贡献在于指出网络互动模式因为社会资本的存在形成了相当有效率的组织交易形式,主要研究组织间关系如何促成彼此的社会资本,社会资本又发挥哪些功能而使得组织间的互动达到效能,增加组织存活机会。事实上,社会关系或社会结构往往会形成一种权力关系,尤其是跨国公司在东道国可持续发展这一特定情境下,社会资本和网络权力的形成及其效应机理会对跨国公司在东道国的可持续发展产生巨大作用。本章正是以社会资本和网络权力为主线,深入剖析跨国公司可持续发展的内部结构要素与外部空间要素。由此看来,可持续发展的内部结构要素影响外部空间要素的过程就是跨国公司在东道国可持续发展过程中形成社会资本的过程。而可持续发展反过来影响东道国与跨国公司绩效的过程则是各种效应组合和互动的结果。其中之一就表现为社会资本的作用过程。从这个角度来说,社会资本成为可持续发展外部空间要素的一种重要表现形式。

第三章

跨国公司对华投资过程中利益相关者的互动分析

一般而言,理论研究的基本程式,首先是"探究我们所要研究的现象的基本内容和性质,并根据对它们性质的了解,发现存在于它们之间的关系"[①],然后用能准确反映实物本质属性和特征,同时具有很好可分析性的概念,对现实观察结果给予抽象和描述,再将抽象出来的各种关系纳入一个系统规范理论模式。互动分析的基本要素是参与者和策略选择,本书将跨国公司对华投资过程中的利益相关者确定为跨国公司母公司、东道国政府、东道国本土企业以及东道国行业协会等,并具体研究跨国公司与这些利益相关者的行为特征。

第一节 跨国公司母子公司的博弈

在对外投资的过程中,跨国公司内部的各组成部分之间,尤其是母子公司之间,存在着控制与依赖、管制与反抗的博弈关系。母公司出于某种整体战略部署会对海外的子公司进行某种战略定位,分配一定的功能活动与任务,并相应地实施直接或间接的控制手段。而子公司则出于成长动机,希望通过增强自身的能力,从公司总部获取额外的投资或更多的自主权等,从而承担更重要的角色。母公司与子公司之间的博弈关系会通过影响子公司的角色与地位,从而影响到子公司在东道国的发展进程。

---

① [美]熊彼特:《经济分析史》(第三卷),中译本,商务印书馆,1994年,第323页。

一、海外子公司地位和作用演进的一般模式

跨国公司子公司在进行对外投资时，已经成为一个半自治实体，能力、特许权以及当地环境因素决定了子公司演进的一般模式。能力是指子公司通过组织开发过程和利用资源或者资源组合实现预期目标的实力，母公司、子公司以及当地环境都影响能力的积累。特许权是母公司授予子公司参与实施并负有责任的业务或者业务要素，包括子公司服务的市场、制造的产品、采用的技术、履行的职能或者这些要素的任意组合。特许权的潜在流动性和内部的特许竞争驱动子公司演进。子公司的演进可以通过子公司能力的提高或者下降以及特许权的确立或者取消来界定。基于此，跨国公司子公司演进的一般过程可表示为表 3.1 的模式。

表 3.1　子公司演进的一般过程模式

	子公司发展	子公司衰退
子公司能力驱动	SDE：Subsidiary Driven Charter Extension，子公司驱动的特许扩展，子公司能力的提升导致特许的扩大 SDR：Subsidiary Driven Charter Reinforcement，子公司驱动的特许强化，子公司能力的提升导致特许的巩固	ASN：Atrophy Through Subsidiary Neglect，子公司疏忽导致的衰退，子公司能力的下降导致特许的丧失
母公司特许驱动	PDI：Parent Driven Investment，母公司驱动的投资，母公司的特许扩大导致子公司能力的提升	PDD：Parent Driven Divestment，母公司驱动的撤资，特许的撤销导致子公司能力的衰退

资料来源：Julian Birkinshaw and Neil Hood, Multinational Subsidiary Evolution：Capability and Charter Change in Foreign-Owned Subsidiary Companies, *Academy of Management Review*, 1998, 23, 4, pp. 773-795.

如果从子公司角度考察子公司的发展，子公司的创造性突出表现在 SDE 和 SDR 两种过程模式之中。在这两种情形下，都是子公司能力的提

升导致特许的扩大或者巩固，而且子公司员工的<u>企业家精神</u>发挥着重要作用。因为具有企业家精神的子公司员工才会不断寻找新的增值机会并提出自己的创新观点，子公司的企业家精神是 SDE 和 SDR 两种演进模式的必要条件。

二、跨国公司子公司地位和作用的演变趋势

跨国公司子公司在对外投资过程中，与母公司不断地互动发展。随着子公司规模的不断扩张，子公司就不会像初始形成那样必须由母公司决定，而是随着自身的发展、壮大同时受到母公司及其自身的影响。基于网络观点，子公司通过关系网络积累起有价值的能力，从而提升自己的地位并扩张自己的活动范围。跨国公司子公司地位和作用的演变趋势一般具有发展和衰退两种情形。得到发展的子公司在定位方面则呈现出两种一般趋势。

（一）横向层面相互依赖性的增强

塔加特（Taggart，1996）利用 C-C（Configuration-Coordination Model，协调—配置模型）框架研究美国以及其他外国在英国的五百多家制造型子公司，将跨国公司海外子公司划分为四种战略角色类型，见表 3.2。海外子公司横向的相互依赖性总体上不断增强。这些海外子公司的协调程度大幅度提高，而配置程度变化并不显著，有升有降。大部分分离型子公司演化为战略性辅助者子公司，也有相当一部分演化为独裁型子公司。联合型子公司大多数保持这种状态，一小部分成为战略性辅助者子公司。战略性辅助者子公司大部分保持这种状态，独裁型子公司大部分也保持这种状态，但是向战略性辅助者子公司演化的趋势很强烈。所以总体上看，分离型子公司则具有过渡性，战略性辅助者子公司成为演化的首选目标。

表 3.2 集中于子公司战略选择的 C–C 范式

	分散化配置	集中化配置
高协调程度	联合型子公司(Confederate),子公司在当地很少决策,其行为是参与性和反应性的	战略性辅助者(Strategic Auxiliary),子公司自主权相当有限
低协调程度	独裁型子公司(Autarchic)更多的自主权,在当地执行大量的价值活动	分离型子公司(Detached),子公司相当年轻,或者处于转折时期,或者属于一家对其国际网络中非核心部分很少实施日常控制的高度多元化的母公司的一部分

资料来源:Porter(1986),由 Taggart(1996)加以拓展,Autonomy and Procedural Justice: A Framework for Evaluating Subsidiary Strategy,*The Journal of International Business Studies*, No. 28,pp. 51–76。

(二)纵向层面自主权的增强

特定的子公司成为特定技术的专业知识中心。越来越多的实证表明,子公司确实拥有独特的技术能力,而且这种技术能力经常是能够开发并促进其进一步发展的"独特的技术能力"。在新环境下,子公司也向母公司和其他海外子公司转移最新技术并且参与更多的合作性技术开发项目,这使得有必要配置更多开发能力在海外子公司。海外子公司正成为前沿思想的创造者、重要研究任务的承担者和战略规划实施的积极参与者,子公司越来越成为跨国公司知识网络体系中重要的学习者和知识贡献者。总体上看,纵向层面子公司定位的演化主要有以下三种趋势:通过母公司的授权和发挥子公司自主性增加增值活动,成为创新型子公司,例如特定技术的专业知识中心等;或者通过扩大市场范围,专门生产某一个领域的产品,成为该领域垄断性的制造商,例如战略性辅助者子公司等;或者通过同时增加增值活动范围和扩大市场范围而成为战略独立型子公司,例如战略领导型子公司、全球产品授权型子公司、独裁型子公司等。

三、子公司能力及其发展成为驱动其定位演变的重要动力

(一)子公司能力及其发展的重要作用

子公司横向层面相互依赖性和纵向层面自主权的同时增强使得从子公司视角审视母子公司管理问题、深入分析子公司动态性演进过程及其决定因素成为必要。在国际商务理论中,已经有少量的理论思想关注子公司应该如何开发自己的主动性战略。

子公司的角色随着环境的变化或者新能力的开发而改变。由于地区特有性知识的作用以及地区子公司在当地嵌入程度和地位不断上升,地区知识和能力对母公司知识与能力的替代性在增加,子公司对来自母公司的知识和能力的需求弹性也在增加。子公司嵌入东道国投资的程度越深,子公司开发知识的重要性越强,跨国公司投资的黏性越强,子公司的地位也就越巩固。

(二)其他驱动力

除了子公司的企业家精神,母公司和外部环境因素也会影响到子公司能力的变化。一方面,东道国经营环境的竞争性和动态性、当地政府的支持以及顾客与供应商的要求都会促使子公司不断强化自身的能力基础。另一方面,母公司也必须保持对子公司企业家精神的适当协调与控制。因为尽管子公司的企业家精神是其自身发展的重要驱动力,但是跨国公司母公司更加关心这种发展是否支持公司总体战略目标的实现。母公司希望子公司在保持与其总体战略目标相一致的前提下,为了扩大责任范围和促进自身发展而有意识地和积极地追求开发新的市场机会。母公司建立一个竞争性内部资源配置系统,将决策权分散从而使得子公司经理拥有采取自治行为所需要的自由度,增加子公司之间的沟通,既有利于

激励子公司提升能力和创新,又有利于对子公司创新保持适当控制。

四、小结

综上,跨国公司子公司不仅可能承担母公司分配的不同作用,也能够通过在东道国投资的过程中发展这些作用, 而不仅仅被动接受母公司的决策。在母子公司的关系研究中,关于子公司的定位主要涉及子公司的自主权及其与其他单位之间的依赖性程度, 从而跨国公司网络中子公司的定位具有纵向和横向层面的双重维度。跨国公司网络中的子公司可能成为网络节点、创新触角或者战略据点,也可能布局于母国或者东道国。而且跨国公司子公司定位的差异性主要源于外部环境和内部能力的差异,并形成各子公司差异化的角色和责任。

目前, 跨国公司子公司的经营焦点从子公司的形成转换到子公司的发展,跨国公司资源战略从利用存量资源基础转换到开发增量资源基础,总部更加承认和重视当地市场环境的复杂多样性, 更加承认和尊重当地子公司经理的观点和自主权及其企业家精神,并在此过程中,不断寻求子公司与母公司之间的平衡。这种转换和结合过程显示出,在跨国公司网络中越来越有必要结合使用非正式的协调与控制机制。

第二节　跨国公司与东道国政府博弈分析

一、影响跨国公司与东道国政府博弈能力的因素分析

虽然引进跨国公司直接投资对东道国是有利的, 但是这并不等于说追求利润的目的与促进发展两者间就可以并行不悖。跨国公司显然更关心的是前者,而东道国政府则更关心后者,由此影响了跨国公司与东道国政府之间的相互关系。通常情况下,东道国政府的谈判能力主要取决于国内市场的需求大小、外资政策的优惠程度、人力资本、基础环境状况、外资

政策执行力度及引资声誉等；而跨国公司的谈判能力则与其所具有的所有权优势、投资质量等相关。具体来说，在二者的博弈过程中，影响双方博弈能力的因素主要有如下三点：

首先，东道国政府与跨国公司的博弈能力主要取决于跨国公司进入东道国投资的时间。跨国公司进入前，往往拥有较强的讨价还价能力，但随着资金的流入、厂房的建设、设备的引进或购置、员工的招聘等，东道国政府的讨价还价能力得以增强。跨国公司的上述投入形成所谓的"沉没成本"，即在投资决策阶段，跨国公司的讨价还价能力是最强的，在投资环境基本相同的两个地方，它可以根据投资优惠政策的不同而作出抉择。随着跨国公司大量固定资产的投入，"沉没成本"的产生使东道国政府的讨价还价能力有所增强。

其次，这种博弈能力也决定于双方各自拥有筹码的相对关系。东道国政府与跨国公司各自拥有的讨价还价筹码并不能自动决定双方博弈的结果，双方的价值判断、行为方式、谈判策略等都对结果产生重要影响。如东道国政府对就业和经济增长的考虑，跨国公司对市场总体份额的考虑等，都可能制约讨价还价能力的发挥。如果跨国公司的力量强大，讨价还价的能力也就强大一些；如果东道国市场庞大或拥有重要资源，跨国公司都竞相进入，则东道国政府的讨价还价能力就强大一些。

最后，东道国政府对跨国公司的干预程度和干预方式也是一项重要因素。政府干预程度大的国家可能讨价还价的耗损就大，还可能出现中央政府与地方政府，以及地方政府之间的利益差异引发讨价还价能力的转换。尤其是"上有政策，下有对策"等政府行为方式，为跨国公司游走于各级政府之间提供了特别的选择余地。①

通常东道国允许跨国公司在其疆域内从事经营活动，而跨国公司必须在东道国政府所设定的条件下从事经营活动。我国政府所设定的条件是我国政府管理外资的一系列法律、政策和措施。政府能够并且切实通过

① 彭澎：《政府治道变革——跨国公司对我国政府治理方式的影响与对策》，人民出版社，2004年，第146~152页。

法律、政策和措施以达到改变利益分配的目的。因此,跨国公司与我国政府之间一直存在着互动的博弈过程。在经济全球化视野下,我国和跨国公司都有较强的动机进行互惠合作。如何保护跨国公司在华利益和保留我国适当管辖权两者之间的平衡是十分重要的。[1]我国政府与跨国公司博弈的着眼点,应是尽可能地发挥和利用跨国公司的积极方面,以实现本国政治、经济和社会发展的各项目标,同时要尽可能地限制以至消除跨国公司的消极影响。在全球经济一体化的今天,跨国公司对华投资对中国经济和社会发展产生了巨大的作用,而我国外资政策的演变一定程度上反映了我国政府与跨国公司之间的博弈过程。跨国公司与中国外资政策的关系表明:决定跨国公司与中国政府利益的合作均衡点是各自的谈判实力。对于我国政府来说,能否对跨国公司投资具有吸引力取决于经济增长潜力、市场潜力、基础设施状况、贸易壁垒、生产经营环境、政策的稳定性和对外开放程度等。因而中国政府应继续坚持改革开放发展市场经济,提高综合国力,进一步改善跨国公司投资环境,同时根据世界经济环境和国内条件的变化影响,对外资政策作出灵活性调整。[2]

二、跨国公司与东道国政府的博弈目标

从本质上讲,跨国公司和东道国政府之间存在着错综复杂的竞争合作关系,二者有着不同的博弈目标。对于跨国公司来说,在东道国投资的目的是为了获得高额投资回报,实现利润最大化。而东道国政府则更加关注本国宏观经济目标的实现和本国的经济安全等,在保证本国经济发展和应得利益的基础上,采取各种可能的措施吸收外国资金为本国服务,二者在追求目标、投资方式、供应渠道等许多方面都存在着矛盾,见表3.3。

---

① 杨建龙:《关于外商投资与外资政策的博弈分析》,经济科学出版社,2000年,第70页。

② 楚永生:"中国政府利用外资政策的变革及趋势探析——基于跨国公司与东道国政府之间的博弈分析",《太原理工大学学报》(社会科学版),2005年第9期。

表 3.3　跨国公司与东道国政府的矛盾与冲突

	跨国公司	东道国政府
追求目标	强化其全球市场竞争力,追求利润最大化	促进本国经济发展,提高本国福利
采用技术	大多在其子公司采用标准化的成熟技术	希望得到高新技术
供应渠道	关键部件或设备由母公司供应	希望增加当地采购以强化关联效应
投资方式	钟爱独资方式	偏好合资
技术保护程度	借严格的知识产权保护条款来维持其技术垄断	鼓励各种渠道的技术扩散或技术外溢
利润用途	更想把利润汇回母国	希望子公司的利润多用于再投资
再投资形式	偏好并购的投资形式	偏好新建厂房的投资项目
投资领域	有意在利润大的产业，如金融业、保险业等服务业	希望投资在所需产业，如制造业、基础设施等

资料来源:王洛林:《2003—2004 年中国外商投资报告》,中国社会科学出版社,2004 年,第 481 页。

　　可以看出，跨国公司和东道国政府在利益分配上不可避免地存在着冲突，而冲突的程度则取决于双方在讨价还价中的谈判能力。一般情况下，跨国公司的讨价还价能力主要来源于其技术、管理及无形资产的优势。而庞大的生产规模、母公司集中操控的全球运作方式以及母国政府的大力支持都极大地强化了跨国公司与东道国政府周旋的地位。面对跨国公司的明显优势,我国政府并非束手无策,它与跨国公司讨价还价能力主要取决于四个因素:中央政府的集权程度、国内市场规模、经济增长速度以及利用外资的战略。较大的国内市场与快速的经济增长不仅增加了我国对跨国公司的吸引力,也大大加强了我国政府的谈判能力。例如较大的市场往往可以容纳同一行业中不止一个跨国公司，跨国公司之间的竞争无疑能减少它们的市场垄断力,并迫使跨国公司竞相让利以赢得竞争。而我国经济的持续增长不仅会导致产业升级，也会使本土企业在技术与管理上不断进步，其结果很可能会迫使跨国公司向其子公司转移更先进的技术。强有力的中央政府在与跨国公司交涉时可避免地方政府为其局部利益而相互竞争,从而减少国家整体利益不必要的损失。因此,政府与跨国公司的不同目标导致了各自修改自己的投资策略。为了实现自己的利益，双方不得不根据对方的要求适时调整自己的策略，政府调整外资政策，而跨国公司则调整其投资质量与投资规模。跨国公司有调整投资策略的需求，而我国政府也有调整外资政策的供给。[①]

三、跨国公司与我国政府的博弈模型

（一）基本假定

在建立博弈模型之前，先对模型作一些基本的假定：

（1）假定只有两个当事人——跨国公司和我国政府，双方相互了解，但信息却不完全。例如我国政府可能了解跨国公司的大致动向，但对于跨国公司的核心战略、核心商业秘密肯定是信息不足的。而跨国公司对于我国政府的了解也大致如此，对于我国政府的核心机密也是了解不多，因此双方均有待于进一步了解，以修正各自的策略。

（2）假定跨国公司的行动战略集合只有两种纯策略，即合作式投资和非合作式投资。合作式投资即跨国公司充分考虑了我国的利益后才采取的投资方式，而非合作式投资则指跨国公司忽视我国的利益，仅从自身利益角度出发所采取的投资方式。具体而言，合作式投资主要包括：第一，积极了解我国的经济发展战略，并将其与自身战略紧密结合起来考虑；第二，选择投资领域时多考虑我国鼓励的、急需的领域；第三，实施当地化战略，包括投资决策、人力资源、研发、采购等的当地化，谋求改善与我国的关系；第四，严格遵守我国的有关法律、法规，依法经营；第五，根据我国实际情况，积极向我国转让实用、适用的技术。而非合作式投资的做法则与合作式投资的做法完全相反，主要包括：第一，跨国公司只从自身发展战略的角度来考虑问题，而不管我国的宏观经济发展战略；第二，为了追求

---

① ［英］尼尔·胡德、斯蒂芬·扬：《跨国企业经济学》，叶刚译，经济科学出版社，1990年，第206页。

自身最大利润,不惜违反我国的法律,即非法经营,逃税漏税;第三,在进行技术转让时附加种种限制性条款;第四,投资领域与我国指导方向不一致,违反有关协定,危害我国经济安全等。①

(3)假定我国政府的行动战略集合主要包括投资刺激和投资限制两种, 其中投资刺激即为我国政府鼓励跨国公司对本国直接投资的所有政策措施的集合; 而投资限制即为我国政府限制国际直接投资的各种政策措施的集合。

前者可具体化为以下四方面的政策措施:第一,投入和收益方面的刺激措施,如降低税率,提供出口退税补贴,取消和放松配额及管制等;第二,资本增值方面的刺激措施,如厂房补贴,保证不实行征用、没收和差别待遇,放松对利润汇出的控制,加速折旧等;第三,人力资源管理方面的刺激措施,如提供工资补贴、培训补贴,取消最低工资的要求,修改劳资关系法,降低地方就业要求等;第四,土地管理方面的刺激措施,如建立自由贸易区,为跨国公司提供对华投资前的一般性帮助等。

而投资限制则可具体化为以下四方面的政策措施:第一,对跨国公司投资的门槛限制,如规定投资额下限,设定严格而烦琐的审批程序,以限制跨国公司进入,或明文禁止跨国公司进入本国的某些产业;第二,对跨国公司投资的所有权限制,如规定跨国公司只能拥有少数股份,不准其独自研发等,以限制其独资经营倾向,促进外商直接投资溢出效应的扩散;第三,对跨国公司投资利润汇出的限制,如对跨国公司投资资本、利润、股息、技术转让费等资本的汇出作严格规定;第四,对跨国公司投资行为的限制,如要求一定份额的产品出口海外,一定份额的投入品须由我国地方企业来提供,要求创造就业机会,要求在我国建立研发设施等。②

---

① 章文光:"跨国公司在华投资'研发中心'与我国政府的竞合博弈分析",《北京行政学院学报》,2007 年第 6 期。

② 易志高:"跨国公司与东道国政府间的竞合博弈分析",《唯实》,2007 年第 5 期。

（二）行动策略

　　跨国公司对外投资收益与我国政府的引资收益决定了双方采取的行动策略。由于跨国公司的行动策略与我国政府的行动策略可能存在着交集，即二者的策略是相互作用、相互影响的。因此在不同的行动策略组合下，双方各自的收益会有所不同。而较大收益所对应的行动战略比较集中，同时也是跨国公司与我国政府选择最多的那个战略就是博弈均衡点。在该均衡处达到势均力敌的稳定状态，从而实现我国政府与跨国公司收益的最大化。假定有如下矩阵，见图 3.1，其中 a1,a2,a3,a4 和 b1,b2,b3,b4 分别代表跨国公司与我国政府在采取相应策略时各自获取利益的大小。假如跨国公司与我国政府之间是一种"一次性"的博弈关系，那么可以假定 a3>a1>a4>a2，且 b2>b1>b4>b3，此时不难求出博弈的唯一纳什均衡解为（非合作式投资，限制投资策略）。

　　但是如果跨国公司与我国政府之间是一种"重复性"的博弈，那么更加符合逻辑的假定是 a1>a3>a4>a2，且 b1>b2>b4>b3，这时，博弈有两个纳什均衡解，分别是（非合作式投资，限制投资策略）与（合作式投资，鼓励投资策略）。又由于 a1>a4，b1>b4，可得到（合作式投资，鼓励投资策略），是博弈的帕累托均衡。一方面，如果抽象掉政治因素，仅从经济的角度考虑，一般来说，我国引进外资是出于经济发展的长远考虑。如前所述，我国从跨国公司对华投资中可能获得先进技术、国内生产总值增长、产业结构调整等诸多好处，而这些利益需在长期内才能实现。另一方面，若从跨国公司的角度来看，跨国公司对外直接投资的动机，往往也是出于长远战略考虑，如开辟新的市场、拓宽经营领域、建立新的研发基地等，而要实现这些战略目标在短期内也不可能达到，同时还必须要有一个相对稳定的国内经营环境。这样一来，就决定了跨国公司与我国政府之间的博弈必定是一种"重复博弈"，而非一次性博弈。既然双方都愿意将博弈重复下去，那么为了实现各自利益的最大化，获得"双赢"，理性的跨国公司和我国政府都将按照（合作式投资，鼓励投资策略）的帕累托均衡方式博弈下去，"合作的态度"对于双方来说都是最优的策略选择。由该博弈模型可知,在跨国公司与我国政府博弈的过程中,双方的"合作态度"至关重要,由此可见,跨国公司与我国政府虽然是两种不同的利益主体, 在追求目标上存在着差异,甚至有着冲突,但最终的结果却是一种双方的合作共赢,这也符合现阶段跨国公司与政府关系趋向合作这一基本趋势。

		我国政府	
		鼓励投资策略	限制投资策略
跨国公司	合作式投资	(a1,b1)	(a2,b2)
	非合作式投资	(a3,b3)	(a4,b4)

图 3.1　跨国公司与我国政府的博弈模型

资料来源:易志高:"跨国公司与东道国政府间的竞合博弈分析",《唯实》,2007 年第 5 期,第 61 页。

第三节　跨国公司对本土企业的溢出效应与挤出效应

自 20 世纪 90 年代,跨国公司加大了对发展中国家和地区的研发投资力度, 其中我国更是以容量巨大的市场和丰富价廉的人力资源成为跨国公司研发投资的热点区域。基于提高本国创新能力的目的,许多发展中国家鼓励跨国公司在本国设立研发机构,我国也不例外。但是跨国公司对华投资及研发,对本土企业技术创新既有有利的影响,也不可避免地带来挑战和一些负面影响。

一、跨国公司对华投资对本土企业的溢出效应机制

跨国公司对华投资溢出效应是通过优化本土企业创新环境、增加创新动力、强化创新支持系统(资金、人力)、提高本土企业创新意识与创新方法、增加创新技术促进本土企业技术创新。其中增加本土企业研发资金、优化创新环境等作用比较直接,其他作用主要通过竞争、示范模仿、联

系和人力资源流动等途径实现,如图 3.2 所示。

(一)增加研发资金来源

随着我国经济与科技水平不断提高,企业研发支出逐年增加,2013年,我国大中型工业企业研发经费支出为 2312.5 亿元,比 2012 年增长29.6%,[1]但是与发达国家相比,这一水平依然较低。据统计,2006 年美国、欧洲和日本企业研发支出分别为 2061 亿美元、1810 亿美元和 884 亿美元。[2]显然我国企业的研发支出与此相比,差距依然很大。

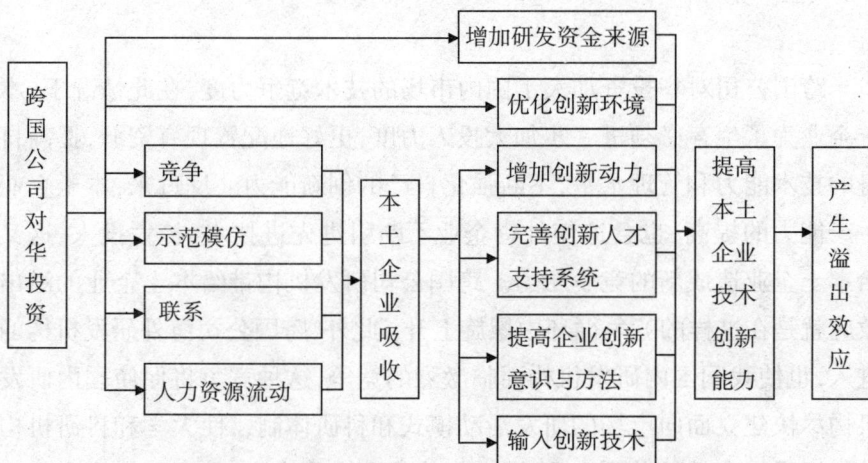

图 3.2 跨国公司对本土企业的溢出效应机制示意图

跨国公司对华投资增加了我国研发投资的经费来源,可以有效弥补我国企业研发投资的不足。以北京市为例,2012 年共有 264 家外商驻京研发机构筹集到科技经费 71.7 亿元,占北京地区科技经费筹集总额的91.5%,成为北京市科技活动的重要组成部分。[3]

① 国家统计局、国家发展和改革委员会编:《工业企业科技活动统计年鉴 2013》。
② 英国工贸部:"2007 全球企业研发排行榜",2007 年。
③ 科学技术部发展计划司:"外商驻京研发机构已成为北京科技活动的重要力量",《科技统计报告》,2012 年第 13 期。

（二）优化创新环境

跨国公司研发投资对创新环境的要求比较高，比如要求投资地区具有完善的基础设施，能够提供各种优惠条件和配套服务，能够提供完善的知识产权保护的法律环境等。为了吸引跨国公司在我国的研发投资，政府将进一步加强这些方面的建设，这样做无疑也可以优化本土企业技术创新环境，创造本土企业进行技术创新的条件。

（三）竞争

跨国公司对华投资加大了国内市场的技术竞争力度，在此情况下，本土企业为了生存必须进一步加大投入力度，更好地配置现有资源，提高自身的技术能力和管理水平，不断强化自己的创新能力。反过来，本土企业生产能力的提高，也会迫使外资企业不断引进先进技术，扩大投入，这又给本土企业造成新的竞争压力。跨国公司研发机构带给本土企业的溢出效应就是在这样的竞争循环中螺旋上升。此外，跨国公司海外研发机构的进入，也使我国国内研发机构面临激烈的竞争，这种竞争将促使国内研发机构尽快建立面向市场的研发活动模式和科研体制，使大学和科研机构的知识成果有效扩散到企业，迅速转化为现实生产力，从而间接提高企业创新能力。

（四）示范模仿

跨国公司还为我国本土企业提供了近距离学习先进技术和管理经验的机会，为提升本土企业的运作水平和技术创新创造了条件。另外，跨国公司带来的技术创新机制和世界先进的知识管理、创新管理方法，对本土企业和科研机构建立科学先进的内部技术创新体制起到了示范和带动作用。

（五）人力资源流动

人力资源流动是技术扩散与发生溢出的主要原因之一。一方面，跨国公司设立海外研发机构，除了少数核心技术人员以外，其余大量专业技术人员会从东道国招聘。一项调查结果显示，在跨国公司投资的研究开发中心，来自中国内地的研究开发人员平均占 95.07%。[①]这些研发人员在跨国公司研发机构中的工作经验不仅提高了他们的研发能力，还会通过增强其技术组织与管理能力等一些隐性知识，提高科技管理水平，一旦离职去国内企业或者科研机构发展，将会间接提高本土企业的技术创新效率。另一方面，跨国公司对华投资机构，凭借自身优厚的待遇和良好的研发环境，不仅能够抑制中国科技人才的外流，而且能够吸引海外中国留学生和华人学者回国从事科研工作，因此在一定程度上帮助我国留住和吸引了一大批高级人才。他们都是我国宝贵的创新资源，这些人才一旦回流本土企业，将极大地促进我国企业的技术创新。

二、跨国公司在华投资对本土企业的挤出效应机制

所谓挤出效应，是指跨国公司在华投资对我国本土企业技术创新起到阻碍作用的情形。与溢出机制相似，挤出机制是通过过度竞争、弱化关联效应、争夺研发资源等方式对本土企业技术创新系统各要素施加负面影响，进而弱化本土企业创新动机，动摇创新支持系统，恶化创新环境，使本土企业技术创新受到阻碍，从而产生挤出效应，见图 3.3。

---

① 柳御林、赵捷："19 家跨国公司在京研发机构的研发活动分析"，《决策咨询通讯》，2004 年第 4 期。

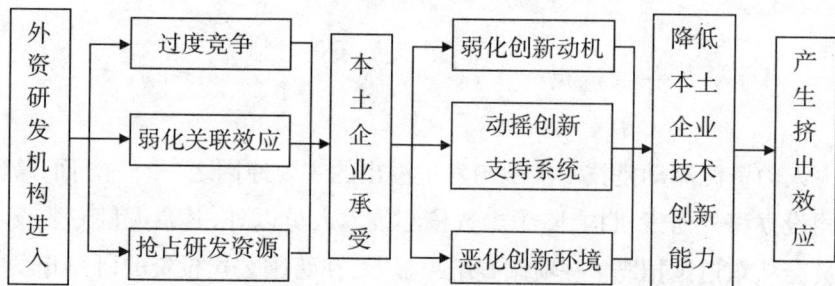

图 3.3 跨国公司对本土企业的挤出效应机制示意图

（一）过度竞争

扩大占有份额，从而获得更大的经济利润，是跨国公司对华投资的主要动力。一方面，以往凭借国内较低的土地、人才、原材料等要素成本，本土企业在竞争中还能具有一定的比较优势。自跨国公司纷纷进入我国大举投资后，由于在生产过程中也能利用我国的廉价资源，使本土企业的竞争优势大幅削弱，产品市场竞争力降低，这种过度竞争使得本土产品市场份额减少，企业利润随之大幅降低，这样一来，势必使本土企业减少研发投入。另一方面，企业的技术创新必须通过产品市场获取研发信息，寻求创新机会，而本土企业产品市场的丧失使其研发工作失去依托而被迫取消或减弱。

（二）弱化关联效应

出于技术保密问题和技术领先收益等方面的考虑，跨国公司独资化趋势明显，大多以独立法人形式单独注册，一般采用独资和控股的股权结构，而且愈是技术领先企业，愈是倾向于采用独资形式。与此同时，跨国公司也加强了对核心技术的控制，很多大型跨国公司纷纷成立知识产权部，对其在华知识产权活动进行科学化管理。[①]跨国公司增强对公司核心技术的控制，很大程度上减少了先进技术的外溢效应，限制了先进技术向本土

① 蒋殿春、夏良科："外商直接投资对中国高技术产业技术创新作用的经验分析"，《世界经济》，2005年第8期。

企业的扩散。同时,跨国公司在华研发机构以应用研究和试验开发为主,基础研究所占比例非常少。据统计,2007—2012年上半年在北京成立的274家跨国公司研发机构中,专门从事基础研究工作和兼做基础研究工作的研发机构共有26家,占研发机构总量的比例为9.2%。这说明在华外资企业的研发机构主要为满足市场开发与占有的需要,这样做的目的是使跨国公司自己处于产业链的上游,通过详细、具体的研发分工实现对核心技术的控制和垄断,使中国本土企业处于产业链下游的被动地位。

(三)抢占研发资源

跨国公司在华投资,客观上与本土企业在研发资源上进行争夺,表现最突出的就是对研发人员的争夺。在跨国公司的高薪诱导及激励政策下,大批国内企业技术人员流向外资企业,这种人才外流使得本已缺乏创新人才的本土企业雪上加霜。另外,跨国公司研发机构还借助良好的人才吸引机制,大量从国内科研机构获取人才,从而削弱了国内科研机构的创新力量,间接影响了本土企业技术创新能力的提高,比如微软中国研究院的研究人员中近八成来自中国,而这八成中国研究人员中,主要来自于国内的科研院所和高校。[①]这些顶尖人才的流失使我国研发部门创新能力受到很大影响。除此之外,跨国公司还积极争夺国内后备力量,我国高校优秀毕业生由于接受培训快和对本土情况较为熟悉而成为争抢的主要对象。

三、跨国公司与本土企业的技术互动:一个动态博弈模型

(一)假设前提

(1)跨国公司及本土企业都是理性的经济人和风险规避者,即跨国公

① "从微软研究院看跨国公司研发机构用人之道",http://www.yhdjv.gov.cn/,2003-06-14。

司和本土企业会在任何情况下都作出使其利润最大化的决策。

（2）跨国公司与本土企业的技术互动属于动态博弈，即一方先行动，另一方观测到前者的行动后伺机行动。

（3）博弈双方的信息是不完全的。

（4）博弈过程中，双方均知道彼此的决策选择是基于利益最大化的理性选择。

（二）博弈过程

1. 具体假定

假定：①跨国公司如果选择不溢出则其收益为 0，本土企业本身创新成本为 C_e，收益为 f；②跨国公司选择溢出，本土企业获得的成本为 c，在此基础上创新的成本为 c_1；③跨国公司通过本土企业的创新获益从而刺激进一步创新的收益为 m_1，而若因为市场竞争加剧受到的损失为 $-m_2$；④本土企业得到跨国公司的技术后不进行创新则无成本损失，同时因为侵害跨国公司权益，跨国公司追究的成本为 F(x)，若追究成功，本土企业受到的惩罚损失为 b；⑤无论跨国公司追究成功与否，本土企业的信用、形象等无形资产损失均为 R。

2. 博弈过程分析

（1）博弈树分析

跨国公司与本土企业在进行技术互动时，往往需要若干环节的博弈，这些博弈过程构成了如图 3.4 所示的博弈树。

第一，本土企业需要新技术的时候不向跨国公司寻求其技术溢出，而是通过自我创新的方式获得新技术，此时跨国公司收益为 0，本土企业通过自我创新后得到的收益为 f– C_e，双方的收益为（0，f– C_e）。

第二，本土企业选择向跨国公司寻求其技术溢出，如果跨国公司选择不溢出，那么跨国公司的收益仍然为 0，此时企业为了寻求其技术溢出的成本为 c，双方收益为（0，f– c–C_e）。

第三，跨国公司选择溢出后，若本土企业通过吸收其先进技术并积极创新,使得跨国公司进一步创新并因此获益,此时双方的收益为(m_1,f-c-c_1);若由于本土企业的创新使得市场竞争加剧,跨国公司利益受损,双方的收益为($-m_2$,f-c-c_1)。

第四,跨国公司选择溢出后,若本土企业并不进行创新,只是照抄其技术造成跨国公司的损失。此时,若跨国公司选择容忍,则本土企业不仅得到原来的收益 f,还抢占了跨国公司的份额,但同时造成了自身形象、信用等的损失 R,此时双方收益为($-m_2$,f+m_2-c-R)。

第五,若跨国公司选择追究,其要付出追究成本 F,如果成功,本土企业受到惩罚,跨国公司得到赔偿,双方收益为(m_1-F,f-c-b-R);如果不成功,跨国公司得不到补偿,同时也损失了追究成本,而本土企业同样信用受损,此时双方收益为($-m_2$-F,m_2+f-c-R)。

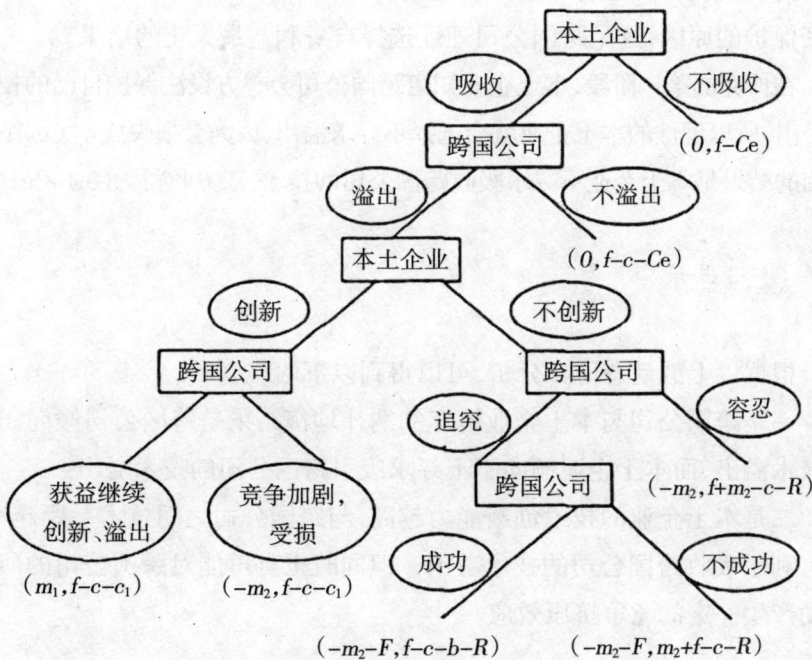

图3.4 跨国公司与本土企业的博弈树示意图

(2)纳什均衡

假定跨国公司追究成功的概率为 P,则不成功的概率为 1-P。在博弈

最后阶段,如果跨国公司追究本土企业责任,其收益为:

$P(m_1-F)+(1-P)(-m_2-F)$

当 $P \to 0$,F 较大时,$P(m_1-F)+(1-P)(-m_2-F) \to (-m_2-F)<-m_2$ 成立,即跨国公司追究会使其损失更大。因此在最后阶段,理性的跨国公司肯定会选择容忍,而不会追究。

在博弈的第三阶段,即当本土企业选择创新还是不创新时,理性的企业知道自己不创新跨国公司也会选择容忍,在比较创新的收益 $f-c-c_1$ 和不创新收益 $f-c+m_2-R$ 时,由于 R 较小,所以 $f-c+m_2-R>f-c-c_1$ 是成立的。因此在这个阶段,本土企业不会选择创新,而会选择直接应用。

在博弈的第二阶段,跨国公司知道本土企业会选择不创新,同时自己最终也会选择不追究,在比较了溢出收益 $(-m_2)$ 和不溢出收益 (0) 之后,理性的跨国公司肯定选择不溢出,这就是为什么跨国公司对于自己的技术严密保护的原因,这是跨国公司理性选择自身利益最大化的结果。

在博弈的第一阶段,本土企业知道跨国公司会想方设法保护自己的技术不溢出,所以理性的本土企业就会选择不寻求溢出,因为会损失成本 Ce。纳什均衡的结果是本土企业不寻求吸收跨国公司的技术,双方收益为 $(0, f-Ce)$。

(三)启示

根据以上的动态博弈分析,可以得到以下两点启示:

一是跨国公司与本土企业博弈的纳什均衡结果是跨国公司倾向于抑制技术溢出,而本土企业倾向于不寻求吸引跨国公司的技术溢出。

二是本土企业的技术创新能力越高,与跨国公司之间技术差距越小,越有利于吸收跨国公司的技术溢出,但同时也有可能对跨国公司的研发活动产生一定的竞争挤压效应。

第四节　跨国公司与行业协会的相互依托

一、行业协会的历史演变及其制度背景

从行业协会的形成历史看，最初的行业协会主要存在于不同行业之间的自治联合。就我国的情形而言，行业协会一般出现在手工业和商业领域，是行业自律组织。与欧洲相比，就行业协会在历史发展过程中对社会经济的影响，中国的行业协会要小得多。其原因既有社会制度层面的因素，又有行业协会的成立宗旨、目的、结构及运行机制的不同造成。

在中国历史上，最重要的手工业部门、较大规模的手工业企业一般都由政府官营，而民营手工业由于生产资料、设备和技术条件等限制，一般规模不大，其生产发展受到制约，因此作为民营手工业经济组织形式的手工业行会，面对强大的中央集权的封建专制国家，没有完全的独立性，它们在经济领域的职能非常有限，不但只能管理一些民营手工业，还经常受到官府的诸多干预。而在中世纪的欧洲，"个体业主间的正式联盟的确有能够通过联合提高共同利益的可能性。对行业难题的共同协商能够导致明确而持续的政策的出台。它会使行业同政府间的关系得到改善，并通过协商得到一些特权"[1]。这就从根源上区分了中国的行会和欧洲行会，并导致了两种不同的发展道路和发展趋势。

在强大的中央集权制度背景之下，中国古代的行会从未取得广泛的自治权，更没有与政府讨价还价的可能性。而中世纪的欧洲行会本身就是基于自治而产生的，与政府保持一定的距离，有较大的自治空间。在法国，行会还被授予了司法权，虽然条件是必须按照商定的习俗运用这些权力。在德国，贵族的优势并未压倒过作为一种社会运动的工匠组织的优势。随后，推翻了贵族统治的政治革命允许行会官员不再由市政官任命，代之以

---

① ［英］M.M.波斯坦等主编：《剑桥欧洲经济史》，经济科学出版社，2002年，第196页。

选举产生,并给予行会一定程度的法律自治权。在英国,行会被允许对它们行业整体收税。

　　行会的进一步发展必然涉及其在一定程度上是否限制竞争的问题。在行会内部,竞争性的标价通常被处以罚款的协议和以原价分享另外一名成员所购买的货物的权利所遏制。但由于存在来自行会外的竞争,对于价格的竞争就必须有某种程度的容忍。行会对工作时间也有规定,这进一步限制了竞争。最为严厉的限制来自对劳工的竞争。行会同受雇劳工的关系中唯一确定的原则是对工钱所表现出的坚定态度。劳工的数目也有限制,除了行会官员和前行会官员之外,其他工头超过规定的学徒数将会受到法律处罚。从上述资料分析来看,中世纪的行会类型并不适宜投资的快速增加,这与中世纪后期资本主义萌芽的出现形成鲜明对照。总而言之,手工业行会在早期对手工业的发展起了保护的作用,但到晚期却束缚了手工业的发展,因此在资本主义萌芽时期,冲破行会的束缚成为一个历史使命。在欧洲,首先在行会发展薄弱的农村地区出现了资本主义经济,随着资本主义经济的发展,行会最终走向消亡,资本主义才迅速发展起来。明清时期,中国的行会规模开始壮大,开始有一定的工商业管理权,但是这一时期正是中国资本主义萌芽时期,行会的垄断性和平均主义反而束缚了资本主义生产关系的发展。因此,行会在中国和欧洲扮演了不同的历史角色。

　　14世纪末15世纪初,随着英国封建制度经济的解体和资本主义制度经济的形成,在社会制度和经济体制变革的背景下,行会制度为公会制度所取代。这种更替,不是名称的任意改变,而是在市场经济活动中商人支配生产关系的变革,是市场经济机制作用下的必然结果。与之形成鲜明对照的是,我国行会制度的产生虽然早于西欧行会制度,但这种转变的完成却比西欧要晚得多。只是在清末民初,在西方商会、华洋商会发展的影响下,才出现了行业性、区域性、全国性的各个层面的整合,开始向现代行业协会、商会方向迈进。1902年,上海首先成立商业会议公所,这是近代中国商会的雏形。建立商会的目的主要是联络商情,保护商利,促进商业共同繁荣。但由于商会与政府的关系密切,客观上并不是独立自治的机构,而且需要帮助官府收取苛捐杂税,商会在某种程度上成了政府的附属机关。①

二、发达国家行业协会的现代模式及我国行业协会的功能定位

由于世界各国人文环境与经济基础存在着较大的差别,行业协会的模式选择和功能设定形态各异。发达国家行业协会的现代模式大致来说,主要表现为德法模式和英美模式。

以法德为代表的大陆法系国家,在与政府的关系上,行业协会是政府领导下的服务机构,但一般不由政府操作,具有相对独立性。如德国行业协会的首要目标就是促进经济的发展与繁荣,并就经济和商务政策向政府和立法机构提供建设性意见和建议,配合政府和立法机构的工作,有时也承担政府下达的任务。在与企业的关系上,行业协会主要向企业提供由于成本过高而企业自身难以独自完成的服务。如德国行业协会对当地工商企业或本行业企业的发展状况定期作出书面报告,并提供相关的统计资料;开具原产地证明;对企业产品质量进行认证,协助新开办的工商企业到法院办理企业登记等。

从历史渊源上看,英美国家的行业协会主要是企业间的自治组织,各行从业人员将加入协会作为确保社会地位和经济安全的手段。当然,随着现代国家和政府职能的演变,英美国家行政权出现了极大扩张,行业协会亦及时转变角色,其职能也今非昔比。如在英国,如今各行业协会已成为权威性社会中介机构,在企业管理、沟通政府与企业之间关系、帮助政府了解行业情况、为企业代言和服务等方面发挥着不可替代的重要作用。②在美国,组成行业协会来争取利益是一个由来已久的传统。全国各地的不同行业协会具有各自的利益,它们之间的利益经常是互相冲突的。加入行业协会,可以利用协会的力量更好地维护企业的利益。个体企业的力量小,但是各个企业通过协会可以向国会和政府传达它们强有力的呼声,反

---

①　吴申元主编:《中国近代经济史》,上海人民出版社,2003年,第393页。

②　"英美西匈日行业协会概览",《经济参考报》,2003年6月21日。

映共同面临的问题和困难,使它们的意见得到了解和重视,从而有可能争取获得较为有益的政策、法规环境。因此,个体企业普遍乐于参加协会,愿意通过交纳入会费来承担协会运作的费用。[①]

需求与供给是行业协会功能定位的理性分析基础。从行业协会的发展历程与现代模式可以看出,行业协会的存在目的,从总体上看,是市场经济条件下为解决因市场机制而产生但又是市场和企业自身所无法解决的市场失灵问题。

由于法国、德国和日本等市场经济运行的模式与英国和美国等市场经济运行的模式(主要表征为政府与市场的关系)存在差异性,故而市场或企业对行业协会的需求亦是不同。德国、日本的行业协会受政府的影响较大,这是因为德日等国政府一向采取较为积极的应对市场失灵的政策,并在一定程度上通过行业协会予以实施。英国、美国的行业协会受政府的影响较小,甚至在某种程度上试图影响政府,这是因为英美过于相信市场的力量,在应对市场失灵问题上采取的政策较为消极,即使干预经济,也往往是"危机对策"这种不得已而为之的理念。对于市场失灵问题,交由企业自发形成的行业协会去解决,政府很少主动出面干涉。

相比较而言,在我国既往的经济运行模式中,政府发挥了全面而无比强大的影响力,在顶层政府和底层经济个体之间,客观上不需要、事实上也不存在分散政府管制力量、满足底层经济个体需要的中间层经济组织体。然而社会主义市场经济体制的建立,客观上拉远了政府与企业的距离,松动了政府对企业的管制,企业在获得前所未有的自主权的同时,也产生了对替代政府管制职能的中间层经济组织体的强烈需要。而行业协会恰恰以满足企业的需要为目标,尤其是一些针对性较强的行业协会,专注于协调跨国公司与我国政府的关系,维护跨国公司在华利益。这些行业协会应提供入会会员资格审查、会员交易信息的提供与交易平台的搭建、会员间技术的合作开发与共享以及行业协会集体品牌的凝聚等能够满足在华跨国公司迫切需要的服务,大体上可以概括为代表跨国公司进行利

① "英美西匈日行业协会概览",《经济参考报》,2003年6月21日。

益表达以及维护跨国公司在华利益这两个基本功能。首先,入会会员的资格审查应是行业协会最基本的功能。不论是法德模式的强制入会,还是英美模式的自发入会,入会会员的资格审查都是必不可少的。因为通过入会会员资格审查,一方面,能够明确申请入会的企业的现实需要,有助于行业协会开展针对性服务;另一方面,通过资格审查可以指导企业规范化经营管理,在一定程度上解决企业经营管理混乱的问题。其次,提供会员需要的宏观市场信息和微观交易信息,搭建企业间技术共同研发平台,以及提升行业品牌的公信力,旨在降低企业的市场交易成本,分摊单个会员技术研发的成本,解决规模经济效益低下的问题。通过行业协会,能够实现一定程度上的资源共享。

三、行业协会的重要作用

(一)行业协会是跨国公司了解企业行业的重要信息来源和沟通平台

首先,行业协会具有明显的联谊性质,通过商会的联谊活动,跨国公司有机会了解东道国其他行业的信息。其次,部分行业协会还开设下属专业委员会和职业委员会,通过下属专业委员会,协会如果做好包括政策法规等的信息汇编,将能够为专业委员会的其他商会成员提供咨询。再次,组织考察是协会活动重要内容,协会可以通过针对会员提出的目标产业进行有针对性的考察,促进会员对行业信息的了解。

(二)通过协会整合投资,有助于降低跨行业转型的风险

对于跨行业投资,风险相对较大。在前期阶段,可以借助行业协会来寻求具有共同投资方向的合作伙伴,通过合作来共同承担风险。行业协会甚至可以促进具有同一投资意向的会员,组建某一类别的投资基金。会员通过与

他人合伙或购买这类基金,既可以逐步进入新行业,又可以有效控制风险。

(三)通过行业协会,促进跨国公司与本土企业的合作共赢

自改革开放以来,跨国公司在我国的投资呈快速增长的态势。截至2013年底,在长三角、珠三角等跨国公司密集投资地区,相关企业就达到3579万家。①同时,新进入企业与已经投资建厂企业可以形成优势互补。目前很多跨国公司投资领域主要集中在电子信息、无线通信、生物医药和环保等高新技术行业,这与我国高新技术产业的发展方向基本吻合。创业项目企业科技含量较高、风险较高、回报较高,而这正是已经投资建厂的跨国公司需要转型的方向。跨国公司具有的生产要素优势,以及专业人员知识新、技术实力强等特点,可以很好地与本土合作互补,通过行业协会,可以搭建跨国公司与本土企业的合作沟通平台,促进其合作共赢。

(四)有助于跨国公司对接我国政府部门,妥善处理相关事宜

首先,在原有产业向外转移方面,以上海为例,很多跨国公司除了在上海跨行业转型,为了充分利用现有企业的固定资产,降低企业转型成本,还将现有企业向外地转移,在外地委托经理人进行管理。上海各区县或国有集团企业已经和江苏苏北地区建立了几十个合作形式多样的共建园区。截至2013年底,漕河泾、外高桥、张江、上海交大等园区或高校就和国内二十多个城市共建合作园区,促进上海项目向外地转移。由于上海市相关政府部门或国有企业的介入,不仅能够提高产业接入地各项手续的办理效率,而且通过项目的集中迁入,能够共享政府谈判带来的各项政策优惠。

其次,在现有企业房产、土地充分利用方面,很多跨国公司改革之初进入上海时,曾经和上海签订了年限较长的土地或房产租赁合同,尤其是生产型企业,其土地占用大部分都是好几亩。伴随跨国公司的产业转型,

---

① 根据中华人民共和国商务部网站相关数据整理得出。

新型项目对办公用房需求相对较少,如何对现有房产、土地资源进行充分利用,也是跨国公司面临的一个问题。上海嘉定区马陆镇就探索出适度变更土地性质,和企业联合开发、共同招商的土地、房产再开发、再利用的升级模式。

为充分发挥企业、政府之间的桥梁作用,行业协会经常组织各种培训以及沙龙,及时传达了政府最新政策、法规和实务操作。涉及工商、税务、商务、人事、劳动、外汇、海关等十几个政府部门,行业协会及时帮助会员企业反映问题,如异地经营问题、外埠工作人员的福利问题等,通过与相关政府部门的大量沟通、协调,取得了良好的成效,为会员企业解决了实际困难。行业协会通过组织调研活动,参加政府部门"十二五"规划的讨论,为政府各种政策的制定提供了有效参考依据。同时,协会还通过建立自身网站,创办会刊杂志、开通公众邮箱等信息发布渠道,在政府部门和企业之间建立起了一条反映问题、沟通意见、提出建议的有效途径。中关村外商投资企业协会为了帮助会员企业及时了解新颁布的法律法规,于2005年4月创办了《新法规速递》,还建立了面向各政府主管部门的简报制度,及时反映会员企业在经营过程中遇到的问题、意见、建议以及协会工作。通过行业协会和企业的共同努力,跨国公司已经深深根植于我国,许多会员企业在协会的倡导和组织下积极参与社会公益事业,捐款希望工程,参与赈灾救援,充分履行企业的社会责任。

在上述过程中,行业协会的主要工作即与政府和跨国公司进行对接。协会可以根据会员需求,做好这方面的工作,降低跨国公司在此过程中涉及的成本,以扩大收益。

（五）信息搜集及预判,并积极参与产业活动

行业前景及年度需求预测也是行业协会的重要工作,以此为基础促进行业协会内部成员合理分配市场,实行统一的对外出口政策,避免恶性竞争。此外,行业协会还可以实现上下游的相对稳定性合作,促进企业之间"组织化",共同提高竞争力。行业协会通过持续的信息跟踪,对行业信

息非常了解。在国外,行业的规划都是由行业协会来统一制定的,并以此来规范会员的行为。而在我国,规划经常得不到落实,和缺乏强有力的协会支撑有很大关系。

(六)帮助在华跨国公司维护权益

在我国,外资品牌一直是假冒的"重灾区"。假冒产品挤占了外资品牌产品很大的市场份额,跨国公司一直对此头痛不已。2000 年 3 月,在前外经贸部及国家各执法职能部门的支持下,中国外商投资企业协会优质品牌保护委员会(品保委)宣告成立。近年来,品保委积极配合中国政府有关部门在反击假冒和其他知识产权保护领域取得了可喜的成绩,被跨国公司称为"打假 110"。

对于跨国公司来说,品牌保护是其品牌战略的重要部分。品保委自成立之日起,就致力于扎根中国,顺应中国加入世贸组织和加快法制建设的潮流,遵循合作双赢的策略,与中国的立法、执法部门交流知识产权保护经验及信息。我国政府高度重视规范市场经济秩序和保护知识产权工作,也在努力营造一个统一开放、公平竞争、诚信有序的市场环境,为在中国投资的跨国公司提供良好的投资环境。为了贯彻落实中央精神,公安部、商务部、工商、海关、质检、食品药品监管局、知识产权局以及最高人民检察院、最高人民法院会同外商投资委员会品保委的会员公司不定期召开会议,对品保委提出的意见和建议迅速采取措施予以解决,并建立定期交流机制,及时有效地解决工作中随时出现的问题。

目前品保委的部分立法建议已纳入产品质量法及商标法,与立法、行政及司法机关加强合作,不但逐步完善了立法,而且配合举办了执法人员研讨、培训班。在全国二十多个省、市举办了六十多场颇具规模的论坛。就如何保护知识产权、引进外资等问题,举办了大规模培训。更重要的是借由中国外商投资企业协会搭起的桥梁,品保委的成员企业与我国中央、地方政府及各执法部门建立了信任与友谊,使得合作双赢的工作目标得以落实。

第四章
中国外资政策变迁

第一节　我国外资政策的特点

外资政策是政府政策的重要组成部分,对跨国公司的管理和制约,是以政府干预为逻辑起点的。当跨国公司的经营活动超出了市场竞争规则而出现不完全竞争、外部性、信息不对称等情况时,政府有必要制定一系列政策和法规,对经济进行有效的干预。在特定条件下,我国政府把对跨国公司的干预和管理作为促进经济上进一步独立自主的手段。因此实质上,我国的外资政策是有关效率、公平和主权的综合反映,而跨国公司对华投资的一系列特征对于我国外资政策亦有影响。

跨国公司作为我国市场的一分子,与国内企业一样,也必然会成为政府干预的对象。例如某些大型跨国公司可能对我国的国内市场构成垄断,并通过滥用垄断力量来损害公共利益等。又如跨国公司在生产活动中可能带来诸如环境污染等外部性;同时又由于外部性的存在,跨国公司一般不愿在对外投资中进行技术开发和技术转让等,这一系列行为均会影响我国的长远利益,导致我国政府予以规制,从而形成相互关联的外资政策体系。①

根据联合国跨国公司委员会的划分,外资政策的目标由以下三个层次构成:第一层次的目标是发展。这里的发展不仅仅是指经济发展,而且也包括政治和社会等各个方面的发展。外资的流入必须有助于东道国政

---

① 腾维藻、陈荫枋:《跨国公司概论》,人民出版社,1991年,第273页。

治、经济和社会发展目标的实现,而不是起相反的阻碍作用。第二个层次是东道国在利用外资过程中所追求的政治、经济和社会方面的主要指标。其中政治指标是指在引进外资的同时要确保社会稳定、主权独立和国家经济安全;经济指标是指利用外资要使本国经济得以持续健康发展,能够与本土产业优势互补,带来先进技术,促进本国产品结构全面升级;社会指标是指在发展经济的同时还要引进国外的先进理念与先进文化,使整个社会平稳有序地发展。第三个层次是经济方面的具体指标,包括宏观经济外部均衡、就业增长、人力资源开发、投资增长、债务减少、出口增长和技术转移等,见图4.1。

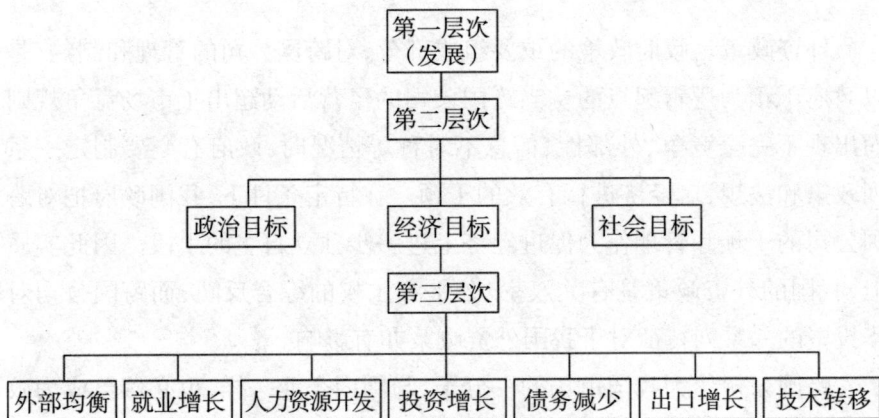

图 4.1　东道国外资政策的目标

对于不同经济发展水平的国家来说,外资政策也存在很大的差异。这主要是由于发达国家和发展中国家各自不同的整体经济发展目标决定的。一般而言,发展中东道国更重视和追求的是经济稳定增长,经济主权不受影响,就业增长,分配均衡,城乡之间、部门之间、地区之间的协调发展。[①]我国的外资政策正是基于这样一种国家目标而建立的。具体而言,我国外资政策具备如下特点:

---

① 腾维藻、陈荫枋:《跨国公司概论》,人民出版社,1991年,第274页。

一、中央与地方政策并存

外资政策逐步与国际管理，特别是世贸组织的规则接轨，为了吸引跨国公司对华投资，我国中央政府不仅自身制定多项优惠政策，而且也放权给各个地方政府。同时，由于优惠政策竞争的存在，各地方政府竞相制定和实施对中央政府更加优惠的政策，例如贵州省对于外商投资兴办能源、交通、水利、市政公用设施等基础设施及绿色产业、旅游开发项目，经营期在 15 年以上的，从获利年度起，两年内免征企业所得税，第三年至第十年缴纳的企业所得税由同级财政部门全额返还。四川省规定生产性外商投资企业，免征地方所得税。非生产性外商投资企业，经营期在 10 年以下的，前三年免征地方所得税。除所得税外，各地政府还公布了种种流转税和个人所得税优惠等。

二、减少优惠政策，国民待遇原则明显

在我国，对于跨国公司的优惠政策与限制政策同时存在。为吸引外资，我国在税收、财政、土地等方面均实施了多项政策优惠，此外，出于国家经济安全和增加外资在技术、外汇等方面的"外溢效应"的考虑，对外资也实行许多限制措施，主要包括：市场准入限制、股权限制以及经营业绩要求等。然而过量的政策优惠所带来的结果就是使得市场扭曲，促使跨国公司与本土企业处于不平等的地位。因此，随着国际投资自由化的趋势，我国应减少优惠政策的数量，令国民待遇更显著。

然而现阶段我国外资优惠政策仍然偏多，即使是"两税合一"后，吸引外资仅完全依靠优惠政策的趋势已经不再明显，但仍对外商存在很多"隐性照顾"。近年来，我国在进口环节税、流转税等税收政策方面进行了力度较大的改进，包括内外资企业在关税、增值税、消费税、企业所得税等税收上已相同，并取消专门的减免税优惠。在流转环节方面，自 1992 年起我国多次降低进口关税税率，到 2008 年我国进口平均关税已降至 9.8%。我国

对鼓励和支持发展的外商投资和国内投资项目的进口设备，免征关税和
进口环节增值税。

三、地区政策差异性突出

自利用外资以来，我国外资政策的地区性差异就很明显，即在不同时
期国家对不同地区实行不同的外资政策，在经济特区优于沿海开放城市，
沿海城市又优于内地城市。随着"西部大开发"和"振兴东北老工业基地"
战略的提出，我国调整了吸引外资流入的优惠政策，开始向西部地区和东
北地区有所倾斜，力图可以逐渐缩小沿海地区和西部地区的优惠差距，但
是由于各个地区存在地方财政补贴，各地区间仍然存在着较大的距离。为
表明各地区间的差距，表 4.1 和表 4.2 列举了 2005 年至 2011 年间上海和
北京两地的外资企业所需缴纳的平均税率，涵盖了所得税、流转税、关税
和各种财政补贴。

表 4.1　上海外商投资企业平均税率　单位：亿元

	2005 年	2006 年	2007 年	2008 年	2009 年	2010 年	2011 年
A	4754.1	5887.5	7881.9	10348.4	13974.9	15618.8	19197.6
B	192.0	284.0	437.1	677.6	667.9	837.2	1211.9
B/A(%)	4.1	4.8	5.5	6.5	4.8	5.4	6.3

表 4.2　北京外商投资企业平均税率　单位：亿元

	2005 年	2006 年	2007 年	2008 年	2009 年	2010 年	2011 年
A	2582.1	2684.5	2279.5	3168	5569.6	7093.6	8743.6
B	197.0	225.8	243.8	300.5	444.7	520.2	731.7
B/A(%)	7.6	8.4	10.7	9.5	8.0	7.3	8.4

A：外商投资企业营业销售收入
B：外商投资企业税收总额
B/A：外商投资企业平均税率(%)，即外资企业税收总额与外资企业营业额收入的比值
数据来源：根据历年《北京统计年鉴》和《上海统计年鉴》整理得出。

可见，在 2005—2011 年间，上海地区外资企业的平均税率大约比北

京低 2 到 5 个百分点。也就是说，在我国相对发达的地区会存在这种差距，那么在内陆不发达地区间这种差距问题会更加突出。

四、股权开放度高

我国外资政策中对于外商占股的规定主要包括三点：股权上限，即在中外合资经营企业中外商直接投资的最高股权比例；股权下限，即在中外合资经营企业中外资的最低股权比例以及注册资本比例，即注册资本占投资总额的比例；外资政策对股权的限制越少，伴随着外商直接投资"独资化"的趋势，投资者更倾向于在较好的投资环境中进行独资。从表 4.3 可以看出，十年的时间中，随着外资政策对股权的开放度日趋提高，我国外资企业数由合资企业的 1.76 倍最高上升至 3.86 倍，外资的独资化方式已经是外商来华投资的首选，也是最主要的投资模式。

表 4.3 我国合资经营企业数和外资企业数

	2005 年	2006 年	2007 年	2008 年	2009 年	2010 年	2011 年
A	8893	10380	12521	11570	10480	10223	7649
B	15643	22137	26943	30708	32308	30164	29543
B/A	1.76	2.13	2.15	2.65	3.08	2.95	3.86

A：合资经营企业数

B：外资企业数

B/A：外资企业与合资企业的比例

数据来源：根据历年《中国统计年鉴》整理得出。

五、外资政策工具选择不当

外资政策工具是指政府为解决吸引外资问题或为了达到一定的招商引资目标所采用的手段或者规则的组合。外资政策工具的具体设置就是招商引资制度、规则的具体安排，其分类方法有多种。比较普遍的方法是依据政府干预强度和强制程度进行政策工具的划分，如表 4.4 所示。这种分类方式能够比较清晰地反映我国外资政策不同发展阶段的主导政策工具以及工具组合的变化。①

表 4.4　政策工具的划分

分类	实施基础	主要内容	主要形式
管制性工具	基于政府强力机制	指政府通过颁布和执行吸引外资的法规和标准，采用强制手段限制外商对华直接投资行为	经济管制、社会管制等
组织性工具	基于政府调控机制	政府依靠自身的力量并依据所指定的规则来解决政策问题的活动方式	国家计划、公共事业、政府间协议与合作
经济性工具	基于市场调控机制	指政府利用市场或价格机制，引导外资在对华投资过程中对其行为进行成本效益分析，在追求自身利益的同时，客观上实现我国产业技术升级的招商引资目标	税收、直接/间接支付或补贴、收费、贷款、产权确定和交易
信息性工具	基于政府的宏观导向	政府不直接作为，而是通过提供一定的信息发动外商投资企业的行动来解决政策问题的活动方式	行政指导、发布各种信息、认证、仪式、象征等
自愿性工具	基于社会调节机制	指政府或其他组织通过教育宣传、发布信息等形式，引导外资企业自觉约束行为，在我国建立研发中心	团体自治、自愿性行动、慈善组织等

资料来源：笔者自行整理得出。

由于我国处于社会主义现代化建设初期，一切都是"摸着石头过河"，

---

① 邹昭晞："中国利用外资的演进轨迹与范式解构"，《改革》，2009 年第 2 期。

没有可借鉴的发展模式。尤其在社会主义国家搞资本引入参与社会主义建设,政府在改革初期的外资政策是比较保守的,虽然改革开放以来成就的取得是我国正确地利用外资政策的结果。现阶段,我国国民经济发展的增长方式、体制背景和开放格局已较 20 世纪 80 年代发生了深刻的变化。伴随着这些变化,我们在利用外资过程中实行的一些优惠政策,开始显得"苍白无力",其局限性越来越明显地表现出来。由于政策工具的选择和调整的迟缓导致了许多方面的问题。

（一）组织性工具的"过"与"不及"

1. 计划性的人为因素导致改革开放初期外资发展的不平衡

改革开放以来,由于经济发展的迫切需要,在开放初期,由政府主导计划性地组织了外资的引进,为更多地吸引外资,划出有利外资发展的"特殊地带",如在东部设立了经济特区,开放了沿海城市,并且规定了外资投资的产业。虽然在随后的几年里对我国经济发展作出了巨大的贡献,但随着经济发展,政策调整迟缓,导致了外商在我国的投资产业、地区和投资方式的不平衡,不利于我国整体经济的发展。首先,外资在我国的产业结构中的严重失衡。主要的外资都集中在制造业,农业、服务业比重较低。2005 年我国实际利用外资金额为 603.25 亿美元,制造业占 70.96%,农业占 1.83%,服务业占 27.21%,且 1/3 集中在房地产服务业。①其次,外资在我国区域结构中的失衡。主要表现在:东部地区过重,中西部地区过轻。截至 2012 年,东部地区占我国利用外资的平均水平的 87%左右;而中西部地区分别不足 9%和 4%,仅长三角和珠三角两个经济带占我国外资总量的 50%以上。最后,外商投资方式的严重不合理。主要表现在:外资企业中独资企业过重,合资企业过轻。近年来,基于跨国公司技术垄断和技术保密等因素,企业独资的趋势越来越强。到 2002 年,独资企业已经占整个外资企业的 60%以上,而外资研发机构大多以独资方式设立。区域结构和

---

① 数据根据《中国统计年鉴》整理得出。

企业结构上都存在着极度的不平衡。

2. 法律体系不完善导致外资管理混乱

20世纪初,庞德(Pond)就提出过法律是一种社会控制工具的观点。[1]
市场经济在某种程度上讲就是法制经济,健全的法律体系是投资者利益
得到保证的前提和基础,是吸收外资的基本条件。虽然在1979年五届人
大二次会议上正式通过的《中华人民共和国中外合资经营企业法》是中国
政府颁布的第一个吸收外国投资的法律文件,它标志着中国利用外资已
经有了法律依据和管制性工具,[2]但二十多年来我国对于外资方面的法律
体系还存在较多的漏洞,尤其在进口替代时期,主要还是由政府计划性地
发放指标,管理跨国公司方面存在一定的随意性。直到20世纪90年代市
场经济逐步建立起来,市场规则变得尤为重要,各领域的法律法规建设也
随之完善起来。但与其他发达国家相比,我国的法律体系目前还不够完善。

3. 中央与地方的管理严重脱节

1993年以前实行的分级包干的财政体制,由于财政不足等原因,地方
政府不得不侧重于增加自己的财政收入来考虑利用外资问题和制定优惠
的利用外资政策,由此产生一些优惠政策实施后的负效应。各地方竞相减
税优惠,造成了国家税收大量流失,土地资源大量浪费。由于优惠政策的
"竞赛",中央与地方优惠政策不统一,各地之间不统一,缺乏政策稳定性
和透明度,对利用外资起着抑制作用,削弱了对国内市场的保护。我国法
律为鼓励外商投资制定了各种各样的优惠待遇,而地方各级政府则为鼓
励外商投资给予了更为优惠的政策待遇,其内容五花八门,导致国家通过
法律为外商投资所设定的优惠无法得到正确的评估,我国法律的效力没
有得到正常的发挥。

---

① 陈振明:《公共政策分析教程》,中国城市出版社,2004年,第179页。

② 李健:《投资与经济》,中国时代经济出版社,2004年,第159页。

（二）管制性工具运用不到位

1. 外资准入门槛设置过低

在对外开放初期，中国政府对于外资的进入几乎没有任何投资规模的要求。我国欢迎各种规模的公司来华投资建厂，甚至投资总额仅有几万美元的投资者来华投资也可获得批准。由于大、中、小公司都可来华投资，因此协议投资项目增长很快，但是每个项目平均规模不大（1991年前仅为几十万美元，目前也只有数百万美元）。小公司的局限性是难以发展高科技产业。

对投资规模的无要求，必然伴随着对于外商投资技术准入的低门槛。改革开放以来，外资在我国建立了300家汽车和摩托车生产企业，其中仅整车生产企业便多达50家。二十余年来，我国汽车、摩托车工业无论在生产技术、产品质量还是在生产规模方面，都明显地上了一个新台阶，但和国际进行比较看，外资在我国投资生产的桑塔纳、奥迪轿车还只是停留在发达国家20世纪80年代前期的技术水平上，在发达国家已属于淘汰产品，自然也不具备出口能力，从整个汽车生产行业看，低效投资、厂点过多、资源浪费等现象普遍存在，产业政策的目标尚未在引资过程中得到实现。类似的情况在其他行业也不乏见，如同彩电生产线的引进那样，由于宏观控制不严，一窝蜂式的重复引进屡屡发生，造成大量生产设备闲置，不仅浪费了宝贵资金，还引起同业间的过度竞争。

2. 错误设置准入标准

合资企业经营法第4条中专门规定了外商投资下限，即"外国合营者的投资比例一般不低于25%"。对外商持股不设上限并非没有讨论余地，但在实行引资开放政策之初还是以此作为客观依据，当时可以说能把外资"引"进来就是最大的成功。但是专门设置下限，唯恐外商持股率过低，恐怕就值得推敲了。在合资企业中，外商挑选的国内企业往往是经营效益较好的国企或国企中的精华部分，一旦合资，则往往要求控股。以全国医药行业为例，最大的14家"三资"企业中，13家为外商控股。其他不少行业也有类似的情况。外商控股意味着中方企业经营决策权的丧失，中方利益难以得到保证。例如中美史克制药公司生产"肠虫清"的主要原料"阿苯达唑",国内陕西江汉制药厂大量生产且质量可靠,出口单价每公斤仅 39 美元~40 美元,但史克公司却偏要从其墨西哥的子公司进口,单价每公斤120 美元,仅此一项便使美方向国外转移利润 240 万美元。[①]

3. 行业投资不设限

由于对外商投资行业没有设限,外资大量规模涌入高回报行业,已经造成了市场的高度集中化和寡头竞争的格局,导致我国民族产业的发展受到排挤。根据对部分行业市场份额的初步统计显示,跨国公司在以下行业已经逐渐显露垄断态势,见表 4.5。

表 4.5 2004 年部分行业外资市场占有率调查

行业	市场占有率			
感光材料	柯达 50%	富士 25%	其他外资 9%	国内 16%
IA 服务器	惠普 25.2%	IBM19.3%	LELL14.4%	联想 12.9%
数码相机	佳能 24%	索尼 22%	其他外资 4%	国内 11%
轮胎制造	米其林、普利司通、固特异、佳通、锦湖等外资企业瓜分市场			
零售业	外资控制大型超市达 60%			
饮料业	可口可乐和百事可乐垄断了 70%的国内市场			
软件业	微软等国外巨头垄断 50%			

资料来源:黄海滨、刘丹:"试论适时调整我国的外资优惠政策",《沿海企业与科技》,2005 年第 4 期。

4. 管制规则设置细则模糊

目前,我国利用外资政策的特点之一是鼓励与限制相结合,但重在鼓励与保护,也就是说,我国利用外资的政策,在优惠方面规定得很详细,而在限制方面则轻描淡写,缺乏可操作性。比如说对哪些行业应禁止外商控股,国内名牌怎么保护,应怎样防止外资垄断中国市场,怎样防止在技术上被外资垄断控制,这些问题在政策上没有相应具体的规定。

5. 实际管制行为弱化

尽管大多数地方都建立了"外资办"或外资服务中心,但权限基本上到审批完为止,缺乏完整的统计、监督、审计。一些地方甚至把这些必要的

[①] 裴长洪:"中国大陆吸收外商直接投资的特征、效果、问题与对策",国务院发展研究中心《经济工作者学习资料》,1995 年,第 57、58 期。

外资管理工作视作禁区,唯恐吓跑了跨国公司,实际上这些工作对于善于经营、遵纪守法的企业是一种信誉上的支持,对于不法商人则是一种约束。由于勤于引进而疏于管理,致使外资到位严重不足,许多无外资的"三资企业"照样享受政策优惠,同时对严重的转移定价造成中方收益大量流失缺乏应有的财务监督和约束,放纵了一些跨国公司的投机行为。

(三)经济性工具滥用

随着经济市场化,政府越来越难依靠常规政策来吸引和利用外资。为了实现大量利用外资的目的,政府往往采取税收优惠、信贷扶持、调节外商投资的利益等手段来吸引外资,这样就造成本土企业与跨国公司经济不平衡。特别是一些不平衡的对外开放政策,造成了地区经济发展的差距。

1. 利润外流

改革开放初期,我国政府曾经推行了众多的优惠政策来刺激外贸发展。当时的招商引资曾给我国经济带来不少的"热力"。但因为外资优惠政策的存在,使得在华投资的跨国公司获得了"超国民待遇"。很多内资企业在管理、技术水平均相对落后的情况下,根本无法与其进行竞争。很多政府部门不但多年免收外企的各种税收,还要让其白白使用土地等资源,这种做法不仅使我们国家几乎得不到任何收益,而且付出土地、环境等资源代价,在一定程度上是在为跨国公司无偿作奉献。目前出口量居高不下的外贸形势足以说明,跨国公司不断从我国"拿走"更多的利益。

2. 内外资力量悬殊

经济性工具的使用不当导致了跨国公司的超国民待遇,内外资的待遇不平衡。国家为了吸引外资,使得跨国公司在国内可以享受诸多超国民待遇的优惠政策。对外资的长期优惠奠定了跨国公司在我国某些产业的垄断地位,必然造成事实上的对内资的"挤出"[①]。对跨国公司进口产品、原料实行关税减免,使跨国公司的进口成本降低,造成本土企业生产成本的

---

① 李健:《投资与经济》,中国时代经济出版社,2004年,第162页。

竞争力减弱。在企业所得税上，虽然名义上已经统一了内外资企业的所得税率，但是许多地方政府仍然给予跨国公司很多隐性的税收优惠，在相同条件下，使得跨国公司的商品代价可以比本土企业更低。本土企业为了与跨国公司在价格竞争中处于有利地位，经常以低于成本的价格销售商品，这样本土企业资本积累的源泉就受到削弱。而且为了满足政府非收益目标，本土企业只能不断地生产，其生产越多，内耗就越多，就使得本土企业的贫困化增长。税前扣除和投资减免增加了外资企业的利润，利润又导致了本土企业的技术管理人才和资本转移到了外商投资企业，进一步造成了本土企业资金、人才的缺乏。本土企业是国家的重要财源，负担着国家财政支出的大部分，但在与跨国公司的竞争中处于十分不利的地位。跨国公司以技术、管理、经济实力和低税负的优势，与相对落后和资金积累受到相对抑制的本土企业在同一市场上竞争优势明显。本土企业背负沉重的税收负担，越发展企业留成比例越小，后劲越不足，竞争力越弱。另外，本土企业在进出口权等方面的限制也妨碍它们参与国际市场竞争。

3. 难以合理导向产业

我国目前采用的降低税率、减免税期、再投资退税、亏损结转等优惠政策手段存在偏向性，只对企业利润进行实质性的照顾，主要有利于外资企业。这些政策只有那些投资规模小、经营周期短、见效快的劳动密集型企业，在短期内获利才能享受到优惠，而对那些投资规模大、经营周期长、见效慢的资本密集型企业或技术密集型企业而言，则难以在短期内实现获利，享受到税收优惠利益。这就难以使投资流向按产业政策导向进行。由于实行对港澳台企业的特殊优惠，所以在我国吸收的外资中，港澳台资本占据相当大的比重，造成外资来源结构不合理和外资企业规模偏小、技术水平低等问题。

（四）信息性工具不完善

由于改革开放初期政府急于引进外资，对于外资的投资导向并未作出明确的行政指导,提供相关的信息。经过十几年的实践总结,1995年我国制定了《外商投资指导目录》,1996年又对其进行修订,将外商投资项目分为鼓励、允许、限制和禁止四类,指导外商投资的产业流向。我国政府还鼓励外商向中西部投资,放宽了中西部地区政府对外商投资项目的审批权限,引导外商投资的地区流向。但从过去几年的实践看,这项引导政策的实际效果并不尽如人意。我国鼓励外商投资的产业,恰恰是外商投资比重较低的行业,如农业和新技术产业;而限制外商投资的产业中,有相当一部分是外商投资较为密集的行业,如彩电、电冰箱等。因此,政府应进一步调整政策工具的选择,真正引导外资流向,不断完善指导外资流向的产业目录,为外商提供充分的市场和政策信息,并辅之以组织性工具,使投资目录具有法律强制性。制定具体的、强有力的配套政策,建立权威的管理机构,加强对外资流入的指导,使投资导向政策发挥应有的作用。

第二节　政策网络视角下的中国外资政策变迁

我国外资政策是随着政府对吸引外资问题认识的不断深入而有序推进的,经过几十年的发展,我国已经形成了内容较为完备的外资政策体系,在吸引外商直接投资和振兴经济发展方面取得显著成效。本节运用政策网络理论,从更加系统和动态的角度研究我国外资政策的变迁过程,将宏观的制度描述和微观的行为分析整合在一起,深入分析政策网络结构、政策网络关系、政策网络权力及利益格局、政策网络环境和政策网络制度性因素。这些因素共同推动着外资政策的变迁。

一、关于政策变迁与政策网络的研究

政策变迁主要是指对现行政策所从事的变革活动,其本身所隐含的意义即不论受到外在条件或内在因素的影响,很少有政策一直维持着当初被采纳时的形式,相反地,它们始终处于持续不断的演化之中。(Brian

& Guy,1983)①自 20 世纪 80 年代中期,一些政策科学家试图整合构建理论模型为政策变迁因果过程提供系统的解释,比较有代表性的是循环模型、机会模型、倡议联盟模型和共识模型等。国内学者关于政策变迁的研究最初是由制度变迁角度切入,代表性的观点当属杨瑞龙(1998)的制度变迁三阶段论,他提出了"中间扩散型"制度变迁方式的理论假说,并描述了我国在向市场经济过渡中制度变迁方式的转换将依次经过供给主导型、中间扩散型和需求诱致型制度变迁三个阶段。②在此基础上,杨龙(2005)提出制度变迁存在"路径依赖"现象,其中一种结果是"锁定",现有制度的自我强化使得落后国家无法效法先进国家,打破"锁定"和维持良性的路径依赖都是可取的制度变迁方向。③干咏昕(2010)指出政策学习作为解释政策变迁的新视角在理论建构等方面有很大空间。④陈潭(2004)依据变迁时序和表现形态建构了"政策时滞"、"政策博弈"、"政策演进"三个理论纲要,揭示了公共政策变迁的内在逻辑,同时也说明公共政策变迁的自变量和因变量所建构的变量系统的复杂性。⑤

政策网络理论于 20 世纪 80 年代兴起,被认为是对公共政策研究的一大贡献,弥补了以往政策研究的不足,已经逐渐成为西方国家研究公共政策的重要途径之一。所谓政策网络,是指在政策过程中政策涉及的多元行动者形成的一种网络状结构,是国家、社会以及团体等不同行动者之间在政策过程中相互依赖而存在的或多或少、或强或弱的关系模式。这种模式的特点表现为参与主体的多元化、关系联结的复杂化以及各主体之间的相互依赖与相互影响。政策网络实际上是建立在各参与主体相互关联与相互作用的基础之上的一种协同运动,政府不再是政策过程中单一的主导者。由于政策网络理论的创新性和实用性,自 20 世纪 80 年代以来,

① Hogwood,W. Brian and Peters,B. Guy,*Policy Dynamics*,New York: St. Martin's Press,1983.

② 杨瑞龙:"中国制度变迁转化的三阶段论",《经济研究》,1998 年第 1 期。

③ 杨龙:"新制度主义理论与中国的政治经济学",《教学与研究》,2005 年第 7 期。

④ 干咏昕:"政策学习:理解政策变迁的新视角",《东岳论丛》,2010年第 9 期。

⑤ 陈潭:"公共政策变迁的理论命题及其阐释",《中国软科学》,2004 年第 12 期。

公共政策领域广泛应用"政策网络"一词。政策网络分析有利于解释不同政策领域、不同政策部门内形成的不同结构特征对政策过程的影响,从而丰富和推进了公共政策的研究。①

国内学者在借鉴国外理论的基础上,也提出了一些适合我国的政策网络分析模型。该理论在国外已有近四十年的研究史,在我国却处于起步阶段,相关研究自 2005 年开始逐渐增多。如孙伯瑛、李卓青(2008)认为,政策网络治理是一种公共治理的新模式和新途径,成功治理的关键在于有效管理政策网络,选择运用各种策略,避免政策网络治理失灵,提高治理的效果和水平。②郭巍青、涂锋(2009)认为,在政策网络理论看来,政策参与主体通过互动模式形成更为复杂的政策过程。在当代社会结构转型的背景下,大量涌现的复合的跨部门议程凸显出政策网络理论的意义,在容纳利益相关群体、形成互动规则和组织战略合作方面,这一理论框架具有独特的优势。③吴瑾(2012)运用政策网络理论,对我国科技型中小企业技术创新基金政策变迁进行了系统的梳理,分析政策变迁的动因与结果。④这些研究均对本书有很大的借鉴作用。

综上,对于政策网络理论的研究,我国学者大多只是停留在对国外理论的简要介绍,以及对不同流派与不同观点的整理,但系统地运用该理论研究中国现实问题则相对较少。外资政策是我国招商引资过程中最具市场化特色的政策体系,成为许多学者关注的研究对象,但是已有研究大多探讨政策项目的运作模式、管理机制和政策效应等,而针对外资政策的变迁尤其是基于政策网络理论等新兴理论视角对外资政策变迁

① Raab C D, Understanding policy networks: a comment on marsh and smith, *Political Studies*, 2001, Vol. 49, pp.551-552.

② 孙伯瑛、李卓青:"政策网络治理:公共治理的新途径",《中国行政管理》,2008 年第 5 期。

③ 郭巍青、涂锋:"重新建构政策过程:基于政策网络的视角",《中山大学学报》(社会科学版),2009 年第 3 期。

④ 吴瑾:"科技型中小企业技术创新基金政策变迁研究——基于政策网络的视角",《科学学研究》,2012 年第 3 期。

进行探讨却鲜有研究。外资政策的政策变迁是改革开放以来我国招商引资工作的缩影,对于研究我国政府吸引外资工作的进程具有重要的代表性和研究价值,这就成为本书研究的重要切入点和立足点。本节将运用政策网络理论研究中国外资政策动态变迁的路径和成因,以期在某种程度上弥补政策网络研究的不足,针对外资政策变迁进行具有一定系统性、结构化、动态性的分析,在全面展示外资政策发展、变迁图景的基础上,发掘其变迁的动因及根源。

二、我国外资政策变迁的内容与过程分析

我国外资政策始于 1978 年,随着改革的不断深入,外资政策也进入系统化发展阶段。改革开放以来,从中央政府至地方各级政府均制定出台了一系列旨在吸引跨国公司来华投资的外资政策, 为我国吸引外资创造良好的外部环境。表 4.6 显示了我国外资政策变迁的历程:1978 年至 1984 年为外资政策的初创阶段,1985 年至 1991 年为外资政策的发展阶段,1992 年至 2001 年是我国外资政策的完善阶段, 随着我国加入世贸组织,外资政策随之进入调整阶段。四个阶段之间存在着明显的递进关系,后者均为前者的完善和提升。

表 4.6　中国外资政策变迁

阶段划分	政策目标	政策工具	标志性政策	主要内容	政策效果
初创阶段(1978—1984)	以大力发展经济、发展生产力为中心	组织性工具,如成立外资管理的专门机构;提供制度支持;开放特区经济性工具,如实行特殊、灵活和优惠的外资政策;给予外商税收优惠	《中华人民共和国中外合资经营企业法》(1979)、《中外合资经营企业法实施条例》(1983)、《国务院关于鼓励外商投资的规定》(1986)	中国第一部外资法律。自此,中国在吸收外商直接投资中逐渐重视产业要求,并采取鼓励措施尽量引入国外先进技术	鼓励先进生产技术的引入在外资政策中逐步显现

（续）

阶段划分	政策目标	政策工具	标志性政策	主要内容	政策效果
发展阶段（1985—1991）	以吸引外资与经济、社会发展相协调为中心	管制性工具，如实行部分政策上的放宽，如延长合资企业的期限；允许建立100%股权的外国独资企业等 组织性工具，如法律法规的制定；进一步开放城市 经济性工具，如企业所得税的优惠；进出口关税和工商统一税	《关于沿海地区发展外向型经济的若干补充规定》（1988）、修订《中华人民共和国中外合作经营企业法》（1990）	在地区优惠政策由沿海和经济特区延伸至内陆地区的同时，更加注重高新技术产业政策的引导	积极采用国外先进技术，兴办各类经济特区和高新技术开发区，对外商投资领域进一步放宽。吸引外资速度明显加快
完善阶段（1992—2001）	吸引外资的最终目的是中国经济的长远发展	管制性工具，如行程序方面继续放宽对外资企业的限制；产业政策方面对外商投资规定了禁止和限制领域 组织性工具，如增订法律法规；进一步开放城市 经济性工具，如外商投资企业技术开发费抵扣应纳税所得额；外商投资企业出口货物税收优惠；外商投资企业购买国产设备投资抵免企业所得税 信息性工具，如1995年颁布《指导外商投资方向暂行规定》和《外商投资产业指导目录》，将产业项目分为鼓励、允许、限制和禁止4大类，使投资者一目了然；1997年修订《外商投资产业指导目录》	《指导外商投资方向暂行规定》（1995）、《投资产业指导目录》（1995）、修订《投资产业指导目录》（1997）	出台了一系列新的外资政策，在许多产业领域取消了外资持股比例限制，促使外商独资企业所占比重迅速攀升。各省、自治区、直辖市、经济特区纷纷制定了大量涉及外商及投资的地方性法规，中国外资政策在整体上得到完善	对于外资引入结构化的加强，既突出优惠政策，又强调国民待遇原则

（续）

阶段划分	政策目标	政策工具	标志性政策	主要内容	政策效果
调整阶段（2002年至今）	"引进来"和"走出去"双向协调、科学发展	管制性工具，如按照世贸组织的规则，2002年、2004年、2011年分别进行《外商投资产业指导目录》的修改工作组织性工具，如修改法律法规以符合世贸组织的要求；规范外资企业管理；开放投资新领域——服务贸易领域经济性工具，加入世贸组织后，不断降低关税	《国家产业技术政策》(2009)、《外商投资产业指导目录》(2011)	在政策制定过程中，更加强调通过学习外商先进技术进行自主研发，掌握世界领先水平的核心技术	中国加入世贸组织后，有关外商直接投资的政策体系和投资环境不断改善，外商投资显现出新的活力

资料来源：笔者自行分析整理得出。

三、基于政策网络理论的我国外资政策变迁分析

基于对我国外资政策变迁的纵向梳理，以下分析主要依托政策网络理论分析框架，着重从政策网络的结构、政策网络关系、政策网络权力及利益格局、政策网络环境和制度性因素等方面，系统分析我国外资政策变迁的推动力与变迁轨迹。

（一）政策网络结构

政策网络结构是指行动者之间的关系模式和各参与主体之间的关系形态。衡量政策网络结构的指标主要有两个，即政策网络密度和政策网络集中性。网络中的各个参与者之间关系亲疏有别，相互影响和相互作用的大小不一，从而组成不同的网络结构。通过表4.6可以看出，在我国外资政策的初创阶段，政策网络的结构较为模糊，体现为一种权威主导型的网络结构。究其原因，主要是经历了十年"文革"，中国经济发展几乎停滞，人民生活水平普遍下降。从新中国成立之初就居于主导地位的计划经济体制

决定了中国在改革开放之前一直实行"进口替代"的贸易发展战略。中国政府也一再表态拒绝外资进入中国。直到十一届三中全会才确立了以经济建设为中心,坚持四项基本原则和改革开放的基本路线。在外资政策的发展阶段首次肯定了吸引外资对发展中国经济的重要作用。这一阶段的政策网络密度较低, 主要表现为外资政策的参与主体的互动频率低和协商程度低,参与方大多是单向沟通,往往是中央政府制定了政策,地方政府和单位严格执行,或者上级下达的命令下级无条件地服从。上下级政府之间以及同级政府部门之间的多向沟通是极少的。与政策网络密度低对应的则是外资政策网络的集中性很高, 中央政府拥有绝对的重大政策的决策权与主导权,而地方政府对于外资政策的发言权有限,这就不利于调动地方积极性的发挥。

经过几十年的发展,我国经济逐渐摆脱了新中国成立初期的颓势,人民生活水平不断提高,招商引资工作逐渐得到了重视。不难发现,自外资政策的完善阶段以来,政策网络结构逐渐转为相对清晰的对应式结构,是一种平等互动型的网络结构。一方面,该结构下的政策网络密度加大,外资政策的参与主体逐渐增加,各级政府与外资企业的接触渐趋频繁。另一方面,外资政策网络的集中性明显降低,这有利于网络中多个参与主体的互动合作,中央政府和地方政府逐渐形成了层次清晰、广覆盖、多渠道的网络化支持体系。自 2001 年我国加入世贸组织,地方政府对于外资政策的执行力度明显提高,尤其是在进入调整阶段,地方政府、外资企业、本土企业、行业协会等参与方与中央政府的互动合作明显增多,政策协商程度显著增强。

(二)政策网络关系

国外对于政策网络的研究当推罗茨(Rhodes,1997),基于传统的政策网络理论分析方法,罗茨按照政策网络关系的整合程度,提出将政策网络分为整合度最高的政策社群、专业网络、府际网络、生产者网络和整合性最低的议题网络等。①

1. 政策社群

在外资政策初创阶段,其政策网络中就存在着政策社群、专业网络、议题网络等关系形态。如外资政策的政策社群在中央层面涉及全国人大、商务部和国家发改委等职能部门,地方层面主要是各地方政府及其职能机构。自2001 年我国加入世贸组织,外资政策体系也日趋规范,外资政策网络中府际网络的作用逐渐显现。如表 4.7 所示,在 2001 年至 2011 年的 10 年中,中央层面发布的外资政策共计 483 项,其中各部委联合发布政策多达 286 项,占发布总数的 59.21%,这体现了集合多元力量和资源招商引资的发展思路,充分说明吸引外资问题已经得到中央政府政策社群的高度重视。

表 4.7　2001—2011 年中央层面外资政策发布主体

类型	人大	国务院办公厅	商务部	国务院其他部委	国务院直属机构	联合发布	其他	合计
数量	32	45	65	22	15	286	18	483

资料来源:中华人民共和国商务部网站。

2. 专业网络

外资政策的专业网络主要包括负责招商引资项目评审等具体工作的专家库中的大量专家和学者。近年来,专业网络的发展日趋多样化与灵活化,各地区负责招商引资的部门如商务委、招商办公室等先后构建了区域合作、政企对话、产学研一体化等创新机制,加强了专业网络的责任性,拓宽其职能范围。

3. 府际网络

外资政策的府际网络主要涉及以地方政府为主的地方工作体系。目前,我国外资政策的府际网络已形成较为完整的体系,中央政府和地方政府互动机制的框架基本形成。中央政府制定的政策,地方都会出台配套措施和实施细则,中央政府不再一味出台外资优惠政策,而是转向以产业为导向的科学合理的引资政策,大力调动地方政府政策执行的积极性,运用一系列网络关系增强引资的政策效果。

---

① 朱亚鹏:"公共政策研究的政策网络分析视角",《中山大学学报》,2006 年第 3 期。

4. 生产者网络

外资政策的政策对象主要是在华外商投资企业，就我国目前情况而言，很多在华大型跨国公司相互间的联系程度密切，它们积极组建行业协会，与我国政府博弈，共同维护自身利益。比较典型的是商务部下属的优质品牌保护委员会和中国外商投资企业协会，这些行业协会中的成员绝大多数都是欧美、中国港台的大型跨国公司。相比较而言，来自发展中国家的中小型跨国公司之间则缺乏交流和互动，并不符合构成政策网络的基本条件。

5. 议题网络

外资政策的议题网络主要是由外资企业、社会公众、媒体和专家学者等组成。为进一步发挥议题网络成员的参与作用，商务部于 2006 年 5 月制定《商务部外商投资企业投诉工作暂行办法》，各地方也相继成立了外资企业投诉中心等机构，这些机构的建立为外资企业和社会公众了解政策制定提供了便利，也为它们进一步监督政策执行情况提供了平台。随着对外资政策关注度的提高，媒体在外资政策议题网络中也发挥着越来越积极的作用，为提高外资政策的开放和透明度以及外界对于外资政策的关注度起到了重要的推动作用。

（三）政策网络权力及利益格局

我国目前的外资政策网络权力及利益格局如表 4.8 所示，商务部、国家发改委和财政部等中央政府部门处于核心地位，负责外资政策的制定；各级地方政府是政策的具体执行者；行业协会、专家咨询委员会处于咨询、建议的地位；跨国公司及本土企业则是政策作用的对象；大众和媒体成为政策评估的有力监督者。

表 4.8　外资政策网络的权力格局

利益主体	所处地位
商务部、国家发改委、财政部	政策制定
地方政府	政策执行
行业协会、专家咨询委员会	政策咨询、建议
跨国公司及本土企业	政策对象
大众和媒体	政策监督

资料来源：笔者自行编辑整理。

在这种权力和利益格局之下,利益博弈往往会表现为以下四个方面:一是商务部与国家发改委及财政部之间有关政策主控权问题的博弈;二是地方政府和中央政府之间关于政策制定与执行方面的博弈;三是行业协会与政府部门之间利益权衡方面的博弈;四是外资企业及本土企业之间在资源配置方面的博弈。其中中央政府各部委之间的博弈以及中央与地方政府之间的博弈是整个政策网络利益格局的主要方面。

(四)政策网络环境

通常情况下,政策学习的效应以及热点事件的冲击等是政策变迁的重要影响因素。一方面,在政策学习的效应上,我国自加入世贸组织以来,不断学习国外先进政策、经验,并结合我国国情探索、发展有中国特色的外资政策工具,如1995年颁布的《指导外商投资方向暂行规定》和《外商投资产业指导目录》,将产业项目分为鼓励、允许、限制和禁止四大类,就是充分运用信息性工具探索实践,产业指导目录从国家产业发展大局出发,引导外商合理进行投资。另一方面,在热点事件的冲击上,对外资政策构成较大影响的热点事件主要有2007年我国企业所得税实现两税合并以及2008年的国际金融危机事件。2007年,我国将《中华人民共和国企业所得税暂行条例》和《中华人民共和国外商投资企业和外国企业所得税法》两部法律法规统一成一部所得税法,在税率等方面对内外资企业一视同仁,对于促进企业公平竞争、促进经济结构调整和转变经济增长方式、协调区域经济发展、优化外资利用结构都具有重大意义。2008年的亚洲金融危机,对国际格局产生重大影响,许多跨国公司遭受打击,其对华投资也深受影响,它们大多采取缩减资本支出、控制生产成本和撤资裁员、低碳减排等应对之策。为抵御金融危机带来的不利影响,我国政府制定了一系列外资优惠政策,吸引外商对华投资。

(五)政策网络的制度性因素

所谓政策网络的制度性因素是指在一国宏观层面上的，影响政策网络以及政策变迁的基本制度形态。一方面，外资政策受政府主导的决策机制影响。我国目前形成的政策网络大多有稳定的权力中心，但是自治性相对较低，外资政策网络当属这种类型。改革开放以来，我国外资政策虽然经历了巨大的变迁，但是政府处于核心地位的自上而下的决策机制始终未曾改变。应当承认，自我国加入世贸组织后，外资政策的民主性和互动性大大加强，但改革力度仍然不够。从总体上看，我国外资政策的变迁是一种政府主导的渐进式变迁过程，其特点是以连续性的局部变化为主，这与我国现行政治体制相符。另一方面，外资政策受我国政府换届影响。我国政府换届会产生新的领导集体，新一届领导集体必然会提出新的理念，而政府的施政理念会影响外资政策的变迁。所以我国外资政策变迁从根本上讲并不是由突发事件的积累引发的，而是由政治权威的变更促成了政策的变迁。这也导致由政策变迁引起的社会辩论和关注不够，大众参与度较低，外资政策执行的驱动力不足。①

通过上述分析可知，外资政策变迁是多种影响因素共同作用下的结果。这些影响因素包括政策网络结构、网络关系、网络权力及利益格局、网络环境以及网络的制度性因素等。且这些因素对于发展、完善外资政策网络和提升外资政策的有效性也存在重要作用。其次，各影响因素对于外资政策变迁的影响程度和影响范围不一。其中外资政策的运行模式和实现机制受政策网络结构影响较大；而外资政策的资源配置更容易为政策网络关系所左右；外资政策的决策和机构设置主要由政策网络权力及利益格局决定；外资政策的法律基础往往由政策网络的环境所影响；外资政策变迁的整体模式由政策网络的制度性因素所决定。通常情况下，这些影响因素之间并不是严格意义上的一一对应，外资政策的变迁是这些因素综

① 刘畅："新时期我国外资政策的范式转变及影响因素研究"，《求实》，2013年第3期。

合作用的结果,是这些因素共同推动着外资政策的变迁。

第三节　外资政策的范式转变

一、政策范式的内涵

(一)政策范式

对于"范式"概念的研究,最早由美国人托马斯·库恩(Thomas Kuhn)在《科学革命的结构》一书中提出,他认为:"范式是,也仅仅是一个科学共同体成员所共有的东西。"①随后,英国政治学家彼得·霍尔(Perter Hall)在研究理念与政策制定、政策变迁之间的关系时,借鉴库恩的科学范式概念提出了"政策范式"的概念。霍尔将政策制定视为一个包括了三个关键变量的过程:指导特定领域之政策的总体目标、用以实现这些目标的工具,以及政策工具的精确设置。基于这三个变量,可以区分出三种不同类型的政策变迁:政策的第一序列变迁,即政策工具的设置被调整,但总体目标和政策工具不变;第二序列变迁,即总体目标依旧不变,但政策工具以及工具设置发生变化;第三序列变迁,则是三个变量同时发生变化。②

国内学者宁骚亦对范式作了较好的理解:"每一个科学范式都有它自己的一套规则来说明它面对的一套事实,人们在认识社会现实时,这套规则即预定的假设总是成为整理感性材料的指导。"③张国庆认为,"在一般意义上,范式被理解为关于现实的一套较为系统和稳定的假设。这一套假

---

① 杨诚虎等:《公共政策评估:理论与方法》,中国社会科学出版社,2006 年,第 6 页。

② Hall Peter,Policy Paradigms,Social Learning,and the State:The Case of Economic Policymaking in Britain,*Comparative Politics*,2005,25(3),pp.275-296.

③ 陈庆云:《公共政策分析》,中国经济出版社,1996 年,第 108~110 页。

设主要包括用以阐释和说明某一类现实的规则，而这些规则表现为人们的观察现实世界的理念和基本的价值判断标准"①。汪玉凯对范式的基本含义进行了归纳，认为范式的基本含义有：①某一学科或相关联的科学领域所具有的共同的基本理念，包括中心观点和价值取向；②以这种共同理念为基础，形成科学共同体的行为规则和模式；③具有公认的研究问题和解决问题的方法和框架；④有十分典型的范例作为模板或者典范。②

（二）范式转变

根据霍尔的定义，政策范式是镶嵌在政策制定者惯常工作中的一个由各种理念和标准组成的框架，它不仅指明了政策目标和用以实现这些目标的政策工具类型，还指明了他们所需要解决问题的性质。理念是政策范式的核心要素，是区分不同政策范式的根本特征。某一特定的政策范式就是在特定政策理念指导下，关于如何界定政策问题、确定什么政策目标、如何选择和设置政策工具、采取何种政策取向、使用何种政策话语的规范体系。③每个范式都是对政策制定者所面临的现实状况的一种阐释，不同范式的阐释都不相同。但是一个好的范式往往具有强大的解释力，而且能为解决问题提供恰当的途径。政策范式一旦形成，就具有相当的稳定性，但并非不受挑战。一个稳定的政策范式如果不能为解决现实问题提供有效途径，就会变弱，从而被新的政策范式所取代，即发生政策的第三序列变迁或称为范式转变，如图4.2所示。

---

① 马德普等：《变革中的中国公共政策》，中国经济出版社，1998年，第99页。

② 汪玉凯：《中国行政体制改革20年》，中州古籍出版社，1998年，第123页。

③ 岳经纶："中国发展概念的再定义：走向新的政策范式"，《中国公共政策评论》，2007年第1期。

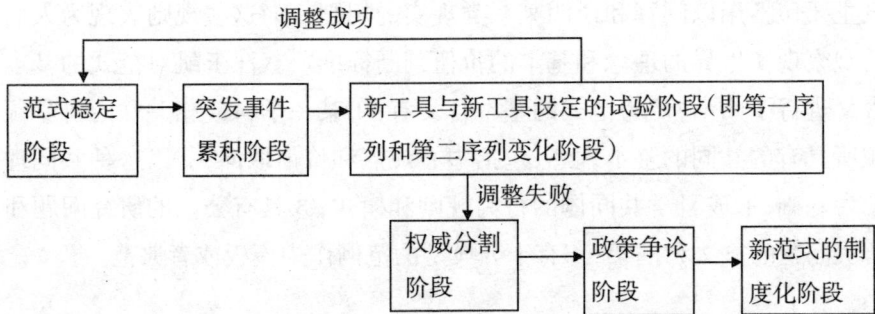

图 4.2 政策范式转变过程

资料来源:岳经纶、郭巍青:"构建和谐社会与中国公共政策的范式转移",《中国公共政策评论》,2007 年第 1 期,第 1~3 页。

由于已有的政策范式不能充分说明和解释新事物或新现象而引发反常和危机,所以新范式的产生成为必然,但范式转变并非完全是一种理论否定另一种理论的历史过程, 而是一种理论替代另一种理论。通常情况下,新范式是对旧范式的一种完善和补充,是为了适应不断变化的形势而进行的一种理论上的发展。从理论运用的效果看,政策范式及范式转变的分析框架,相对于一般的基于阶段划分的描述和总结分析方法,能够更加全面、清晰地梳理出公共政策的演进与发展过程,不仅能反映政策在一个较长的时间范围内所经历的重大变动, 也能把握政策在较短时期内渐进式的调整和变化。

(三)外资政策范式

外商直接投资政策属于典型的公共政策,它是"政治系统的产出,通常以条例、规章、法律、法令、法庭裁决、行政决议以及其他形式出现"。这里所要分析的有关我国利用外资的政策和法律也主要是利用外商直接投资的政策和法律,包括全国性法律和地方行政法规。中国外资政策的指导思想从根本上服从于国家改革开放和经济发展的总体方针, 又具有自身政策领域的特殊性。外资政策自 1978 年产生以来,政策制定理念以及政策安排伴随国家经济发展战略的调整发生过明显的变化, 符合政策范式及范式转变的内涵。

二、中国外资政策范式影响因素

(一)外资政策环境

政策环境指政策生成、运行、发生作用的过程中一切条件的总和。通常情况下,政策环境具有复杂多样性、差异性、动态性和不可复制性等特征。[①]我国外资政策环境主要包括社会经济环境、体制或制度条件、政治文化和国际形势。

(二)外资政策工具

前文已经述及,外资政策工具是指政府为解决吸引外资问题或为了达到一定的招商引资目标所采用的手段或规则的组合。依据政府干预强度和强制程度进行政策工具的划分,可以将政策工具分为管制性工具、组织性工具、经济性工具、信息性工具和自愿性工具等。

(三)外资政策取向

外资政策取向是指政府在选择和确定外资政策工具具体安排时的价值判断,主要表现为政府、市场和社会在吸引外商直接投资问题上的责任分担。某一时期政府所采用的外资政策工具通常是不同类型的组合,但往往有一种居于主导地位、重点运用的政策工具。这种主导政策工具的类型决定了这一时期的外资政策价值取向。其中命令、控制手段的大量运用是政府主导政策取向的反映。

---

① 陈潭:"公共政策变迁的理论命题及其阐释",《中国软科学》,2004年第12期。

（四）外资政策话语

外资政策话语是在某一时期，有关招商引资的政府公文或会议中反复出现的方针、原则或口号。政策话语的变化往往是政策理念、政策范式变化最直接的外在表现。改革开放以来，我国制定的有关吸引外资的法律法规以及重要领导人的讲话是本书总结各范式阶段外资政策话语的主要文本来源。

从1978年改革开放至2011年底，中央及地方颁布的有关吸引外商投资的政策共计六百余项，笔者从中选取与外商直接投资相关性最强的375项进行仔细推敲，从政策范式及范式转变的视角分析我国外资政策的研究，并将问题界定、政策目标、政策工具、政策取向和政策话语权作为外资政策范式的基本要素。

三、中国外资政策的范式转变

我国外资政策经历的四个范式阶段：1978年至1984年为谨慎开放范式阶段，1985年至1991年为政策优惠范式阶段，1992年至2001年为互利双赢范式阶段，2002年至今进入正在形成中的科学发展范式阶段。几种范式之间存在着明显的递进关系，后者均为前者的完善和提升。

（一）谨慎开放范式阶段（1978—1984年）

以邓小平为首的国家领导人从战略高度把人们的认识从过去过分看重外资的性质中解放出来，挣脱了所谓姓"资"姓"社"的困扰，使得国人对吸收外资的认识达到了一个新的高度。[①]总体来看，在政府直接领导下，这一阶段的外资政策取得了一定成绩，但由于当时中国经济底子薄、缺乏吸引力，招商引资工作的形势依然十分严峻，见表4.9。

---

① 巫云仙："改革开放以来我国引进和利用外资政策的历史演进"，《中共党史研究》，2009年第7期。

表 4.9 谨慎开放范式

政策范式	谨慎开放
问题界定	注重弥补资金缺口
政策目标	以大力发展经济、发展生产力为中心
政策取向	政府主导型 ①利用外资 ②引进先进技术
政策环境	①国内:经过十年"文革",经济发展几乎停滞,人民生活水平不断降低 ②国际:第三次科技革命大大推进了生产和资本的国际化进程,经济全球化步伐加快,世界整体化趋势明显 ③中国政府观念转变:从拒绝外资转为吸收外资
政策工具	组织性工具 ①成立外资管理的专门机构 ②提供制度支持 ③开放特区 经济性工具 ①实行特殊、灵活和优惠的外资政策 ②给予外商税收优惠
政策话语	①一切有利于发展社会生产力的方法,包括利用外资和引进先进技术,我们都采用① ②吸收外国资金,这是作为发展社会生产力的一个补充,不用担心会冲击社会主义制度② ③社会主义的经济基础很大,吸收几百亿、上千亿外资,冲击不了这个基础③
政策效应	①间接投资占主流 ②直接投资较少 ③外资政策缺乏可操作性,对外资流入实行限制的特点非常突出 ④没有形成全国统一的外资政策体系

---

① 《邓小平文选》(第三卷),人民出版社,1993 年,第 178 页。

② 同上,第 139 页。

③ 同上,第 85 页。

（二）政策优惠范式阶段（1985—1991 年）

20 世纪 80 年代后期，市场经济在我国逐步发展壮大，企业基本上能根据市场信号自主安排生产活动，改变了一直以来听从政府计划安排的被动局面。与此同时，我国周边国家，特别是东南亚和南亚国家，也纷纷制定了本国吸收外商投资的政策措施，并且不断调整利用外商投资的政策、法规，鼓励外商进入。这样，周边国家和地区外资流入增加，就分流了我国利用外商投资的基础，与我国形成了明显的竞争关系。

1986 年 10 月，国务院颁布了《关于鼓励外商投资的规定》，对外商投资企业，特别是拥有先进技术的企业，给予税收、劳务费、利润分配、土地使用费等方面的特殊优惠，并保障外资企业享受独立的经营自主权。随后，各地方政府也竞相出台各种优惠政策，全国甚至出现了"外资优惠政策竞争"的局面。为了阻止非理性的恶意竞争，1987 年至 1991 年，中央政府对外资政策进行了两次重大调整，其重点就是明确引进和利用外资的原则、目的和方式。与此同时，中央政府还制定了一系列利用外资的法律法规，用以规范各地方招商引资的不良行为。该阶段的外资政策旨在调整之前引资过程中的一哄而上、不求经济效益的短期政策行为，在指导思想上确立了积极利用外资的观念，为我国后来的引资工作打下了良好的基础，见表 4.10。

表 4.10　政策优惠范式

政策范式	政策优惠
问题界定	弥补资金缺口和技术缺口并重
政策目标	以吸引外资与经济、社会发展相协调为中心
政策取向	政府主导为主，利用市场为辅 ①引进先进技术 ②注重长期经济效益
政策环境	①市场力量增强 ②国际环境复杂，周边国家纷纷吸引外资，苏联解体 ③国内出现政治风波，对外资的引进起到了阻碍作用

（续）

政策工具	管制性工具 　实行部分政策上的放宽,如延长合资企业的期限;允许建立 100%股权的外国独资企业等 组织性工具 　①法律法规的制定 　②进一步开放城市 经济性工具 　①企业所得税的优惠 　②进出口关税和工商统一税
政策话语	①引进和利用外资的目的是要弥补资金、技术和管理缺口,但要把利用外资的方式从间接引资为主转变为外商直接投资为主① ②外资合作经营要搞,各地的开发区可以搞。多吸引外资,外方固然得益,最后必然还是我们自己得益②
政策效应	①间接投资呈减少趋势 ②直接投资缓慢发展 ③外商(特别是美国,日本,西欧,中国香港、台湾地区)投资踊跃

(三)互利双赢范式阶段(1992—2001 年)

自 1992 年我国确立社会主义市场经济改革目标以后,政府不断调整外资政策。一方面,积极向国际规范靠拢,增加外资政策的透明度;另一方面,减少国家的行政干预,放开大量商品的经营权。在市场机制的作用不断增强的背景下,国外大型跨国公司大量进驻中国投资建厂。1999 年江泽民同志提出了"走出去"的发展战略,实施积极的财政政策,深化体制改革,进一步拓宽了利用外资的政策空间。

在此战略思想的指导下,20 世纪 90 年代末期, 我国的外资政策出现

---

① 《十二大以来重要文献选编》(下),人民出版社,1986 年,第 1135 页。

② 《邓小平文选》(第三卷),人民出版社,1993 年,第 313 页。

了新的变化:一是大胆引进和积极引导跨国公司来华投资,二是开始利用国际证券市场引进外资,三是强调要对外商投资企业实行国民待遇。该阶段我国政府在制定外资政策时更加趋于理性,不再单纯追求数量上的绝对增长,而是着眼于提高国民经济的质量和效益,注重国内经济与外资经济的互利双赢,见表 4.11。

表 4.11 互利双赢范式

政策范式	互利双赢
问题界定	弱化弥补资金缺口,强化弥补技术缺口
政策目标	吸引外资的最终目的是中国经济的长远发展
政策取向	政府与外商博弈 ①综合运用法律、经济、技术和必要的行政手段 ②与跨国公司的良性互动
政策环境	①市场力量进一步增强 ②政府积极推动:拓宽外商投资领域 ③经济体制:基本摆脱了计划经济的阴影,市场经济体制逐步完善 ④国际环境:受亚洲金融危机的影响,世界经济全面进入调整期
政策工具	管制性工具 ①行政程序方面继续放宽对外资企业的限制 ②产业政策方面对外商投资规定了禁止领域和限制领域 组织性工具 ①增订法律法规 ②进一步开放城市 经济性工具 ①外商投资企业技术开发费抵扣应纳税所得额 ②外商投资企业出口货物税收优惠 ③外商投资企业和外国企业购买国产设备投资抵免企业所得税 信息性工具 ①1995 年颁布了《指导外商投资方向暂行规定》和《外商投资产业指导目录》,将产业项目分为鼓励、允许、限制和禁止 4 大类,使投资者一目了然。 ②1997 年修订《外商投资产业指导目录》

（续）

政策话语	①充分利用国际国内两个市场，两种资源，优化资源配置，积极参与国际竞争与国际经济合作，发挥我国经济的比较优势，发展开放型经济，使国内经济与国际经济实现互接互补[1] ②积极开拓国际市场，促进对外贸易多元化，发展外向型经济[2]
政策效应	①直接投资飞速增加 ②利用外资总量结构趋于优化 ③投资的产业与地区出现扎堆

（四）科学发展范式阶段（2002 年至今）

2001 年底，随着我国加入世贸组织，对外开放亦进入一个新的历史时期，引进和利用外资的目的是为了借助外商独特的资金、技术和管理优势来提升国内的产业结构，外资政策也随之进行了各种调整，由原来的弥补资金缺口转变为引进高新技术。[3]同时把"走出去"与"引进来"看作引进和利用外资两个不可分割的组成部分，从引进外资的单向流动转变为推动内资到境外投资的双向流动。在此阶段，我国政府能够兼顾社会建设与发展经济，不断提高利用外资的质量和水平，各项外资政策更加成熟与完善，实现了从量到质的飞跃，见表 4.12。

表 4.12 科学发展范式

政策范式	科学发展
问题界定	注重科学地弥补技术、管理等多重缺口
政策目标	"引进来"和"走出去"双向协调科学发展
政策取向	政府主导、利用市场、国际准则约束 　　①综合运用法律、经济、技术和必要的行政手段 　　②与跨国公司的良性互动

---

① 《十四大以来重要文献选编》（上），人民出版社，1996 年，第 539 页。

② 江泽民在十四大报告中提出"走出去"战略思想的萌芽，1992 年。

③ 段学芬、蔡晨风："'十二五'期间我国利用外资的政策选择"，《学术界》，2010 年第 12 期。

（续）

政策环境	①国际:形形色色的贸易保护主义愈演愈烈,中国的出口面临更大压力 ②国内:2001 年 11 月,中国成功加入世贸组织,中国利用外资面临一个前所未有的大好时机
政策工具	管制性工具 　按照世贸组织的规则,2002 年、2004 年、2011 年分别进行《外商投资产业指导目录》的修改工作 组织性工具 　①修改法律法规以符合世贸组织的要求 　②规范外资企业管理 　③开放投资新领域——服务贸易领域 经济性工具 　加入世贸组织后,不断降低关税
政策话语	有效应对服务业扩大开放后所面临的新问题和新情况，增强参与经济全球化和维护国家经济安全的能力① 中国近期调整部分外资超国民待遇优惠措施,不意味着不再欢迎外资进入② 鼓励外资参与中国企业兼并重组③
政策效应	①外商对华投资呈现高涨局面 ②外商直接投资成为主要形式

四、小结

吸引外资是中国在改革开放过程中面临的重大课题，为适应吸引外资工作,我国的外资政策从无到有,从谨慎开放范式到科学发展范式,外资政策在不断完善,体现了我国政府在科学利用外资方面的探索和努力。但从政策效果和实际反映来看,引资质量不容乐观,国内技术和产业升级工作仍面临强大压力。这一方面是由于我国经济基础薄弱,核心技术匮乏;

---

① 《科学发展观重要论述摘编》,中央文献出版社、党建读物出版社,2009 年,第 80~81 页。

② 习近平:"中国不会排斥外资",《南方都市报》,2011 年 6 月 5 日。

③ 习近平:"开拓创新互利合作,抓住基于共同发展",《人民日报》,2011 年 11 月 26 日。

另一方面通过比较四个范式阶段可以发现，我国外资政策的安排仍然存在问题：一方面，外资政策的演进重政策理念更新和政策话语转变，轻政策工具执行和政策效果评估，导致外资政策的优化升级囿于形式。而这在很大程度上又是由于外资政策的范式转移受国际环境和政治权威变化影响较大。从上述外资政策范式分析可以看出，我国外资政策几乎没有使用自愿性工具，即政府不作为，而是主要依靠自愿性组织机制来解决政策问题的活动方式，这很可能是我国外资政策没有突破性成就的重要原因。因此，政府在制定外资政策时尤其需要注重政策工具的整体安排和组合，加强执行外资政策法规，充分挖掘外资政策的市场机制，并不断推进公众参与，而非过多进行理念更新和采用新的政策话语。

第四节　中国外资政策变迁的路径分析

一、外资政策变迁的必要性

我国现行的外资政策具有超国民待遇和普惠型特征，这种政策人为地在本土企业与跨国公司之间造成非公平竞争，扭曲了市场和市场机制优化资源配置的功能，降低了外商直接投资质量，过度地诱导了外商直接投资需求，是造成外商直接投资挤出效应的重要因素之一。大量研究均表明，优惠型外资政策对吸引跨国公司的作用是极其有限的，对跨国公司投资区位决策不会产生决定性影响。"在跨国公司的区位决策中，相对于其他优势，如市场规模的增长、生产成本、技术水平、适宜的基础设施、经济稳定以及一般的管制框架质量等，激励是一个相对不重要的因素。"(联合国贸易和发展会议，2010)跨国公司作出投资决策主要依据长期性和全球性的战略目标。创造一个良好的投资环境比实施名目繁多的优惠政策和税收减免政策对于吸引跨国公司投资更为重要。因此，在今后引资实践中，我国应该把重点放在改善整个经济运行的环境质量上，而不是把重点放在政策优惠上。无论从抑制跨国公司对华投资挤出效应的角度，还是从提高引资质量的角度,都没有理由继续实行优惠型外资政策。最彻底的,也是最有效率的开放是实行公平竞争。

二、外资政策变迁的基本取向——从普惠型转向产业导向型

不分产业、不分地区的普惠型外资政策是导致内外资结构高度相似性、外资技术含量低,并因此加剧了跨国公司对华投资挤出效应的重要原因,因此改革现行的普惠型政策势在必行。为减弱跨国公司对华投资的挤出效应,充分发挥其溢出效应,在摒弃普惠型政策的同时,应制定基于产业导向的甄别性优惠政策,对跨国公司存量较小、关联效应明显的产业提供较大幅度的优惠政策,而对饱和的、竞争激烈的产业取消优惠政策。譬如农业利用外资的规模无论从总量上来说还是从占全部外资的比例上来说都很小。"十一五"期间,我国各产业利用外商直接投资共计 4679.17 亿美元,其中农业利用外资规模为 89.9 亿美元,仅占各产业利用外商直接投资总额的 1.98%。在此情形下,扩大农业利用外商直接投资的规模不仅不会对本土企业产生挤出效应,相反还能填补农业投入不足的缺口,推动农业技术进步。然而由于我国的资源禀赋和投资环境决定了我国农业利用外商直接投资缺乏区位优势,因此要扩大农业利用外商直接投资规模,必须提供更优惠的政策措施。

三、外资政策变迁影响利用外资质量的机理

外资政策变迁对我国利用外资的影响机理, 包括外资政策变迁对我国利用外商直接投资规模、结构以及效益的作用机理。

(一)外资政策变迁影响利用外资的规模

随着我国投资环境的不断改善, 特别是与利用外资政策相关法律法规的不断修订和调整,以及我国经济稳定、快速的增长,都对我国利用外

商直接投资的状况产生影响。下面将针对外资政策调整的四个阶段来考察我国外资政策变迁对利用外商直接投资质量的影响。

表 4.13　我国利用外商直接投资情况

		合同利用外商直接投资（亿美元）	实际利用外商直接投资（亿美元）	签订利用外商直接投资项目(个)	平均项目规模（万美元）
初创阶段	1978—1984	77.42	18.02	1392	329.70
发展阶段	1985	59.32	16.61	3073	63.78
	1986	28.34	18.74	1498	149.80
	1987	37.09	23.14	2233	103.63
	1988	52.97	31.94	5945	58.13
	1989	56.00	33.92	5779	60.82
	1990	65.96	34.87	7273	47.94
	1991	119.77	43.66	12978	33.62
完善阶段	1992	581.24	110.07	48764	22.72
	1993	1114.36	275.15	83437	32.98
	1994	826.80	337.67	47549	71.02
	1995	912.82	375.21	37011	101.38
	1996	732.76	431.35	24556	169.92
	1997	510.03	452.57	21001	215.50
	1998	521.02	454.63	19799	229.62
	1999	412.23	403.19	16918	238.32
	2000	623.80	407.15	22347	180.95
	2001	691.95	468.78	26140	179.33
调整阶段	2002	827.68	527.43	34171	154.35
	2003	1150.69	561.40	41081	130.24
	2004	1534.79	640.72	43664	138.80
	2005	1890.65	638.05	44001	137.10
	2006	1937.27	735.23	41473	151.96
	2007	2136.73	783.39	37871	197.43
	2008	2245.96	952.53	39593	201.55
	2009	2030.74	918.04	38411	223.64
	2010	2198.13	1088.21	40529	239.75
	2011	2355.01	1176.98	41667	251.96
	2012	2295.34	1117.2	40532	269.07

资料来源:根据历年《中国统计年鉴》整理得出。

如表 4.13 所示,在第一阶段 1978 年至 1984 年间,我国利用外资开始起步,虽有所发展但规模不大。在这一时期,我国共签订利用外商直接投资项目数只有 1392 项,平均项目规模为 329.7 万美元,可见,每年平均利用外商直接投资的项目数还不到 400 项;合同利用外商直接投资金额 77.42 亿美元,年平均额为 19.36 亿美元;实际利用外资金额为 18.02 亿美元,年平均不足 10 亿美元。而在此期间,我国利用外商直接投资项目数、合同利用外商直接投资金额和实际利用外资金额的总额仅分别占 1979—2012 年总额的 0.22%、0.46%和 0.24%。

在初创阶段,外资政策体系并未统一,外资政策的规定导向性不强,普遍缺乏可操作性,所涉及的投资领域较少,因此需要进行深入的调整。在改革开放初期,我国还是采取优惠政策和限制政策相结合的方法来吸引外资,其中的优惠政策主要体现在对东部沿海地区和经济特区的政策上,使这些区域率先利用外商直接投资;而限制政策则体现在,对于投资者所能进入领域、股权比例、准入标准、投资方式等方面均作出明确的限定。从某种意义上讲,正是由于外资政策的定位不准确,才使得我国改革初期能够利用的外商直接投资非常有限。

从 1985 年至 1991 年的发展阶段,全国签订利用外商直接投资项目数共达 40635 项,平均每年引进 5100 项投资,合同利用外商直接投资的金额为 445.96 亿美元,实际利用外商直接投资金额 215.46 亿美元,分别是初创阶段的 29.1 倍,5.8 倍和 11.9 倍。在这一阶段里,利用外商直接投资规模均比第一阶段有所提高,其项目数、合同利用外商直接投资的金额和实际利用外商直接投资金额的总额分别是我国利用外资至今外资总额比重的 6.43%、2.63%和 2.84%。经过初创阶段的发展之后,我国政府总结经验,在利用外资上不断改进,利用外资进入一个新的局面。同时,我国与外资相关的法律、法规也得到改善。在发展阶段中,我国利用外商直接投资发生了许多显著的变化,这主要是由于我国在此期间确定了吸引外商直接投资的政策框架,外商直接投资的环境取得较好的改善,投资于基础产业设施的力度也显著加大,并明确了积极利用外资的指导方向,我国开始放开一些领域,逐步扩大吸引外商直接投资的规模,同时将利用外商直接投资的重点转向了直接投资,增加优惠政策的实施。

在完善阶段中,1992 年至 1994 年间,我国在利用外商直接投资的规模上空前扩大,1993 年我国合同利用外商直接投资额达 1114.36 亿美元,1994 年虽然在外商直接投资项目的数量和投资金额上都略有缩减,但是实际利用外商直接投资的总额仍然是稳步增长的。分析其原因关键在于我国的外资环境在 1992 年后发生了本质上的变化,邓小平同志的南方谈话明确指出了我国当时外资政策的调整方向,再加上我国建立社会主义市场经济秩序,深化了外资政策的调整内容,使得我国利用外商直接投资在 1992 年以后进入了一个全面开放的新高潮。

自 1992 年以后,我国政府对财政、金融、税收等体制作出一系列重大的改革,外资政策也随之进行相应调整,我国开始将利用外商直接投资的焦点转向利用外资质量的提高上来,主要包括要将产业结构合理化,提高外资效益等,此时的外商直接投资的发展渐渐放缓,稳步增长。自 1996 年以后,我国利用外商直接投资的项目数、合同利用外商直接投资的金额以及实际利用外商直接投资的金额都较前一阶段有所下降,尽管在 1998 年出现了小幅度的增长,但又由于亚洲金融风暴的影响,许多国家相继调整外资政策,使得这种增长并未维持较长的时间,在此之后甚至出现了下滑的趋势。直至 1999 年、2000 年,我国分别与美国和欧盟签订了加入世界贸易组织的协议,此时我国的外资政策也随着加入世贸组织进程的加快而进行适应性的改革,放宽了原有的投资领域、数量、地区、准入标准等,法律、法规也趋于完善,利用外商直接投资的项目数、合同利用外商直接投资的金额和实际利用外商直接投资的金额都有所回升。

调整阶段主要表现为我国加入世贸组织至今,我国以透明、稳定为目标,对不符合世贸组织规定的外资政策进行调整,大大提升了跨国公司来华投资的兴趣,使得跨国公司直接投资的项目数、合同利用外商直接投资的金额和实际利用外商直接投资的金额比前几个阶段都有很大程度的提高。虽然经历了 2008 年的全球金融危机,使得我国不论是在合同利用外资额还是在实际利用外资额上均有下滑,但是凭借我国经济的稳健增长,以及良好的引资环境,从 2010 年以后,我国吸引外资的各项指标均有所增长。

由此可见,在利用外商直接投资的规模上,我国在四个阶段中的差异还是比较突出的。主要原因在于我国外资政策的调整,从而使外资开放的领域不断扩展、准入门槛放低,我国利用外资的规模自然扩大。并且随着我国加入世贸组织,各项法律法规的调整都以世贸组织的规定为依据,外资政策更加具有稳定性和透明性,大大增强了外商投资的信心,使得因外资政策的调整带来更大的积极效应。与此同时,我国的经济发展也保持了较快的发展态势,吸引、利用外商直接投资的潜力和能力也大大增强,这也成为我国利用外商直接投资规模扩大的另一个原因。

(二)外资政策变迁影响利用外资的结构

1.政策变迁对外商直接投资产业结构的影响

在产业结构的分布上,我国吸引外商直接投资也同利用外资的规模一样,经历了一个变化的过程,现阶段,我国利用外商直接投资产业结构的基本格局是:第一产业利用外商直接投资的比重小,第二产业吸引外商直接投资占据主导地位,第三产业吸引外商直接投资出现上升趋势,见表4.14。

表 4.14 外商直接投资的产业结构比重   单位:(%)

年份	第一产业	第二产业	第三产业
1979—1990	2.91	60.33	36.76
1991	1.82	81.52	16.66
1992	1.21	60.12	38.67
1993	1.14	49.32	49.54
1994	1.23	55.94	42.83
1995	1.87	69.61	28.52
1996	1.63	71.53	26.84
1997	2.11	66.67	31.22
1998	2.26	68.00	29.74
1999	3.57	68.90	27.53
2000	2.42	75.28	22.30
2001	2.58	77.24	20.18
2002	2.05	77.61	20.34

（续）

年份	第一产业	第二产业	第三产业
2003	2.05	76.33	21.62
2004	2.11	76.35	21.54
2005	2.02	71.14	26.84
2006	1.94	68.70	29.36
2007	1.96	67.32	30.72
2008	1.97	64.46	33.57
2009	1.99	62.02	35.99
2010	2.01	55.64	42.35
2011	2.13	50.23	47.64
2012	2.25	48.24	49.51

资料来源:根据历年《中国统计年鉴》整理得出。

自 1994 年起,我国对外商直接投资的领域有计划地开放,对之前包括金融、商业、保险、房地产、商业零售、外贸、铁路、航空、码头等在内的服务贸易领域降低准入标准,至此我国利用外商直接投资进入迅速发展的阶段。

到 1995 年 6 月,我国为了加强基础产业设施建设、扶持技术密集型产业,对投资于第二产业中的企业进行改造,对来华投资的企业给予了相应的优惠政策,包括减免税收、降低股权比例、降低土地使用费用等。通过实施一系列的优惠措施和政策,我国开始有步骤地将重点转向基础建设。为了支持这一计划,我国颁布了《指导外商投资方向暂行规定》和《外商投资产业指导目录》,重新划分了对外商直接投资所实施鼓励、限制和禁止政策的产业类别。到 1997 年 12 月、2002 年 2 月以及 2007 年 11 月,国家相继颁布了对之前《指导外商投资方向暂行规定》的修订政策,明显加大对外商直接投资的开放程度, 逐步将原来禁止的领域改为限制类或彻底开放。例如 2002 年的目录将原禁止外商投资的电信和燃气、热力、供排水等城市管网首次列为对外开放领域,鼓励外商投资,鼓励向基础产业、基础设施、农业、服务业等项目投资。2007 年目录中将电网从禁止类变为限制类。通过调整后政策的指导,我国利用外商直接投资的产业结构正向着合理化的方向迈进,使得产业结构日趋优化。

而对于第二产业比重高于第三产业的政策原因, 一方面从政策大环境上来看,这与我国当时非国有经济产业发展的方向相关。由于改革开放前我国采用工业化的发展方式，导致我国的产业结构与我国发展的现状不符,偏离国家经济发展的方向,而在 20 世纪 80 年代后期,尽管产业结构得以向合理化的方向调整,但在之后的发展中,产业结构又出现了不合理的状况;第二产业所占比重明显高于第一和第三产业。另一方面从我国的利用外资政策上来看,随着改革的推进,我国适时调整利用外资政策,减少对产业投资的限制,引得外商直接投资纷纷投向容易进入的轻工业领域,因此使得第二产业的比重始终居高不下。

2. 政策变迁对外商直接投资区域结构的影响

自 1979 年以来, 我国外商直接投资的区域结构分布的大致格局是:外商直接投资主要集中于东部沿海地区，而中西部的外商直接投资较稀缺,分布极不均衡,见表 4.15。

表 4.15　我国实际利用外商直接投资的地区分布

年份	投资金额(亿美元)			地区分布(%)		
	东部	中部	西部	东部	中部	西部
1983	5.36	0.07	0.34	92.93	1.12	5.95
1984	8.57	0.11	0.18	96.73	1.19	2.08
1985	11.83	0.69	0.68	89.65	5.23	5.12
1986	15.08	1.33	1.00	86.58	7.66	5.75
1987	15.79	0.82	1.21	88.57	4.62	6.81
1988	27.41	2.28	1.81	87.02	7.25	5.23
1989	31.07	1.97	1.33	90.39	5.74	3.87
1990	32.01	1.38	0.97	93.17	4.02	2.81
1991	40.92	1.98	1.35	92.46	4.48	3.06
1992	100.47	7.50	2.08	91.30	6.81	1.89
1993	238.88	24.28	10.26	87.37	8.88	3.75
1994	292.20	26.17	14.35	87.83	7.86	4.31
1995	326.41	34.29	11.45	87.71	9.21	3.08
1996	365.38	39.24	10.08	88.11	9.46	2.43
1997	399.37	48.52	15.85	86.12	10.46	3.42
1998	413.34	44.84	13.74	87.59	9.50	2.91
1999	364.91	38.22	11.40	88.03	9.22	2.75
2000	370.28	37.92	12.23	88.07	9.02	2.91
2001	411.78	43.13	13.88	87.84	9.20	2.96

（续）

年份	投资金额（亿美元）			地区分布（%）		
	东部	中部	西部	东部	中部	西部
2002	463.87	50.42	13.13	87.95	9.56	2.49
2003	482.13	61.19	18.08	85.88	10.90	3.22
2004	551.72	70.61	18.45	86.11	11.02	2.88
2005	471.97	80.84	17.10	73.97	6.67	2.68
2006	602.45	107.05	23.01	81.94	5.56	3.13
2007	615.67	121.66	34.55	78.59	6.53	4.41
2008	659.26	149.53	43.73	77.33	17.54	5.13
2009	698.81	171.95	47.28	76.12	18.73	5.15
2010	812.02	206.98	69.21	74.62	19.02	6.36
2011	866.14	234.34	76.50	73.59	19.91	6.5
2012	815.78	223.55	77.87	73.02	20.01	6.97

　　注：三大区域划分如下：东部地区包括北京、天津、河北、辽宁、上海、江苏、浙江、福建、山东、广东、广西、海南；中部地区包括山西、内蒙古、吉林、黑龙江、安徽、江西、河南、湖北、湖南；西部地区包括四川、重庆、贵州、云南、西藏、陕西、甘肃、青海、宁夏和新疆。

　　资料来源：根据历年《中国统计年鉴》数据整理得出。

　　由于我国在改革初期为了利用东部沿海地区的地理优势和交通便捷优势，在该地区首先实行了吸引外商直接投资的优惠政策，因此东部沿海地区在利用外商直接投资方面一直处于我国的领先地位。分析外商直接投资高度集中于东部沿海地区的原因，主要来自于两个方面：一方面是由于东部沿海地区的区位优势，对于进行贸易加工后的运输极为有利；另一个方面就是我国政府所给予的政策优势。在改革开放初期，政府首先在这一地区设立经济特区，并提供大量的招商引资的优惠措施，增强了外商在东部沿海地区进行投资的兴趣，政策的保证也使得更多国家在我国东部沿海地区进行试探性的投资。此后，东部地区凭借已有的沿海区位优势以及国家在投资、税收、金融、审批、体制改革等方面的政策优惠，吸引了大量的外来投资，积极开展"三来一补"贸易。因而东部沿海地区成为外商直接投资的首选区域。

　　地区经济发展的不平衡会导致对我国经济健康、稳定发展产生不良影响，为了改变由于中西部地区与东部沿海地区在利用外商直接投资方面的差距，我国在改革开放以后开始陆续调整并修订与地区政策相关的外资政策及规定。1992年起，我国逐渐开放长江沿岸的城市和内陆部分城市，并在此后的时期里，我国又加大力度将地区政策调整向中西部地区倾斜，鼓励和引导外商直接投资向中西部地区转移，并增加中西部地区的鼓励投资类别、项目，对投资于中西部地区的外资，我国也在限制措施、股权比例以及市场开发程度上，予以相应的宽松政策，同时，国家或地区政府会给予配套的政策来扶持投资于中西部地区的外资企业。所以通过我国一系列针对性较强的外资政策的支持，尽管中西部地区的开放较之东部沿海地区较晚，但到目前为止已有所增加。而由于这种差距存在的时间较长，因此要在短期内完全改变这种状况也不是一蹴而就的，仍然需要通过政策指导和各地区的协调努力。

（三）外资政策变迁影响利用外资的效益

自2002年起，联合国贸易和发展会议（UNCTAD）在其每年发布的《世界投资报告》中开始采用外国直接投资业绩指数（FDI Performance Index）指标，描述和评价各国吸引外商直接投资的现状和前景。外资引进业绩指数的使用范围既可以推广，也可以通过把国家级指数转化为描述和平均某国内部各组成部分吸引外商直接投资现状和前景的指标体系。

因此判定一个地区利用外资质量的效益可以是通过对该地区的外资引进业绩指数进行考证。其基本原理是，在投资自由化的条件下，一个地区经济总量越大，其得到的外商直接投资也会越多。同时也指出，外资政策的不同，可能引起的对外商直接投资流入及其质量的影响，要比经济规模对其影响更大，表示如下：

$$li= \frac{Fi}{Ft} \div \frac{GDPi}{GDPt}$$

Fi表示第i个地区在一定时期内引进的外资；Ft表示全国在同一时期内引进的外资；GDPi只表示第i个地区在同一时期内的国内生产总值；GDPt只表示同一时期内全国的国内生产总值。过去，衡量一个地区吸引外资业绩的方法就是比较外商直接投资流入的绝对值，忽视了不同地区经济规模的差异。通常情况下，一个地区经济规模越大，吸收的外商直接投资的数量就越多，而通过引进外资引进业绩指数的计量方式，避免了经济规模不同的影响。如果指数值等于 1，表明该省市占全国外商直接投资的比例与其占全国国内生产总值的比例相等；指数值大于 1，表示该省市吸收了相对于其国内生产总值规模而言更多的外商直接投资；该指数低于 1 的省市，可能由于竞争力低下等原因，外商直接投资流入低于应该达到的数量。通过该指数能够确定各地区利用外资的效益，也能够适时反映出在不同阶段中，外资政策的调整对利用外资质量的效应影响。

从 1987 年后利用外资引进业绩指数的发展来看，在 1987 年，以广东和上海的引资指数最大，分别达到了 70.15 和 38.9，除此之外，东部地区各省份的外资引进业绩指数也均超过了 10；中部地区的引资指数也不低，黑龙江的引资指数为 2.62；而西部地区的引资表现也很好，山西和新疆也分别达到 29.7 和 7.86。在 1990 年以后，东部地区的外资引进业绩指数逐渐下降，福建、广东分别下降为 2.1 与 2.59，这个水平相对于中西部地区的引资指数，表现普通。而中部和西部地区省份的外资引进业绩指数略有回升，除个别省份的指数较低，其他省份普遍上升至 0.2 到 0.5 之间。2000 年后，东部地区和中西部地区除部分省区以外，外资引进业绩指数均呈现出逐步上升的态势，浙江、江苏等省份的业绩指数逐渐超过了广东省。至 2007 年，宁夏的引资指数已由 2000 年的 0.16 上升至 0.68，而中部地区的湖南，外资引进业绩指数在 2000 年到 2007 年的 7 年中翻了近三倍。

在剔除了自身经济规模的影响后，2003 年，东部地区各省份除河北省（0.35）和广西壮族自治区（0.36）外，引资业绩指数均大于 1，最大的上海和江苏分别达到了 2.23 和 2.16。而中部省份除江西的引资指数大于 1 以外，其他省份位于 0.11 和 0.74 之间。西部省份中引资业绩指数大于 0.2 的只有陕西，其他的省份均在 0.2 以下。可见，从东部到西部呈现明显的阶梯状递减分布。

同 2006 年相比，除少数省份外，2007 年东部各省市的业绩指数除福建有所下降，其他都持续上升，最大的海南和福建分别达到了 3.05 和

2.96,在利用外资方面取得了较好的业绩。而中西部省份的业绩指数却普遍上升,增加了几个指数大于 1 的省份,我国对外资地域结构的不平衡分布的宏观调整和引导取得了初步的成效。

通过比较可以看出,在改革开放初期,我国为了吸引外商直接投资,向跨国公司提供了许多政策上的优惠,主要有:税收优惠、信贷放宽、优先获得进出口权以及外汇使用的优惠政策等。这些优惠政策的实行,使得来自港澳台的投资者对我国的外商直接投资更有信心。并且由于国家对东部沿海地区所实行的招商引资优惠,也使得该地区成为我国利用外商直接投资最多的区域。

随着改革开放的进一步深入,对外资开放的领域也进一步扩大,加入世贸组织后,我国政府更是审时度势,与国际惯例接轨,对吸引外资取消了很多限制,并继续放松对来华跨国公司的准入。通过完善引资政策,加之 1997 年国家西部大开发和中部振兴政策的支持,外资引资指数也有部分上升趋势。

(四)外资政策变迁对利用外资质量影响机理的建立

从以上分析可以看出,我国外资政策在每一个时期的调整均会影响到跨国公司对华投资,而外资又作为一种市场进入行为,影响着我国利用外商直接投资的质量。外资政策对我国外商直接投资的影响机理,包括了外资政策对我国利用外商直接投资规模、结构以及效益的作用机理。因此,外资政策对我国利用外资质量的影响可以认为是外资政策的变迁影响了"市场行为—外资规模、外资结构、外资效益—利用外商直接投资质量",可用图 4.3 表示:

```
                    ┌─────────────────┐
                    │   外资政策变迁    │
                    └────────┬────────┘
                             │
                    ┌────────┴────────┐
          ┌─────────┤    市场行为      ├─────────┐
          │         └────────┬────────┘         │
          │                  │                  │
┌─────────┴─────────┐┌───────┴────────┐┌────────┴────────┐
│  外商直接投资规模  ││ 外商直接投资结构 ││ 外商直接投资效益 │
└─────────┬─────────┘└───────┬────────┘└────────┬────────┘
          │                  │                  │
┌─────────┴─────────┐┌───────┴────────┐┌────────┴────────┐
│   规模不断扩大     ││ 结构优化、合理化 ││ 外商引资指数上升 │
└─────────┬─────────┘└───────┬────────┘└────────┬────────┘
          │         ┌────────┴────────┐         │
          └─────────┤   利用外资质量    ├─────────┘
                    └─────────────────┘
```

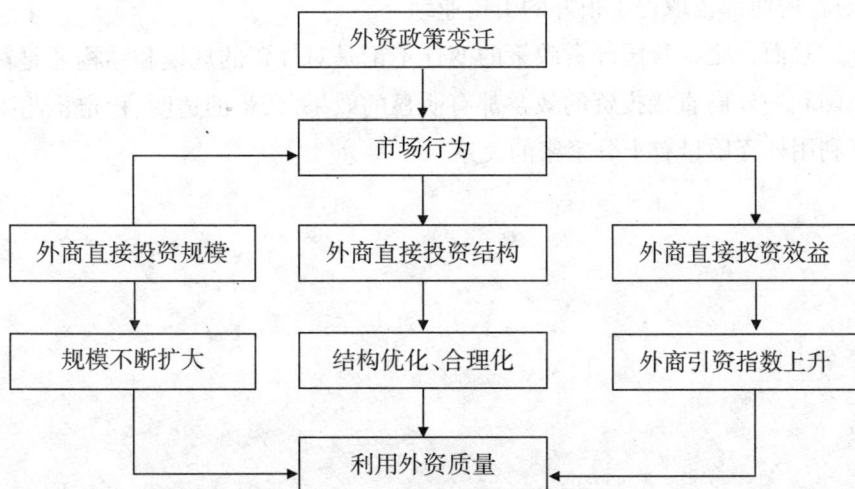

图 4.3　外资政策对利用外资质量的影响机理

通过对我国外资政策调整过程中利用外资质量的分析，我国外资政策从最初以优惠待遇为主发展到目前以产业政策、地区政策等为主，这些政策调整都围绕着政策的稳定和透明进行的，所进行的改革对我国利用外资的作用格外明显。

在外资规模方面，我国经过三十年的探索，外资及其他相关的政策不断完善，投资环境日趋良好，外资允许进入的规模和领域不断扩大。因此，我国利用外商直接投资的总量和规模也在不断增大，外资政策调整的效果也就比较明显。特别是在我国正式成为世贸组织成员国后，我国的外资政策以国际惯例为核心，调整了涉外经济政策、法律法规、经济体制等方面的政策，使其更具有透明性和稳定性，以此加强了跨国公司对中国投资的信心，使得外资规模进一步扩大。在产业分布上，通过一系列外资政策的引导，外资进入我国投资的领域日渐变宽，产业结构逐渐优化。在地区分布上，由于西部大开放战略和中部振兴政策的支持，虽仍是以东部地区为主，但我国中西部地区同东部沿海地区的差距正在缩小。通过对外商直接投资引资业绩的分析，可以看到，在外商直接投资的效益上，我国东部地区业绩指数尽管在 20 世纪 90 年代后曾下降至一个普遍水平，但是东部地区仍然明显高于中部和西部地区。近年来，由于国家地区倾斜政策的扶持,中西部也取得了很好的引资业绩。

　　总而言之, 我国外资政策的变迁不论是对外资的规模和结构还是对我国利用外商直接投资的效益都有明显的效果,政策的透明、稳定也与提高利用外资质量有十分紧密的关系。

第五章
跨国公司对外资政策的影响机制分析

所谓机制,是指事物的结构及运作原理,主要包括外部环境、内部结构、主客体的作用路径及行为模式等。本章拟从三个层面进行分析:一是跨国公司影响政府政策的内外环境,说明其作用的外部环境条件和影响因素;二是跨国公司的权力资源及作用途径,说明主体优势及其作用于客体的方式路径;三是不同跨国公司的利益目标和立场,分析主体的行为模式及取向。

第一节 跨国公司对外资政策的影响因素

一、跨国公司影响外资政策的内外环境

(一)我国的决策体制不利于跨国公司直接介入政策制定

改革开放三十多年来,中国决策体制沿着民主化、科学化、制度化的路径逐渐变革,形成了独具特色的中国现行决策体制。从宏观上看,我国现行决策体制的特点是中国共产党主导的有限协商决策,是具有中国特色的民主决策模式。首先,在我国现行政治架构中,中国共产党作为执政党是历史和人民的选择,党指挥枪、党管干部、党管舆论等决策体制都是历史的延续。在这种情况下进行有限协商的决策体制变革,是党适应现代信息社会、保持长期执政的主动选择。而且党内决策机制长期存在协商机

制,如在重大决策、重大人事安排等方面,党内规章规定要集体协商,要广泛征求党员意见。其次,中共与其他党派之间的党派协商既有历史传统,也有现实考虑。近代以来,中共有与各民主党派协商共事的传统,但这并不否认中国共产党作为决策主导的存在。从现实角度看,民主党派的存在有利于中共科学发展。再次,中国共产党的宗旨是全心全意为人民服务。从群众中来到群众中去,是中国共产党的工作方法,也体现了党同群众之间的协商途径和协商要素。长期以来,在很多重大问题上,党和政府都会通过各种方式征求群众意见,采取协商的办法处理各种问题。最后,有限协商也是着眼于现实考虑。在现代社会,政治、经济、文化、社会各种问题层出不穷,信息千变万化,凡事皆协商,正如凡事都投票一样,既不现实也不可能,在操作中也会遇到很多困难。

我国决策体制日益完善,尤其是中央层次决策注重民主科学,推动中国改革开放取得了巨大成就,但并不意味着这种体制已经尽善尽美。从实践成效和百姓需求来看, 包括中央层级在内的现行决策体制还存在一些问题,有待继续完善。

一是作为决策信息重要支撑的民意表达机制依然不够完善。新中国成立后,党和政府一直注意搭建民意表达渠道,实施了信访制度,拓宽了人民来信、定期接访、意见信箱等渠道。改革开放以来还建立了市长热线、开通官方微博等新型民意表达机制。随着经济规模扩大、社会矛盾增多、既有民意表达渠道亟待拓宽,有些意见表达渠道,如信访机制、座谈会、听证会制度也有待完善, 现行制度仍然无法完全让包括跨国公司在内的企业、公民方便、畅快地表达自身意见。

二是决策过程透明度、公开度不够。在国家层面推进决策体制变革过程中,党政部门各个层级的决策过程透明度在逐渐增加,村务公开、厂务公开、政务公开、党务公开逐渐成为大势所趋。但在有些地区和部门,决策黑箱问题依然存在。一些决策并没有经过少数服从多数的投票,没有公开听证,而是领导人或相关利益群体勾结的产物。这种情况,在健全的制度设计下,在完善的监督下会逐渐消灭。

三是决策评估机制、决策失误追究机制亟待完善和加强。新世纪以来,党和政府加强了决策评估和决策失误追究制度的建设。但决策评估机制和决策失误追究制度的建设还处在初级阶段,评估体系没有建立起来。决策失误追究制度的落实还存在不少问题,有些决策失误追究还仅仅停留在"小而杂"的层次上,对于大决策的失误追究并不明确。况且决策失误追究还只是"亡羊补牢",最佳时机还在于决策前的科学论证和协商沟通环节。

四是,存在决策方式明显分化,即中央坚持集体决策、地方延续个人决断的问题。近年来党中央和国务院进一步加强了决策民主化、科学化的举措,集体决策已成为国家行为。但在市区县、乡镇层面,较多地存在"一把手"决策现象,还没有在集体决策方面迈出实质性步伐。

(二)我国外资政策的复杂性为跨国公司与其他利益集团的较量提供了筹码

20世纪90年代中期以来,我国引资特别是外商直接投资取得了较大进步。在过去的十年里,中国一直是发展中国家吸引外资最多的国家。特别是中国于2001年加入世贸组织以后,吸引外资数量逐年上升,对我国经济产生了深远的影响。近年来,随着我国改革开放的逐步深入和根据我国加入世贸组织的承诺,外资政策逐渐放开,外资由刚开始时依靠国家信用为保证抑或包含有政治因素,演变成了跨国资本在寻找出路和追逐利润最大化,逐步回归到资本的原始冲动。目前我国的外资政策呈现出以下特点:①对外资的限制大幅度取消,国民待遇原则越来越明显;②对外资的优惠仍然很突出,但相应的规范和管理有所加强;③外资政策逐步与国际管理,特别是世贸组织的规则接轨;④中央单纯依靠优惠政策来吸引外资的倾向有所缓和,但地方政府的优惠引资策略没有发生根本性变化。根据世贸组织国际投资规则的要求和中国自身经济发展的需要,加入世贸组织后中国既要取消各种外资优惠政策,又要取消各种外资限制政策,即由既优惠又歧视的偏倚性外资政策转向既不优惠又不歧视的不偏不倚的外资政策。但是它不能用国民待遇原则来概括,而应该称为中性外资政策。这是加入世贸组织后中国外资政策调整的基本方向。

综观我国的投资环境,主要面临如下问题:

1. 存在过多的行政干预

受计划经济模式和国有经济体制的双重影响,我国各级政府习惯于对经济活动进行直接干预。在外商投资领域,政府也制定了一些管理制度。这些管理制度中的某些部分与市场经济原则和国际管理有一定的差别,构成了对外商经营权的掣肘。我国政府将投资领域分为三类,即鼓励投资领域、限制投资领域和禁止投资领域。鼓励外商投资的领域一般为对我国经济发展起到良好的促进作用但却难以获利的领域,如农业、环保产业、基础设施建设等;相反,对电信、银行、保险、批发零售业、专业服务等获利较大的行业进行限制进入甚至禁止进入。这种根据资本来源划分企业类型并管理投资准入领域的做法与世贸组织规则中的国民待遇原则严重背离,是阻碍外资进入我国的直接障碍。另外,对外商投资附加种种要求。我国企图利用外资企业解决本地区的社会经济问题,并且对外资企业的开业条件、贷款条件、获取许可证配额条件的要求也高于当地的其他企业,由此增加了外资企业的负担,造成了不平等的竞争条件,违反了国民待遇要求。虽然在逐步修改的有关法律条文中对部分要求进行了改动或删除,但同时在新近开放的领域内其附加要求仍大量存在。政府权力过大且缺乏有效监督也构成了对投资者财产保护的潜在威胁。

2. 市场经济法律体系不健全

我国的法律基础、立法程序、运行机制等仍未完全转向市场经济,有关法律法规中存在一些与市场经济原则相悖的条款,执行过程中也存在一些问题,对在市场经济环境中运行的外商投资企业造成了一定的阻碍。在法律、政策环境方面缺乏对外资财产的必要保护,这是制约我国引资的关键问题。

3. 政府的行政效率不高,存在官僚主义和腐败现象

长期以来,由于我国由于存在机构臃肿、职能交叉的问题,导致各部门政策、法规不统一,难以协调,造成申报、审批项目层次较多,费时长、效率低、缺乏透明度,这也是困扰外商投资的重要原因之一。

4. 无形资产的保护问题

我国外资无形资产的损害具有较大的现实性，其突出问题表现在外资无形资产评估困难，我国在无形资产评估方面法律规范的缺乏和可操作性较差，既容易造成外商资产的不确定性和流失，也容易造成对外商无形资产的忽视，这一状况亟待改进。

综上，一直以来我国的外资政策都反映出其矛盾的态度，既希望外资进入农业等获益较低的领域，又希望外资为我国贡献经济收益。因此，外资政策常徘徊于限制与鼓励之间。在缺乏强势的主导因素的前提下，我国外资政策成为政府与跨国公司、行业协会、国内企业等各利益集团之间讨价还价、通过让步和交换达成妥协的产物。近年来，跨国公司对华投资问题在我国国内涉及的利益群体越来越广泛，由此介入的利益集团也日益增多，如关注国内企业的工会、关注品牌保护的中国品保委、要求实行贸易保护主义的劳工集团、关注中国人权问题的人权集团，当然，最主要的还是关注自身利益的对华投资的跨国公司等。它们不仅在外资政策制定中对直接涉及自身利益的问题施加影响，而且对外资政策的任何一个方面都试图施加影响，以捞取相关方面的好处。我国国内各利益集团之间的拉锯战直接影响了外资政策的制定。

二、跨国公司的权力资源及作用途径

在众多的利益集团中，跨国公司凭借其所拥有的政治、经济权利成为最具实力、最有影响的利益集团之一。林德布罗姆指出："实业家享有三重优势：极其雄厚的资金来源、一切就绪的组织机构以及接近政府的特殊通道，这使得实业家在多头政治的竞争中，赢得了大的不成比例的胜利。"[1]目前利益集团影响政府决策的方式主要包括：政治捐赠、直接游说、向政府施压、发动基层选民、借助媒体手段影响公众舆论、利用听证会等场合陈述观点等。在上述过程中，跨国公司运用其掌握的权力资源，在与其他

---

① ［美］林德布罗姆：《多头政体——参与和反对》，商务印书馆，2003 年，第 37 页。

政治因素的角力中占据了特殊优势，在外资政策制定过程中发挥了实质性的影响力。

（一）经济资源

经济资源是跨国公司院外活动的强大物质基础。雄厚的经济实力使跨国公司比其他利益集团拥有更强大的物质手段去采取各种可能的途径参与到外资政策的制定中，包括政治捐赠、大规模的和有效的游说、进行媒体宣传、举办午餐会或研讨会增进与政界要员的联系等。例如在美国参众两院讨论通过对华永久性正常贸易关系议案的过程中，包括许多跨国公司在内的工商企业界花费一千二百多万美元进行游说活动，其中电视广告宣传费用高达 150 万美元，宣传范围覆盖 22 个州、106 个议员选区。跨国公司这一游说行为，充分证明了它们雄厚的经济实力。

（二）政治资源

政治资源是打通政界的特殊渠道。

第一，通过政治捐赠直接介入决策过程。这种做法在西方国家非常普遍。如 2000 年美国在给予中国永久性正常贸易关系的问题上，跨国公司就发挥了巨大的影响力。当时的众议院民主党领袖格普哈特原本强烈反对永久性正常贸易关系，认为美国最好的出口商品是"美国的价值观"，但后来转变了立场，原因就在于他希望从高科技公司那里筹集竞选连任款项，这一转变被院外集团称为"重大的转折点"。当共和党领袖、密西西比州参议员特伦特·洛特拒绝就给予中国永久性正常贸易关系进行表决时，以跨国公司为主的工商利益集团警告洛特，如不安排表决它们将推迟提供竞选捐款，迫使洛特改变了态度。

第二，政府和跨国公司之间的人员是双向流动的。在西方国家，有的总统候选人在得到跨国公司的支持竞选成功后，往往任命这些大企业的高级领导人进入政府部门担任要职，他们于是成为跨国公司在政府内的利益代言人。与此同时，一些国会议员和政府高级官员离职后，也常被利益集团或大企业以高薪聘为顾问或说客，如美国前国务卿基辛格离任后就曾作为许多大公司的国际事务顾问进行工作。他们为跨国公司提供政治咨询或出谋划策，跨国公司也往往利用这些人的政治影响力进行游说或宣传。

第三，跨国公司领导人往往与政界要员保持着良好的个人关系，使其多了一层特殊的公关优势。

（三）智力资源

智力资源是用来资助培养"政府的大脑"思想库的重要手段。跨国公司通过对多个重要思想库进行资金捐助，使它们的研究及政策主张不同程度地反映跨国公司的利益要求。如美国企业研究所在成立后的二十多年中，实际上是资助它的公司和财团的附属机构。该研究所近三十名理事会成员均是美国著名大公司的董事会主席和首席执行官，其经费来源的40%来自大公司企业，包括美国电话电报公司、通用电气、通用汽车等。为回馈捐助者，研究所承诺将最大限度地发挥为他们规划美国公共政策的作用。[①]凯托研究所的主要资助者包括联邦快递、微软、贝尔、埃克森、壳牌、辉瑞等大公司。另外，传统基金会也有相当一部分资金来源于大公司财团。美国国内自由派把企业研究所、凯托研究所与传统基金会并列为三大"公司资助型"思想库，认为这些思想库是"大企业主将自己的经济权利转化为政治权利的工具"。在促使克林顿政府将最惠国待遇和人权问题脱钩的游说活动中，美国企业研究所出版了《超越最惠国待遇》这本颇具影响的著作，力陈用人权这个武器压不垮中国，而是适得其反，取消最惠国待遇是一把双刃剑，美国自己也要吃苦头。相比政治捐款及游说，思想库的独特之处在于跨国公司能以更受尊敬的方式维护自身利益，并且游说活动主要针对决策者，特别是立法部门，而思想库的活动既针对决策者，

---

① 中国现代国际关系研究所：《美国思想库及其对化倾向》，时事出版社，2003年，第184页。

又针对普通民众。

（四）组织资源

组织资源可以增强集体行动的规模性和协调性。许多跨国公司都在中国首都北京设有专门的游说机构和游说集团，同时在某一方面有着相同利益的跨国公司还常常联合起来成立专门的组织机构，以更有效地进行游说活动。如美国企业圆桌会议就是著名的跨国公司院外活动集团，代表着 200 家美国最大公司的利益。①美中贸易联盟也是有影响的跨国公司院外活动集团，1994 年 4 月其联盟的四百多个加利福尼亚州公司会员，利用加利福尼亚州在总统选举中的独特位置（总统竞选连任必须获得加利福尼亚州的支持），致电总统：如果取消中国最惠国待遇将影响 17 亿美元的对华出口，加利福尼亚州将丢掉 3.5 万个工作岗位。1996 年成立的"加利福尼亚美中关系联盟"是由天合汽车集团和 IBM 公司组织、发起，包括波音、通用电气、通用汽车等在内的多家公司联合成立，其目标就是促使国会一劳永逸地无条件解决对华最惠国待遇问题，增进美国基层民众对中国的了解。②这些组织机构协调着跨国公司的行动，增强了它们的组织规模、凝聚力和对政策决策的影响力。

三、跨国公司对华投资的态度和立场

经济利益是跨国公司行为的动力和根本目标，跨国公司通过各种途径对政策决策施加影响的过程都是为了维护和扩大其现有经济利益，消除种种不利因素，为实现新的利益增长创造条件。但由于跨国公司对华投资动机及其在全球经营战略中的地位和考虑不同，对华投资所依据的经济优势不同，资本运作方式和周期不同，对中国市场的依赖程度不同，因

---

① 陈宝森：《美国跨国公司的全球竞争》，中国社会科学出版社，1999 年，第 40 页。

② 王勇：《最惠国待遇的回合》，中央编译出版社，1998年，第 289 页。

而在对华政策上表现出不同的态度、立场。

（一）在华长期投资的大规模跨国公司

在华进行长期和大规模直接投资或在华有着重大进出口利益的大型跨国公司,对中国市场有一定程度的依赖性,关注点多在于对长远经济利益及长期经贸关系的战略考虑, 其立场一般都主张对华实行连续稳定的贸易政策,并致力于推动中美经贸关系的长期稳定发展。这些跨国公司由于资本投入大且运作周期较长,其经济效益的实现需要一个较长的时期,在遇到意外情况时难以迅速回收资金和转移资产,资本的避险能力较低,所以降低投资风险、稳定投资环境是其重要考虑的问题。而且以生产性资本为主的直接投资,加深了母国与东道国之间经济的相互依存关系,客观上要求稳定连续的贸易政策支持。比如在波音公司约占有中国飞机市场的66%、每生产3架飞机就有1架销往中国的情况下,必然关注中美贸易政策及经贸关系状况, 致力于中美间长期稳定的贸易政策与经贸关系的发展。[①]正因为如此,这些跨国公司不仅在最惠国待遇等中美贸易领域内的基础和关键性问题上发挥了重要作用,在其他方面,特别是容易产生摩擦的知识产权、市场准入等问题上也作出了积极努力,反对强硬的对华贸易制裁,以维持正常的贸易秩序为底线。1996年中美知识产权谈判陷入僵局时,美国扬言对中国实施制裁,包括美国杜邦、福特汽车公司等在内的美国最大的100家公司负责人组成的美国商务委员会与政府高级官员进行对话,反对政府采用制裁手段而主张以其他方式解决与中国的分歧,同时要求政府保证知识产权制裁的影响不会波及其他商业领域,并避免因此类具体问题的分歧影响中美之间更广泛的经贸关系。

总体来看, 这些跨国公司在中美经贸的各个领域都基本主张对华友好,并致力于促进中美之间经济关系的长期稳定发展。随着中国国内市场的进一步开放和投资领域的扩大, 这些在华有着直接投资利益和重大进

---

①　冼国明、张岸元:"跨国公司与美国国会对华政治",《世界经济》,2004 年第 4 期。

出口利益的跨国公司，有可能成为美国支持其母国与我国经贸关系发展的最为主要和稳定的力量。

（二）从事一般性进出口贸易的跨国公司

侧重一般性进出口贸易的跨国公司的关注点在于具体领域的贸易利益和某项具体外资政策，立场较为灵活。由于商业领域资金运作周期较短，对风险不像大规模投资那样敏感，通常情况下，这类公司更关注与自身密切相关的某项具体政策，看重的是立竿见影的眼前利益。对华最惠国待遇是它们最关心的问题，如果取消对华最惠国待遇意味着它们将失去整个中国市场，因此在对华最惠国待遇问题上它们都积极介入，主张无条件给予中国最惠国待遇。随着我国加入世贸组织，以及母国对华贸易政策基调相对稳定，这些跨国公司参与母国对华贸易政策决策的热情很可能随之下降。如果未来进行对华直接投资或加大已有经贸活动力度，那么它们将继续发挥对贸易政策的作用。但目前来看这类跨国公司只对涉及自身利益的某项具体贸易政策发挥影响，在促进母国与我国双方形成长久稳固的经济关系方面作用有限。

（三）高新技术跨国公司

高新技术跨国公司的关注点主要在于技术垄断效益及相关知识产权问题，立场具有两面性。一方面它们觊觎中国市场带来的巨额垄断利润，另一方面要极力保护其垄断利润的源头——独占性的技术资源，这决定了它们对华立场的两个层面。一方面，它们主张维护母国与我国之间正常的贸易关系，比如像美国国际电话电报公司、惠普公司等科技含量较高的跨国公司，在处理给予中国永久正常贸易关系问题上加入支持一方，是期望这一法案的通过能够带来未来中国市场的低税率、销售网络的扩大以及促进知识产权保护问题的解决；另一方面，在知识产权保护问题上它们要求美国政府实行强硬策略，在中美知识产权谈判过程中对政府部门施加压力,甚至支持对华报复措施。这在一定程度上导致中美贸易摩擦的加剧,对中美经贸关系产生了消极影响。

需要指出的是,这些跨国公司虽然在与自身利益密切相关的问题上支持美国政府对华强硬,但态度又有所不同。与高科技直接相关的跨国公司坚决主张对华强硬,科技含量相对较高的跨国公司虽然也支持对华强硬,但大多数公司主张的对华强硬是有限度的,即维持中美正常贸易关系,希望在不影响中美正常贸易关系的前提下,获得中国方面在相关问题上的让步。可见,对于高新技术跨国公司来说,其技术垄断因素在经济收益中所占的比重仍是决定其对华立场的主导因素。

总之,对于跨国公司来说,只有永恒的利益,没有永恒的立场。不论在外资政策上主张服从安排或是阳奉阴违,其对华投资的立场都是随着利益驱动和形势变化而转换。我国政府在制定外资政策时应着眼于跨国公司的具体利益指向和目标,通过吸引跨国公司加大大规模生产性资本的直接投资力度、利用政府采购和高层公关等加强与跨国公司的高层人物、组织协会、院外活动机构的联系等,积极调动跨国公司各方面的有利因素为我国的政策目标服务,使跨国公司成为影响我国外资政策、稳定和发展国际经济关系的积极力量。

第二节　跨国公司对外资政策的影响路径

一、中国政府管理体制的特点

相比较一些西方发达国家的政府管理体制,中国政府管理体制具有以下特点:

(一)中央集权的管理体制

中国已经由高度集中的管理逐步过渡到实行各种形式的在中央统一

领导下的分级管理，但是中央集权仍然是中国政府管理体制最重要的特点。这表现在中央—地方关系上，中央政府起主导作用，也表现在政府机构中，权力集中于最高层。中央集权的政府管理体制得益于以中国共产党领导为核心的政体以及各种制度和机制的设计，它保证了国家的统一和中央政策的顺利执行，但也在一定程度上可能会抑制地方的积极性和创造力。

（二）政府过度干预经济

中国政府干预经济始于计划经济时期对经济的全面控制。尽管政府不断调整职能，减少对经济活动的干预，但仍有进一步改革的空间。政府是经济的参与者，目前政府仍掌控一定数量、相当规模的国有企业，这些国有企业投资对民营资本产生了挤出效应。政府对微观经济运行管制较多，有进一步放松管制的必要。最重要的是，中央政府把国内生产总值增长作为战略目标之一，导致地方政府形成推动国内生产总值增长的战略，并参与战略执行，其结果必然是地方政府较深地介入经济的运行。

（三）粗放式管理

这一特点与前两个特点相关。正是因为中央集权的管理体制和政府过度干预经济，政府特别是中央政府拥有很大的管理权限，有待处理的行政事务繁多。为了尽快处理事务，以免影响经济社会的运转，有时难免会出现粗放式管理的现象，造成部分行政决策质量不高，无法达到精细化管理的要求，也引起了社会各方面的批评。

（四）管理而不是服务

中国政府提出了构建服务型政府的目标，但仍然更多具有管理而不是服务的特点。这具体表现为在权力的运用方向上是自上而下而不是自下而上,权威的基础来自于政府的法定权力。在政府部门和私人部门的关系上, 政府部门居于支配地位, 私人部门要顺应政府的要求才能得到发展。提出要构建服务型政府说明中国政府目前还不是服务型政府。

需要指出的是,经过三十多年的改革开放,中国政府管理体制也在不断演进和完善,虽然以上这些特点依然存在,但是在程度上和改革开放之初相比已有很大变化。

二、跨国公司推动下的中国政府管理体制变迁

本书拟构造一个三主体模型,来阐明跨国公司如何推动中国政府管理体制的制度变迁。模型中的三个主体分别是跨国公司、中央政府和地方政府。这里将具体分析三主体各自的目标、推动中国政府管理体制制度变迁的根本动力,以及推动制度变迁的动态进程,见图5.1。

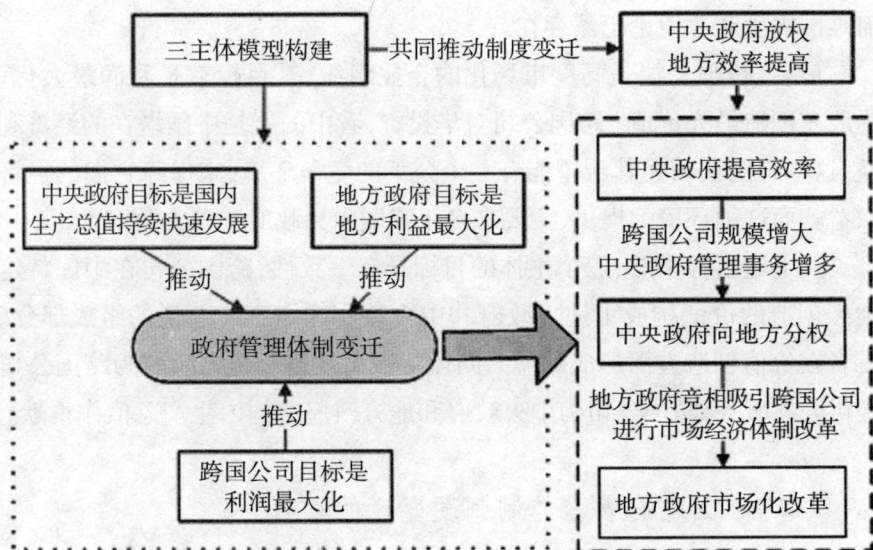

图 5.1　跨国公司影响下的政府管理体制变迁三主体模型

（一）制度变迁的主体及其目标

模型设定三个主体有不同的目标。虽然三个主体都有多种复杂的目标，但为了分析需要，本书将模型进行了简化处理。

首先，中央政府的目标是国内生产总值持续快速增长。国内生产总值是一国在一年内创造的最终产品和服务的价值总和，它在很大程度上反映了一国创造财富的能力。国内生产总值持续快速增长的结果是人们收入水平提高，可供人们消费的产品和服务的数量和种类增加，综合国力不断提升。所有这些都增强了政府施政的合法性，巩固了政府的权威。

其次，地方政府的目标是国内生产总值最大化。因为国内生产总值持续快速增长是中央政府的战略目标，地方政府会努力使本地区国内生产总值最大化，以获得中央政府的肯定。尽管近年来中央政府已不再将国内生产总值看作唯一的发展目标，引入了可持续发展的理念，但一些地方政府唯国内生产总值论仍然存在。

最后，跨国公司是高度市场化的企业组织，其目标就是利润最大化，为股东创造最大价值。跨国公司对华投资，看中的就是中国潜在的经济利益，这些跨国公司尤其希望能有一个公平的竞争环境，来保障它们的经济权益。而这种环境的提供，主要来自于我国中央政府和地方政府。

从上述目标来看，三个主体的目标具有一致性，跨国公司在中国特定地区创造的价值构成了地方政府和中央政府国内生产总值的组成部分。三者在价值创造方面形成利益共同体，中央政府和地方政府为跨国公司提供公共服务，跨国公司为中央政府和地方政府的国内生产总值作贡献。

（二）中国政府管理体制制度变迁的动力

在模型中，推动中国政府管理体制制度变迁的根本动力来自于进入中国的跨国公司总体规模的持续扩张。跨国公司总体规模的扩张包括两个方面：现有跨国公司规模的扩张，这源于现有跨国公司的再投资；新的跨国公司进入中国,这源于先进入中国的跨国公司带来的赚钱效应,这对原来观望的跨国公司形成吸引力。

随着跨国公司总体规模的持续扩张,与跨国公司相关的政府管理事务日益增加。跨国公司进入中国某一地区进行经营,涉及中央政府和地方政府众多的部门,包括土地、规划、投资审批、环境评估,以及道路、水、电、电信、垃圾处理等一系列公共服务等。这些都大大增加了政府的工作量。如果政府管理不相应进行适应性调整的话,管理事务的增加必然导致政府效率的下降。

跨国公司进入中国投资,是被中国良好的经营环境所吸引。一方面,中国的生产要素价格便宜,劳动力、土地、公共服务等的价格都大大低于西方发达国家;另一方面,中国拥有一个持续增长的市场,十几亿人收入的增加将为企业发展带来难得的机遇。这些都对跨国公司有很强的吸引力。但是如果中国政府管理体制不改革,行政成本的增加将抵销要素价格便宜和市场增长带来的利益,最终跨国公司的总体规模将停留在某一水平不再扩大。

这就意味着,中国跨国公司总体规模将受制于政府效率。一方面,如果政府通过管理体制改革,提高了政府效率,行政成本就会下降,这有利于跨国公司规模的扩张。由于无论中央政府还是地方政府都希望国内生产总值能够不断增长,改革政府管理体制,提高政府效率,就成为中央政府和地方政府共同的追求。另一方面,从跨国公司的角度来看,由于提高政府效率有利于企业利润的增长,它们也会通过各种渠道对政府施加影响力,推动政府管理体制的改革。

跨国公司具备的三个特征,使得跨国公司能够对中国政府管理体制制度变迁施加足够的影响力。首先,跨国公司规模巨大,在全球经济中有举足轻重的影响,再加上跨国公司是全球先进技术和管理经验的载体,跨国公司就成为各国政府竞相追逐的优质资源。雄厚的实力使跨国公司有资格与政府谈判,从而可能对政府管理体制产生影响。其次,跨国公司实施共同的全球战略,下属机构分布在多个国家或地区,能在全球配置企业经营资源。如果中国经营环境相对恶化,会引起跨国公司资本的流出,这对中国政府形成一定压力。最后,跨国公司是高度市场化的经营实体,会要求中国政府提供市场化的经营环境。

(三)政府管理体制制度变迁的进程

跨国公司对中国政府管理体制制度变迁的推动是一个长期的过程,可以分为三个阶段。

1. 第一阶段:中央政府提高效率

跨国公司初次进入中国的经济生活时,中国仍然实行高度集中的计划经济体制。为了适应在市场经济体制中成长、壮大、发展的跨国公司,政府管理体制必须要作出一定的调整,相应的制度涉及土地、金融、外汇和基础设施等。这些政府职能的转变,首先是为了保证跨国公司在中国的生产经营能够正常运转,但客观上造成政府管理体制向适应市场经济要求的方向转变。考虑到一开始跨国公司的总体规模不大,也为了避免对当时政府管理体制的冲击,采取了特事特办的方式,对跨国公司的相关管理权限主要是在中央政府。

随着跨国公司规模的持续扩张,涉及跨国公司的管理事务日益增加。在既有体制下的职能调整,如果不增加人员和编制,就会增加相关人员的工作负担,导致工作的积压和效率的下降;如果增加人员和编制,又会打破原有部门的结构平衡。此外,政出多门也会造成政策协调的困难。这样,就有必要组建专业部门,对跨国公司事务进行协调和管理。专业部门和专职人员的存在,能够大大提高政府的行政效率。

2. 第二阶段:中央政府向地方政府分权

随着跨国公司不断涌入中国,跨国公司规模持续扩张,涉及跨国公司的事务也更为繁重。尽管跨国公司规模很大,但仍然属于微观经济部门,相关事务具体、烦琐,如果仍然由中央政府集中管理,不但信息沟通不畅,而且增加了中间环节。如跨国公司要先和地方政府部门打交道,然后再由地方政府向中央政府报告,等待批示,这样会费时费日,效率不高。此外,中国不同地区情况差异很大,跨国公司具体经营项目也是千差万别,由中央政府集中管理,不利于地方政府积极性的发挥。在这种情况下,地方政府和跨国公司都会要求中央政府减少管理权限,向地方政府下放权力,中央政府也会顺应这种要求。其结果是,中央政府主要进行宏观管理,一些具体事务逐步交由地方政府管理。

3. 第三阶段:地方政府效率提高和市场化改革

在拥有更多的管理权限后,地方政府的积极性和主动性大为增强。跨国公司是地方经济发展的重要力量,不仅本身能够创造高额产值,而且能够带动上下游产业的发展。为了实现国内生产总值最大化的目标,地方政府开出种种优惠条件,把吸引跨国公司当成重要的工作,这必然造成地方政府间的激烈竞争。在土地价格、税收优惠等方面相当的前提下,通过管理体制改革提高政府效率,形成难以模仿的核心竞争力,是地方政府竞争取胜的有力武器。在此过程中,地方政府渐进地进行了社会市场经济体制改革。

地方政府逐渐向服务型政府转变。跨国公司规模巨大,拥有很大的影响力和权力,在地方经济中扮演举足轻重的角色。地方政府为了吸引跨国公司,并使它们安心在本地区生产经营,就要提供优质的公共服务,这样政府和企业的关系逐渐由传统的上下关系向更加平等的关系转变。

三、跨国公司对我国外资政策的传导路径

所谓影响路径,我们可以这样理解,即它像一个导体一样,有始端和末端,当始端发生变化时,就会将这种变化情况传递到末端。当然,影响路径并不仅仅包括始端和末端,始端的变化要传递到末端,还需要通过一系列中间环节,即从前一个环节传递到后一个环节,后一个环节再传到下一个环节,最终到达末端。概括而言,影响路径是指一个包含着始端、末端以及一系列中间环节的传递过程。尽管跨国公司和政府各自追求的目标存在着一定的差异,但是在市场经济条件下,跨国公司和政府不可避免要相互依赖。政府总是依赖跨国公司以实现充分就业和经济增长等基本经济目标以及相关的经济战略。由于政府的政策和规制对于跨国公司是否盈

利有很大影响，所以跨国公司会通过各种努力来影响中国外资政策的全过程，使得政策对于自身有利，从而建立竞争优势。由于我国政策过程的各个阶段都不是截然分开的，在每个阶段都可能存在反馈。政府在政策过程的不同阶段都要和政策对象进行博弈。①而我国的政策目标有时带有模糊性，政策执行也可能出现各种难以预测的后果，因此政策决策者不得不随时对此作出响应和调整，这就使得政策表现出不稳定的特征。不过也正是由于政策"微调"的原因，中国的整个改革进程呈现出"渐进主义"的特征，使得跨国公司对政策过程的影响处于可控的范畴内。

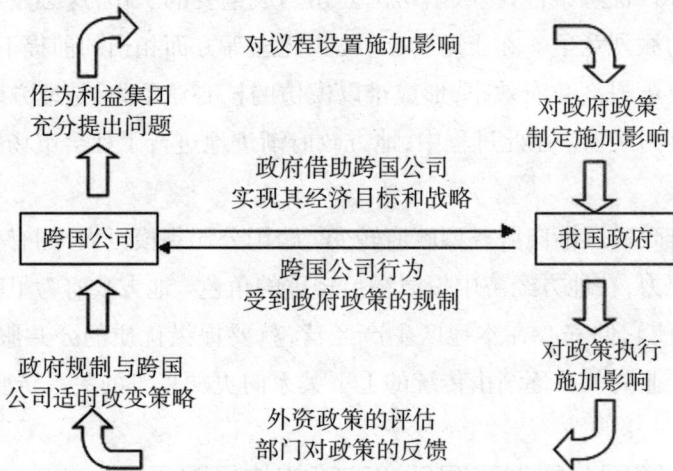

对议程设置施加影响

作为利益集团
充分提出问题

对政府政策
制定施加影响

政府借助跨国公司
实现其经济目标和战略

跨国公司 ← → 我国政府

跨国公司行为
受到政府政策的规制

政府规制与跨国
公司适时改变策略

对政策执行
施加影响

外资政策的评估
部门对政策的反馈

图 5.2　跨国公司影响外资政策的传导机制

　　图 5.2 显示了跨国公司对中国外资政策的影响路径。跨国公司进入中国市场后，为获得利益，除了采取扩大投资、并购竞争对手等常用的经济手段，还会以种种政治行为来影响政府的政策，使政策有利于自身的发展、壮大。这种影响几乎发生在政策过程的各个环节。首先，跨国公司作为利益集团，有着其他利益集团无可比拟的各种优势。中国改革开放后，跨国公司纷纷进入中国进行投资，与中国政治和经济生活的联系越来越紧

---

① ［英］米切尔·黑尧：《现代国家的政策过程》，赵成根译，中国青年出版社，2004 年，第 20~21 页。

密。它们在政治生活中明显比国内企业集团活跃,经常参加政府举办的各种活动,在公开场合表达自己的意见,充分表明自身的立场,使得中国政府非常清楚其在不同时期的想法和要求。一些大型公司往往配有顾问班子,专门分析我国出台的各种政策,并负责实地考察与调研,编写调研报告送交政府部门参考。这类跨国公司会经常向政府部门提出它们感兴趣的问题,如税收优惠、产业调整等。

其次,在充分提出问题后,跨国公司会进一步对中国外资政策的议程设置施加影响。跨国公司充分了解中国共产党在中国政策过程中的重要地位,它们会以每五年一届的党代会作为突破口,影响议程设置,将有利于自身的议程摆在优先解决的地位。跨国公司还会积极参与中国政策出台前的听证会和研讨会,由于跨国公司对华投资会对中国经济发展和技术进步起到巨大的推动作用,因此各级政府部门都会重视跨国公司的提议,并将这些提议纳入政府优先考虑的议事日程。

再次,跨国公司将进一步影响外资政策的执行。由于政府部门是外资政策执行的主体,跨国公司常常通过游说政府官员、联合组建行业协会对政府施加压力,以及通过资助文教事业与政府部门建立良好的合作关系等方式来影响政府对外资政策的执行。当政府接受了这些信息后,就会改变原有的对跨国公司不利的政策,进而形成新的有利于跨国公司自身利益的外资政策。如加快对跨国公司在华投资的审批速度,放宽投资领域限制等。当然,在这一影响过程中,如果跨国公司采取的方式方法违背了中国的根本利益和外资法律,也会遭到政策的规制,从而使得跨国公司适时改变原有策略,迎合中国政府的要求,避免制裁。可以说,这一影响路径是跨国公司与中国政府互动的结果,双方都是在讨价还价的过程中,照顾到彼此的最大利益,从而形成双赢的利益格局,而外资政策就是这一利益调整的最终结果。

第三节　跨国公司对我国外资政策过程的影响

改革开放初期,中国政策过程是在一个封闭的环境下进行的,从政策问题的提出、议程设置、政策的制定和执行到政策评估,多是政党、立法机构和政府部门操办,社会公众和利益集团的参与不多。随着中国日益与国际接轨,外资政策已无法适应国际形势的变化,发挥的作用越来越有限。在中国市场经济不断发展的进程中,跨国公司对华投资规模逐渐扩大,它们以其独特优势,在影响中国外资政策过程中发挥了重要作用。

一、政策过程——分析跨国公司对华投资的新视角

一般而言,完整的政策过程需要经过五个阶段:①问题的提出,即将社会中存在的所有问题,经过利益团体、社会公众以及政策分析、制定与执行人员等充分发现并提出;②议程设置,即决定什么问题进入决策者考虑的范围,以及各个问题之间的优先等级;③政策制定,由立法机构、行政机构决定采纳某一项解决方案;④政策执行,被采纳的方案由行政部门付诸实施;⑤政策评估,由专门的机构与人员按照严格的程序和规范对该项政策进行评估,考察该项政策是否科学、有效。如图 5.3 所示,在整个政策过程中,任何一个阶段都至关重要。①通常情况下,跨国公司在问题的提出阶段充当了重要角色,它们与政府关系良好,并有较强的话语权,提出的意见和建议往往能够被采纳。但是只有当通过跨国公司的行动向政府有关部门提出,政府又试图采取行动去解决时,才会把它列入政策议程。此时,该问题就成为政策问题。尽管问题的存在是客观的,但政策问题的构建却有主观因素,政府部门往往对政策问题加以选择性地确认。政策问题被确认后就进入政策制定阶段,它是整个政策过程的核心。政策在经过某些合法化程序并被采纳后,即进入政策执行阶段。政策执行是把政策规定的内容转变为现实的过程。政策执行是政策过程的一个重要环节,一项好的政策如果得不到严格的贯彻执行,它的效用就无法体现出来,政策目标也就无法实现。政策执行后,是否达到了政策制定者预期的目标,该项政策给企业和社会带来了什么样的影响,政策的前途如何,是继续执行、进

---

① 严强、王强:《公共政策学》,南京大学出版社,2002 年,第 221 页。

行调整,还是马上终止,这就是政策评估的内容。

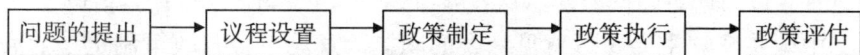

| 问题的提出 | → | 议程设置 | → | 政策制定 | → | 政策执行 | → | 政策评估 |

图 5.3　政策过程示意图

资料来源:严强、王强:《公共政策学》,南京大学出版社,2002 年,第 221 页。

　　一个完整的政策过程是由众多要素构成的,包括立法机构、执行机构和评估机构等。立法机构是指依法最终作出政策决定并承担相应责任的机构和人员,如立法机关、中央或地方政府机关的首脑等。有时候,一些直接参与最终决策的高级顾问人员也属于这一范畴。一个国家或地区在重大政策制定中经常担任直接决策者的机关和人员构成了政策过程的中枢决策系统。执行机构是指政策付诸实施的机构。政策的执行与制定是分不开的,一项政策若要取得成功,需要执行机构及其工作人员在执行过程中根据本地区、本部门的具体情况付诸行动;同时政策的制定不是一次性的,往往需要根据执行后的反馈信息对原政策进行修订和调整。评估机构分为两类:一是对政策制定阶段各主体的行为进行评估并对政策方案进行审查的机构;二是指在政策颁布实施后,协调、监控与促进政策的执行,密切关注其执行后果的机构,如为促进某项政策的有效执行而设立的"办公室"、"领导小组"等,这些机构不直接参与政策执行,而是对执行机构进行指导和评估。

二、中国政策过程的特点

(一)中国的政策过程以中国共产党为主导

　　中国共产党作为执政党,是我国政治系统的领导核心。[①]我国现行的政治体制中,党处于国家权力结构的最高层级,具有最终的决策权、领导权、

---

　　① 王长江:《现代政党执政规律研究》,上海人民出版社,2002 年,第 180 页。

指挥权、否决权。政策制定和执行的过程,可以理解为是以中国共产党为首的所有履行当代中国社会公共权力的组织机构的决策与执行的过程。①

中国共产党主要履行意见综合的职能。意见综合与政策制定是前后衔接的两个阶段。意见综合并不是决定,而是提供决定者用于决策的一系列政策选择。虽然在某些条件下,综合的结果形成了唯一的选择,但选择毕竟是选择,因为它是方案而不是决定。由于政策选择往往是指导性、方针性、原则性的,不是具体的,并不刻意解决操作中的具体规定。操作问题留待政策制定和执行环节去解决。比如党的十一届三中全会以来,中共中央就农业、经济体制改革、精神文明建设,乃至社会主义市场经济问题都作出过一系列"决定"。这些党内的决策工作相对政策过程来说是方针性的、指导性的,具体操作性的内容则由全国人民代表大会和政府机关来完成。可以说,意见综合是一种以社会为背景的、协商性的、带有"讨价还价"色彩的过程,是一种社会活动;而政策制定是一个局限于国家范围内的、严密的法律过程,或者说是按照法定的程序作出的。在中国这样一个共产党领导下的多党合作制度的国家,执政党提供的政策选择经过法律程序基本上都能成为决策。可以说,当代中国的政策决策是由共产党作出的,"共产党是当代中国政策过程中核心的、主导的体制化政治结构","是当代中国政策过程的中枢结构,中共组织实际上……决定着利益表达、综合、决策和执行的全过程"。②

(二)人大在政策过程中的决定作用

人民代表大会制度是我国的根本政治制度。人民自下而上民主选举产生自己的代表,组成国家权力机关,行使国家权力。国家行政机关、检察机关都由人民代表大会产生,对它负责,受它监督。根据宪法,全国人大及其常委会具有立法权。改革开放以来,全国人大及其常委会开展了卓有成

---

① 王满船:《公共政策制定:择优过程与机制》,中国经济出版社,2004 年,第 22 页。

② 胡伟:《政府过程》,浙江人民出版社,1998 年,第 83、98 页。

效的立法工作。全国人大常委会对于政策草案的审议，由最早的一审通过，到二审通过，进而发展为现在的三审制，在实践过程中，有些政策草案还经历了四审乃至更多次的审议。我国实行"议行合一，相互分工"的政治体制。与西方国家相比，我国全国人大作为立法机关所拥有的权力更大，在政策过程中拥有更多的决定权。人大代表参与政策过程主要是通过历届人民代表大会实现的。全国人大常委会将年度立法、专题调研等工作安排，通过一定的方式告知代表，以便代表根据本人的情况参加相应的全国人大代表活动。政府在出台政策时，通过召开座谈会、听证会等形式，广泛听取全国人大代表的意见，充分了解民意，发挥了人大代表在问题的提出以及议程设置时的重要作用。当政府制定了某项政策法案后，人大代表还会利用审议政策草案的权力提出否决票来影响政策的制定。此外，人大代表还随时通过民意了解并监督政策的执行情况。可以说，全国人大在政策过程中参与了 "人大代表提出问题——回应议题设置——了解政策执行情况——修正有关政策"等环节。①全国人大作为最高国家权力机关，是完成立法过程所必须履行的法律手续，它发挥着"政策合法化"的重要作用。

（三）政府在政策过程中发挥重要作用

在中国的政策过程中，政府作为重要的政策制定和执行主体，在政策过程的各个环节均发挥着重大作用。首先，社会问题总是层出不穷，往往是旧的问题还没有解决，又出现了新的问题，而现有的行政资源是有限的，政府解决问题的能力以及所拥有的物质条件也是有限的，所以对这些问题要有选择性地解决。②在中国，政府以外的利益团体由于渠道的限制、信息不充分、自身地位的制约等原因将自身提出的问题上升为政策问题是成本很高的过程。相反，政府部门在信息的拥有、利益表达渠道的通畅、

---

① "进一步加强和完善人民代表大会制度等 8 则"，江苏人大网，2007 年第 12 期，见 http://sx.js-rdgov.cn/jsrdportal/portal/portalShow.html?siteNumber=1&classKey=10298&articleNo=38510。

② 朱光磊：《当代中国政府过程》，天津人民出版社，2002 年，第 133 页。

拥有决策权等方面处于优势地位。因此,政府在决定政策问题和设定政策议程方面起决定性作用。由于政策制定的主体是政府部门,因此那些被政府认为是重要的问题, 或与官员自身利益密切的政策问题往往容易列入政策议程而被优先考虑。在现实生活中也可以看到,在全国和地方各级人民代表大会和政治协商会议上, 各级人大代表或政协委员就人民群众普遍关心的问题提出的许多议案、意见和建议并非都能列入政府议程。当政府关心的政策问题被列入议事日程后,政府作为政策的制定和执行主体,也会充分考虑该政策能够带来的收益。

(四)地方利益和部门利益在政策过程中的特殊地位

改革开放以来,中央政府向地方政府以及国务院各部门下放权力,但既有的利益格局一时难以打破,因此地方政府和各部门与本地方、本部门的利益状况存在着较紧密的共容利益。这就导致在政策过程中地方政府和各部门往往成为各自地方和部门的利益代言人,如对本地区资源、市场的行政性保护以及为了维护本行业、本部门利益,设置市场准入障碍,防止竞争者进入。这种地方和部门利益往往破坏了竞争,制造垄断,排斥了市场经济机制的正常运转。它在短期内虽然会使本地方和部门获得一定的利益,但却是以损害长远利益和公共利益为代价的。①

可见,中国的政策过程是共产党、人大和政府三位一体的政策过程。在任何给定的公共政策领域都涉及各个层次政府的许多项目,也涉及社会、企业,甚至是个人的研究和行动计划。政策所涉及的行为者,包括大小不一的利益集团,不同层次的政府机构、立法机构以及社会的方方面面。这些行动者都有不同的价值观或者利益,对同一情形有不同的看法,而且还有不同的政策偏好。②从总体上讲,跨国公司设法进入这一政策过

---

① 吴小莹、蒲爱平:"论公共政策制定过程中的政府利益",《延边党校学报》,2009 年第 2 期。

② 毛寿龙:"西方公共政策的理论发展之路及其对本土化研究的启示",《江苏社会科学》,2004 年第 1 期。

程,力图影响政策问题的提出、议程的设置、政策的制定和执行以及评估。跨国公司几乎在中国政策过程的各个环节都对中国的外资政策产生影响,但由于地方利益和部门利益对外资政策过程起重要的作用,跨国公司热衷于和地方政府以及各部委"拉关系",以影响外资政策的制定和执行。

三、跨国公司影响政策的动机

通常情况下,根据东道国的实际情况,跨国公司对外直接投资会具有不同动机。最常见的有如下三种类型:

第一,市场导向型对外直接投资。这种类型的对外直接投资的区位竞争及投资转移的情况不多。在全部的对外直接投资中,市场导向型对外直接投资占有较大比例。在投向发展中国家的直接投资中,这种类型的对外直接投资所占比重不断提高。许多国家的市场规模和收入的增长也为对外直接投资提供满足这些消费和服务需求的市场。这意味着市场导向型对外直接投资增长潜力巨大,不仅仅局限于少数国家和地区。而且伴随许多发展中国家在电信、电力等领域自由化进程的加快,基础设施领域大规模的对外直接投资已经出现快速增长。如同商品一样,服务也可通过贸易和对外直接投资服务于外国市场。但这类贸易发生的一个主要障碍来源于服务的本质,即服务是无形的,而且是不可存储的。服务的这种性质,限制了服务的可贸易性。所以提供服务的一个替代方式是投资。也就是说,企业可以建立一些境外设施,直接向当地消费者提供服务。因此,这类对外直接投资进入的市场是很难转移的。因此,东道国之间一般不存在直接的对外直接投资竞争。

第二,资源导向型对外直接投资。这一类重要的对外直接投资是自然资源导向型。这类对外直接投资具有区位特定的性质。资源导向型对外直接投资,长期以来投资于那些具有特定资源禀赋的国家。包括发达国家和发展中国家在内,这类资源导向型的对外直接投资在全部对外直接投资中只占 10%,并且有不断下降的趋势。①

　　第三,出口导向型对外直接投资。与上述两种类型的对外直接投资不同,这类对外直接投资更多是出于对成本的考虑。在经济趋向全球化的今天, 尤其是经过数十年的贸易自由化以后, 投资者选择区位的余地非常大。从实际情况来看,这类对外直接投资的竞争确实存在。不过这种竞争还受到一定程度的限制, 其激烈程度取决于这些低成本国家是否可以满足对外直接投资所严格要求的效率和后勤保障能力。

　　尽管不同类型的外商直接投资互有差别,但在一个变化的市场中,特别是像中国这样的发展中大国, 可能在一个市场中就有多种类型的外商直接投资。而且即使是某一类型的外商直接投资,可能随着时间的变化,其投资动机也会发生变化。不论是哪种类型的投资,跨国公司的直接动机都是实现其自身利润的最大化。由于东道国的外资政策能够对跨国公司利润产生直接的影响, 因此在华投资的跨国公司自然会想方设法地影响东道国的政策,这同时也是其实施一系列内部化行为的基础。而跨国公司利润归根结底就是销售收入与支出成本之间的差额。所以对跨国公司利润产生影响就是对它的销售收入和成本进行影响。假设跨国公司的产品在市场上的销售价格为 P,销售数量为 Q(为了简化,并且可以清晰呈现政治因素对于企业利润的影响,这里排除市场因素,采取比较静态的分析方法,假设生产数量＝销售数量),销售收入为 R,成本为 C,利润为 π,于是有:

$$R=PQ$$

$$\pi = R - C = PQ - C$$

　　跨国公司经营的目的在于使得 π 最大,于是 P 和 Q 就是与利润正相关的要素,它们越大,跨国公司利润越大;而 C 则是负相关的,它越小,跨国公司利润越大。②而外资政策对于这些要素(跨国公司产品价格、产品数量、投资行为、行业竞争格局等)均会产生深刻影响,这就使得跨国公司产生了影响政策的动机来达到提高其在华利润的目的。

----

　　① 杨先明、黄宁:"我国资源型对外直接投资面临的挑战与对策",《经济界》,2010 年第 6 期。

　　② 王亮、赵定涛:"企业政治行为对管制动态均衡的隐蔽性影响",《公共管理学报》,2007 年第 2 期。

（一）规避风险

对外投资的风险可分为政治风险和经济风险。跨国公司在对外直接投资中往往着重考虑如何在东道国规避风险。跨国公司可能会遇到国际经济和经营方面的种种风险，主要有汇率风险、利率风险、经营风险、通货膨胀风险，还会遇到因国际政治变动而引起的风险，如东道国政府变更或改组的风险、政策变动的风险、法律对抗风险、政治动荡及战争风险等。对于经济风险，跨国公司主要以多样化投资方式规避风险，即将投资资产分散到不同的地区和产业。有的跨国公司采取多产业混合式对外投资，其投资涉及范围广泛的不同产业，生产种类不同的产品。从这种投资行为出发，跨国公司对外投资从总体上看并不是追求利润最大化，而是只追求稳定的利润。一般情况下，经济风险与跨国公司的决策选择有关，跨国公司可以通过有效的资产配置将经济风险尽可能降到最低限度。而政治风险是由东道国政治、政策、社会等方面的不稳定因素所引起的。

所谓政治风险，即由难以意料的"非市场"力量所造成的政治变革，使企业环境出现不连续或中断情况。由于这种中断情况难以事先预料，但却影响企业经营，故构成风险。因此，东道国的政治环境一直为跨国公司所关注。对于政治风险，跨国公司一般没有办法直接干预，只能通过自身努力尽量避开这些风险，不在或少在政治风险较大的国家里投资。因此，在投资决策过程中，政治风险是比经济风险更需要跨国公司认真考虑的因素。跨国公司在选择东道国和制订投资计划时，往往要仔细考虑涉及政治风险程度的若干因素，如母国与东道国在外交、军事上的密切程度，东道国的政治稳定性、国有化的可能性、工会运动的传统等。在进入东道国投资之前，首先关心的是东道国的政治稳定性及可能发生的政治变更对投资的影响程度，仔细考察东道国政府的政策条文和政策意图。如果东道国经济和政治不稳定，政策变动频繁，东道国政府进行正确决策的能力较低，市场机制不完善，则不利于跨国公司进行大规模的长期投资。这种情况使跨国公司偏重考虑投资的风险，即使存在市场机会和政策优惠，也不敢贸然投资。在未能充分估计东道国风险之前,利润机会很不确定,最大化利润的跨国公司大都不会鲁莽行事,而是先与东道国政府"联络感情",在取得足够的信任和有利政策后才进行投资。有时东道国的政治系统本身还可能和跨国公司发生瓜葛,而跨国公司在对外投资的过程中,难免助长东道国政治的腐败而导致东道国政府以外的其他力量干涉或反对。

综上,跨国公司力求影响东道国外资政策的首要原因就在于其经营中的风险性。东道国政府或社会政局的不稳定和政策的突然改变,构成了跨国公司的政治风险;东道国经济的波动或萎缩,以及市场需求的突然扩大或缩小,构成了跨国公司的经济风险;汇率、利率的波动和货币币值的变化,构成了跨国公司的金融风险。诸如此类风险的存在,势必会影响跨国公司的收益,进而弱化跨国公司在东道国的投资行为。因此,东道国政府有必要采取适当的措施,以减少风险性对跨国公司投资活动的弱化。

我国自改革开放以来,稳定的政治、社会环境为世界所公认。我国政府一直强调稳定的重要性,具体到外资政策上,一直以来给予跨国公司的优惠政策以及优惠政策的连贯性,也大大降低了跨国公司对华投资的政治风险,排除了因政策大幅度变动而导致亏损的可能性,使得跨国公司对华投资的信心倍增。在影响我国政策的过程中,跨国公司往往以改善与中国政府关系为基本出发点,在提高企业自身形象的同时也享受到种种优惠政策。如我国加入世贸组织后,虽已经根据世贸组织协议的要求取消了对跨国公司技术投入的强制性要求,但同时也制定了对跨国公司建立研发机构的一系列鼓励政策。因此,跨国公司在华设立研发机构,就可以很好地改善与中国政府的关系,并提高企业在公众中的形象,从而较容易地获得相应的优惠政策,规避在华投资的种种经济风险和政治风险。

(二)降低生产成本

追求利润是跨国公司发展的内在动力,也是其生存的先决条件,可以说,利润是所有跨国公司直接的、唯一的目标。不论是采取对外投资的途径,还是通过非股权安排的方式,也不论是出于维护和扩大垄断优势的目的,还是出于产品生命周期的考虑,跨国公司始终以追求利润最大化作为根本目标。根据经济学的基本原理,利润是由投入与产出之间的差额所实现的收益来决定的,而随着产量的增加,边际收益将呈现递减的趋势,只有当边际收益与边际成本相等,利润才能够实现最大化。因此,对于跨国公司来说,实现最大化利润必须要满足两个条件:①尽可能地减少成本投入;②在价格一定的基础上,努力扩大产出规模,从而改善边际收益率。根据弗农的产品生命周期理论,到产品标准化阶段,产品生产已实现标准化,企业的技术垄断优势完全丧失,这时企业竞争的优势已不再是技术,而是价格,所以降低成本已成为企业增强竞争力的第一要旨。而国际劳动力市场的不完全性,可能导致实际工资成本的差别。在这种情况下,特别是当技术已经标准化的时候,人们就可能把生产活动转移到劳动投入的来源地。把低级技术产品的生产安置在其他低工资地区。因此,生产发展到一定阶段,走降低成本之路是跨国公司发展的一般规律。

近年来世界著名跨国公司纷纷进驻我国,主要是看重我国丰富的劳动力和低廉的人力资源等生产要素。中国是世界上人口最多的国家之一,劳动力资源非常丰富。2013 年中国年龄在 15~59 岁之间的人数为 8.9 亿人,劳动力的供应相对于需求而言可以说是无限的。中国制造业平均每位工人的小时工资是 0.6 美元,只相当于美国工人的 4.6%,与 1975 年的韩国类似。目前,即使是墨西哥生产工人的工资也是中国工人工资的 3 倍。① 事实上,近些年来,尽管劳动者的素质在不断提高,但由于我国的普通工人主要来源于农民、下岗工人和由于各种原因中断教育的青年,人口基数巨大,劳动力供给趋于无限,在供求关系的作用下,劳动力作为一种商品的价格极其低廉,劳动力工资长期以来基本没有增长。相比国外,在我国进行投资的跨国公司其产品制造成本中的工人工资可以压缩到很小的比例,从而可以赚取到最大的利润。跨国公司的母国大多是经济发达国家,其劳动力成本相对较高,投资者在选择输出资本时,除了增加市场份额的

---

① [美]克鲁格曼:"中国工人平均工资是美国工人的 4%",温州人力资源网,2013 年 3 月 14 日,见 http://finance.qq.com/a/20130514/002398.htm。

考虑外,还有一个原因就是借助资本输入国的低劳动力成本,从而提高最终产品的竞争力,即使该产品是返销其母国的也是这样,因此我国廉价的且不断优化升级的劳动力资源就成为吸引众多跨国公司来华投资的重要原因。虽然我国大学毕业生在人口中的比例不高,但中学以上文化程度的人占总人口的近一半,超过7亿人,正好适应制造业发展的需求。我国大专以上人口从1982年的610万增加了16倍,达到了2009年的9830万,这说明我国不再是简单的人口大国,而一跃成为全球最大的人力资本大国,丰富的劳动力资源、低廉的价格吸引了众多跨国公司来华投资。这些企业既有那些只要引进资金和一条生产线便可以开工的低级制造企业,如玩具业、纺织业、制鞋业等,也有一部分是高端企业,如需要较大规模的机电制造业,但这些企业依靠的依然是廉价劳动力,因为技术工艺可以引进,最终需要的仍然是装配流水线的熟练工人。

(三)获取资源和生产原材料

跨国公司对外投资,很大程度上是以获得海外廉价、丰富和优质的原材料等物资资源为目的的对外直接投资。如果跨国公司拥有了获得原材料或矿山的特权,那么它就拥有了企业竞争的特殊优势。这种优势可能表现在对原材料生产的控制或对加工过程的控制。如今,世界各国都面临资源匮乏的严重问题,而发达国家更加注重保护本国的矿产资源。为了确保原料资源的充分供应,以及寻求低廉的原料,发达国家早就实行鼓励跨国公司对外投资与海外天然资源供应的项目,并提供诸多优惠。但是自20世纪60年代后期起,在意识到自然资源不可再生,以及资源价格低廉不利于国家经济发展的情形下,拥有丰富自然资源的发展中国家和地区发起了保护自然资源的民主主义运动。为了争取国家权益,发展中国家与跨国公司之间进行了不懈的斗争,对跨国公司开采资源采取了更加严格、限制更多的政策。

由于我国政府在很大程度上直接或间接调控许多企业生产所需的原材料、土地等自然资源,对于很多不可再生的资源都禁止掠夺性的开采。

在限制开采数量的同时还对开采技术指标设定严格的规定。这些对于跨国公司所需资源数量的限制，必然使得其生产的产品数量受到影响。另外，政府在这些资源的分配上也起着很大的作用。因为尽管市场经济是人类迄今为止最具效率和活力的经济运行机制和资源配置手段，它具有任何其他机制和手段不可替代的功能优势，如经济利益的刺激性、市场决策的灵活性、市场信息的有效性，可以提高资源配置的效率，较快地实现供需平衡，减少资源的浪费，提高决策的效率，促进生产技术不断创新，但是单纯地利用市场来调节资源，有其自身难以弥补的局限性，很难达到帕累托最优状态，从而使得资源得不到有效的配置，造成"市场失灵"。所以政府需要进行调控，这就必然会影响资源在企业之间的分配。分配份额的差异会影响企业的生产，进而影响价格和数量，造成利润的变化。

（四）最大化扩张规模

跨国公司在可接受的最低利润限度内，尽可能地扩大运用内部可用资源、追求规模增长最大化的直接投资，其规模可超过利润最大化点，即在利润下降的情况下，仍然继续扩大对外投资。这种情况在大型跨国公司的对外直接投资活动中相当普遍。具有较强市场垄断力量的大型跨国公司进行了大量水平一体化方式的直接投资，导致东道国产业结构和市场运行机制朝着与母国相似的方向发展，其目的就是尽可能扩大其市场势力范围，使东道国经济为其全球战略服务。规模增长最大化对外投资的重要表现是尽可能地扩大产品对外销售额，把对外直接投资看作比出口贸易更有效地进入外国市场并不断扩大国外市场份额的方式。服务业跨国公司是这类厂商的代表。这类厂商在市场可能丢失的情况下甚至愿意以较高生产成本和较低价格销售产品，以至于以利润下降的方式在东道国进行直接投资生产，以便维持和扩大市场份额，从中获得所需的利润。在对外直接投资的过程中，东道国政治、经济和文化环境的差异往往对跨国公司利益的实现形成不同的制约作用。因此，对外投资行为就进一步表现为各个企业对东道国政治、经济适应能力的角逐，尤其是政府在经济管制过程中非对称的权威地位又促使这些企业必须尽量保持与当地政府的紧密联系,甚至通过影响政策以获得对实现垄断利益较为有利的政治环境。尽管邓宁的"国际生产折衷理论"认为区位优势是所有跨国公司对外直接投资时都不得不考虑的重要因素,但是跨国公司之间的区位优势却存在着差异。那些先期进入的跨国公司往往与东道国政府形成一致性的利益关系,并借助各种手段获得有利于自己的政策支持而降低进入市场的门槛。

　　而跨国公司在东道国不断扩大投资规模往往会打破原有的利益分配格局,引发社会动荡,并导致社会福利的损失,甚至危及国家主权。出于维护国家利益的考虑,东道国政府往往会加强对跨国公司的监管和控制力度,如强制性地规定股权比例、限定投资规模和投资部门等,从而使跨国公司垄断利润的实现受到限制。尽管随着全球化的发展以及迫于经济发展的压力,越来越多的国家开始放松对跨国公司投资的限制。例如虽然到1997 年至少有 143 个国家和地区颁布了针对外商直接投资的法规,然而从 20 世纪 80 年代初以来,大多数国家都采取了旨在吸引国外投资者并创造适宜的投资环境的政策。但是到目前为止,基本上所有的国家,尤其是发展中国家,仍旧严格限制某些部门对外国投资开放,跨国公司被拒绝进入国防等核心产业,始终是较为普遍的现象。甚至在某些发展中国家,这种限制还有进一步强化的趋势。东道国的限制措施使跨国公司不得不发挥更为强力的攻势,以此改变东道国的政策,降低因政府干预所导致的交易成本,从而实现最大化投资规模的垄断利益。

(五)获得中国巨大的市场

　　随着中国加入世贸组织,日益融入世界经济中,我国经历着世界经济波动对国内经济的巨大影响,亚洲金融危机、世界经济减缓,几乎是接踵而至。面对经济生活中的困难和问题,党中央作出了扩大内需、促进增长等一系列重大决策,促进了国民经济快增长、高效益、低通胀发展格局的形成。近十年以来,我国经济增长速度都保持在 10% 左右的高位,中国的经济总量在快速膨胀,世界排名快速前移。2010 年我国国内生产总值更是接近 40 亿元,我国经济总量已经超越日本跃居世界第二位,在发展中国家排名第一。中国现在已经有 15% 的人口迈入了小康水平,超过 2 亿的人口已经具有了相当购买力。面对此次世界范围的经济危机,我国政府继续采取了有力的宏观调控措施,使国民经济仍然保持较快增长。而经济的快速增长,缩小了中国与世界发达国家之间的差距,综合国力日益壮大,客观上奠定了良好的宏观政策面,为跨国公司提供了更多的市场机会。许多跨国公司正是看中了我国巨大的实际消费市场与潜在消费市场,才对于对华投资拥有巨大的信心。

近年来,我国政府在对外商投资企业的审批,如劳动用工的管理、税收、信息服务等有了实质改进。对外商投资企业从法律、法规方面有了进一步清楚的界定,保障了跨国公司的在华权益,为进一步刺激投资,我国政府又陆续颁布了一些投资法和物权法,提高了对私有财产权的保护,这些给跨国公司以更大的信心。自中国加入世贸组织后,为进一步增强综合竞争力,中国以改善外商投资软环境为重点,努力为外商来华投资创造良好的投资环境,逐步放宽对外商投资的限制,鼓励外商到西部地区投资,并根据世界贸易组织的承诺,清理有关利用外资的法律法规。努力扩大了服务贸易领域的对外开放,不断完善服务贸易领域的法律规范,健全统一、规范的外商投资服务贸易领域的市场准入制度,鼓励引进国外服务业的现代化理念和技术手段,改善中国服务业结构,提高中国服务业的水平。加入世贸组织后,中国服务业对外开放程度大大提高,外商在中国服务业的投资出现了许多突破性进展。在保险服务、传媒服务、证券服务、旅行社服务、公用服务业等领域,外资都频频进入。从过去的第二产业,到现在蓬勃发展的第三产业,中国无疑成为跨国公司对外投资的最广大的市场。

四、跨国公司影响中国外资政策过程分析

(一)跨国公司影响政策问题的提出

提出问题阶段即意见的充分表达阶段。意见表达就是利益团体向各级公共权力机构或其人员提出利益诉求,希望得到维护和保证的过程。一般而论,团体成员的内部整合和组织化程度高,其意见表达的组织化程度也可能比较高。通常情况下,政治性团体比非政治性团体表达意见的组织化程度要高,常设团体比临时性团体要高,大型团体比小规模团体的表达组织性要高。简言之,那些成员组织化较高的团体一般更易于形成较高组织性的意见表达,从而提升对公共政策影响的有效性。跨国公司即属于前者,因此其意见表达往往能迅速进入到政策议题当中,收到较好的效果。跨国公司在中国表达意见,提出自身关注的问题的方式主要有四种:

(1)诉诸公共舆论,如通过报刊、广播、电视等宣传手段制造舆论,使社会公众和政府官员均产生有利于本公司的意见倾向,从而能够充分表达自身关注的问题。

(2)利用公司员工影响政府的行为,如发动、组织本公司的职员向政府发出反映自己观点的信件、电报;出于本土化的需要,跨国公司越来越多地在中国本土雇用和培训从事公司管理工作和专业工作的员工。随着这些"白领族"的发展壮大,他们逐渐成为中国一支新生力量,而跨国公司则是他们的直接领导者。他们深知,只有他们所工作的跨国公司在中国发展顺利,他们才能有好的前途,因此,他们都希望政府能出台有利于自身所在的跨国公司的政策。这些人大多能够熟练操作电脑,在互联网上发表言论,在杂志、报纸上撰写文章,为跨国公司提出有利于自身的意见和建议。

(3)向政府官员当面陈述意见或送交意见书,力争说服这些官员,以求取得他们的支持。这是跨国公司最常用的一种方法,这种方法可以直接

将跨国公司提出的问题传达给政府官员,通过游说,甚至贿赂的方式,使得政府官员了解并同意它们的建议,从而改变原有的政策。

(4)利用母国的力量表达意见。跨国公司往往会利用母国的外交政策,与中国政府打交道,充分表达出希望在华取得的种种优惠。而跨国公司母国在与中国政府交往时,也较多地考虑本国跨国公司的在华利益,希望本国跨国公司能够在行业竞争中形成垄断优势,争取自身最大利润。由于跨国公司母国通常颇具经济实力,因此中国政府往往会比较重视它们提出的意见和建议。

(二)跨国公司影响议程设置

议程设置是任何政策过程必须经过的阶段。在全部政策过程中,这个阶段是个关键环节。①因为在一个国家的政治生活中,决策者每天面对的是无以计数的信息和问题。相对于有限的决策资源,客观世界存在的问题几乎是无限的。因此,任何决策者面临的首要问题是从无限的信息和问题中选择他们认为重要的问题来加以解决。美国著名政治学家托马斯·戴伊(Thomas R. Dye)认为,设定政策议程是政策过程中"最重要的阶段","那些不被界定为问题的社会状况永远不会成为政策问题,永远不会引起政府官员的关注。确定问题比认定解决问题的答案甚至更为重要"。②在现代社会中,当一个问题被列入国家的政策议程后,决策者的决定将对社会各个集团之间的利益和资源配置产生重大的影响。在多元化的社会当中,政策议程并不完全由领导人和政府官员来决定, 各个利益集团也可以通过选择、提出和转化议题来表达自己的利益诉求。利益集团选择、提出和转化问题的过程就是塑造政策议程的过程,这个过程实际上是利益集团争夺政治

---

① [美]威廉·邓思:《公共政策分析导论》(第二版),谢明等译,中国人民大学出版社,2002年,第14页。

② [美]托马斯·戴伊:《自上而下的政策制定》,鞠方安等译,中国人民大学出版社,2002年,第6页。

资源的主要内容之一。中国公共政策的议程设置与政治高度相关,政治上激进或者具有潜在风险的政策,难以提上政策议程,而能够提上议程的政策问题往往具有政治动因。随着政府管理体制改革的深入,推动政策议程设定的政治动因已经逐渐转向维护社会稳定、推动区域发展和解决重大公共事件。①这就为跨国公司影响议程设置提供了良好的制度性基础。

在中国,国务院及其下属的多个部委包括商务部、国家发展和改革委员会、国家经济贸易委员会、海关总署、中国人民银行及其下属的外汇管理局、财政部等在各自业务范围内参与外资政策的制定。其中商务部与国家发改委是制定外资政策的两个重要部门,前者负责外商投资法律、法规和管理办法的起草,负责重大外商投资项目的审批;后者制定国民经济发展战略、中长期规划和年度发展计划,并以此为根据提出外资政策的总体要求。在议程设置的过程中,不同机构和官员从其业务角度出发对各种方案进行权衡,并考虑跨国公司提交的意见和建议,以及调研报告,最后确定哪项议案需要重点考虑,哪项建议需要重新审议等。例如商务部和国家发展计划委员会在确定跨国公司投资优惠政策时,就需要与相关的行业主管部委进行协商,了解外资优惠政策对国内企业的负面影响;还要听取国家税务总局和财政部的意见,了解它们对于外资优惠政策对国家税收和国家财政方面的影响;还要了解跨国公司对这一政策的反应等,最终将这一提案列入议事日程。

(三)跨国公司影响政策制定

在过去相当长的一段时期内,中国社会长期处于利益相对单一状态,由于利益的高度趋同,立法作为调控利益冲突的基本手段,使用频率相对较低。近年来,这种现象大为改观。在国家权力结构体系中,立法机构自身的影响力和地位逐渐提高,立法机构作为一种制度性途径,被越来越多的

---

①　薛澜、陈玲:"中国公共政策过程的研究:西方学者的视角及其启示",《中国行政管理》,2005 年第 7 期。

跨国公司选作施加影响的对象。中国的人大逐渐成为一个代表性广泛、调节功能完善、颇具权威性的社会利益协调机构,并愈益发挥其社会利益的调节器、社会矛盾的防暴器的功能。①全国人大履行立法和监督权,国务院及其所属部门履行行政管理职能。全国人大是最高国家权力机关,国务院是最高国家权力机关的执行机关和最高国家行政机关,但由于国务院担负着管理内政、外交、经济和社会事务的重要职责,负责向人大提出法律草案,人大的立法实际上受到国务院的影响。

在政策制定过程中,中国目前存在"部门立法"现象,即行业主管行政机关拥有实际立法权,比如国务院及其下属各部委是绝大多数法案的提出者,在人大制定的法律和条例中,由国务院提出的立法议案占大多数。因此,影响政府部门制定和执行政策,是跨国公司影响中国政策过程的关键所在。随着中国行政机关权力的不断扩大,政府成为跨国公司活动的焦点,政府政策的制定与执行,广泛涉及跨国公司的在华利益,因而成为跨国公司活动的中心目标。中国政府各部门机构,经常要作出具有重大意义的政策决定。由于吸引外资、对外开放等领域的政策同跨国公司有着切身的利益关系,跨国公司会为了谋取自身的实际利益而集中致力于对中国政府施加影响。总之,跨国公司对中国政府制定与执行外资政策极为关注,它们会极力设法影响外资政策的制定与执行,以便达到使本集团获利的目的。

(四)跨国公司影响政策执行

外资政策执行过程实质上就是政策执行主体与政策目标群体在相互作用中对利益加以选择的过程。②外资政策的执行主体,是指负责落实外资政策目标、措施的人和组织,主要包括外资政策执行组织和执行者。在

---

①　褚晓路:"政治结构功能演进与人大功能'归位'——中国政治现代化的一个基本问题",《人大研究》,2001 年第 10 期。

②　严强、王强:《公共政策学》,南京大学出版社,2002 年,第 257 页。

中国的国家行政体系中，中央政府和各级地方政府及其工作人员都属于外资政策执行主体的范畴。"执行者对政策的认同、对政策执行行为的投入、创新精神、对工作的负责度、较高的政策水平和管理水平是政策得以有效执行的重要条件所在。"①跨国公司作为外资政策的主要目标群体之一，在外资政策的执行过程中始终密切关注该项政策能为自己带来多少好处，同时也会考虑要为此付出多少代价。当政府的利益与跨国公司的利益发生冲突时，跨国公司就会想尽各种办法争取改变政策的执行。

在中国，中央政府作为外资政策的执行主体主要体现在对外资政策整体方向的控制和把握上，其控制手段包括信息收集、最终裁决权和多部委参与。

首先，备案是中央政府收集信息的主要手段，通过设定备案报告的内容、细节和时间，中央政府可以获得系统化信息以便评估中国整体的投资环境和引资质量，从而能够减少由信息不对称性所带来的外资政策控制问题。②对于跨国公司投资项目备案来说，备案信息通常包括跨国公司投资项目的经营范围、投资年限、中外企业名称、投资数量等相关内容。而且跨国公司投资项目的合同、章程必须交由对外经贸部门进行备案。由于对外经贸部门熟知外资政策，因此能够确保备案信息在传递和反馈过程中的准确性。特别指出，对于限制类限额以下的外商投资项目，必须报中央政府部门备案，这样，中央政府就能进一步控制地方政府在审批限制类项目时作出违反外资政策的行为。中央政府对备案信息进行评估后，就可以从总体上掌握跨国公司的投资情况，从而保证外资政策能够有效实施。③

其次，中央政府拥有外资政策的最终裁决权。最终裁决权表现为对审批项目的否决权，中国外资政策规定，对违反政策审批的外商投资项目，上级审批机关应在收到备案之日起 30 个工作日内予以撤销，其合同、章

---

①　陈振明：《政策科学》，中国人民大学出版社，1998 年，第 318 页。

②　黄静波：《国际技术转移》，清华大学出版社，2005 年，第 32 页。

③　鲁明泓："中央—地方政府关系和政策执行力：以外资产业政策为例"，见 http://www.studa.net/zhengce/080831/10314623.html。

程无效,不予注册登记,不予办理进出口手续。最终裁决权还表现为对当事人的惩罚权，外商投资项目申请人骗取项目批准的，依法追究法律责任,审批机关工作人员滥用职权的,依法追究刑事责任或依法给予行政处分。显然,最终裁决权是中央政府在外资政策执行中具有决定性作用的重要体现。这是因为,一方面,当中央政府事后发现地方政府在外资政策执行过程中违背中央政府政策时,最终裁决权(否决权)可以对地方政府行为进行纠偏以维护中央政府的引资目的,另一方面,最终裁决权(惩罚权)也可以在事前发出警告信号,起到可置信威胁的作用,告诫地方政府在执行外资政策的过程中不要出现违背中央政府政策决定的倾向。

最后，外资政策的多部委参与可以反映出中央政府对外资政策执行的关注程度。中国最早负责外资政策执行的部门是国家进出口管理委员会,这是成立于 1979 年,具体负责国家对外开放工作的机构,其前身是国务院进出口领导小组办公室。1987 年，外资政策统一由国家计委单独发布,由于当时国家计委和地方政府属于同一个权力层面,因此中央政府对地方政府的控制能力相对较小。1995 年后,外资政策改由国家计委、对外经贸部和商务部联合发布，来自多部委的压力可以协调解决外资政策执行过程中出现的问题,再加上中央政府的最终裁决权,这明确显示出中央政府在外资政策执行中的强有力地位。①

尽管中央政府对外资政策的控制力度在加强，但是地方政府在外资政策的执行方面仍然拥有较大的自主能力，具有极大的可能性来追求自身利益。由于中国外资政策的执行主体是各级政府,因而在外资政策的执行中能够更加体现对总体利益和长期利益的考虑。但是不可否认,随着跨国公司对华投资的逐渐增多,其在外资政策过程中发挥越来越大的作用,有些外资政策也被设计成更加照顾跨国公司的利益,外资政策作为"公共产品"的角色遭到削弱,外资政策的执行结果不是有利于发挥资源的优化配置,而是成为跨国公司谋取利益的手段与工具。尤其是一些大型跨国公司，凭借自身的强大经济实力去设法阻止或改变对它们自身不利的外资

---

① 资欣:"关于外资并购我国国有企业的思考",《税务与经济》,2005 年第 4 期。

政策,即使这项政策符合客观规律的要求或国家的整体利益和长期利益。

自跨国公司进入中国以来,它们在中国就一直享受着"超国民待遇"。这种"超国民待遇"主要体现为两类情况:一类是广义的政策优惠,包括税费、市场准入、生产要素、政策执行等;另一类则表现为跨国公司对中国政府进行寻租的成本较小。比如跨国公司在中国贿赂政府官员时,它们受到的制约和付出的成本较小,有时甚至可以向政府谈判并讨价还价,最终让自己的对华投资行为不受制约。长期以来,中国的舆论、法律体系、政府部门、社会大众乃至最高决策层,都对跨国公司事实上享受的超国民待遇习以为常。以至于"跨国公司的老总见中国领导人很容易,而中国公司的老总想见领导人则很难"[1]。这从一个侧面反映出跨国公司在中国能够影响政策执行的特殊地位。跨国公司贿赂政府官员,对政府寻租的案例较多。

(五)跨国公司影响政策评估

在政策评估过程中,政策制定部门、政策实施部门、政策对象共同关心的是社会利益是否得到了公平分配,自身利益是否得到了保护和增进。这一标准在不同的利益主体看来有不同的解释,因此就产生了各方博弈的过程。而政策执行阶段的利益博弈在政策评估阶段并没有弱化的趋势,反而可能有所加强。政策制定部门关心的是政策是否得到了有效的执行并获得了预期的效果;政策实施部门关心的是在政策实施过程中,政策是否使本部门及本部门所属的领域得到了预期的利益;而对于政策制定部门和政策实施部门的权力者来说,政策的制定或者实施是否有利于其政绩的增加也是重要的考量内容;政策对象关心的则是自己的利益是否得到了满足。这些标准使政策效果的评估复杂化了,常常是报喜不报忧。对于政策制定部门来讲,政策是具有连续性的,下一个相关政策的出台与政策实施部门所报告的这一政策实施的效果有关,况且政策制定部门也有自己的利益在里面。如果按照已经扭曲的政策效果来制定下一个政策的

---

① 郭松民:"跨国公司'堕落',责任在中国吗",《检察日报》,2009年8月5日。

话，下一政策的结果很可能会使利益分配更加不公，而对于政策对象来说，只要得到了利益就心满意足，失去了利益就会心怀不满。如果这种情况得不到解决，就会威胁到整个社会的稳定。这是政策制定部门和政策实施部门都不愿看到的。①因此，政策评估过程是政府（包括政策制定部门和政策实施部门）与政策对象博弈、政策制定部门和政策实施部门博弈的过程。通过对政策执行过程的实地监测，政策制定者和执行者能够系统收集政策实施所带来的社会、经济变化和公众对政策的反应，对政策目标和政策措施的有效性、可行性进行实际检验。

中国政策评估的主体一直是政府机关的政策研究部门，从中央政府到地方政府都设有自己的政策研究室。在政策研究部门的评估报告中，往往强调政府做了什么，政府投入了多少，但对于制定这项政策的依据和效果，却没有提到。②在中国还没有一个独立于政府之外的中立机构对外资政策全过程进行全方位的评估和监督，跨国公司通过影响政府部门，就可以完成影响中国政策的制定、执行和评估的全过程，而不必单独考虑影响政策评估环节。因此，跨国公司在中国影响政策评估的行为比较少见。

综上，和其他利益集团相比，跨国公司在影响政策的手段和效果上都具有明显的优势。随着跨国公司在中国外资政策过程中扮演着越来越重要的角色，中国政府和各级决策机构一方面应合理利用这一资源，另一方面也必须警惕和防止跨国公司对中国外资政策过程的干预和干扰，将其影响力控制在合理的空间内。

---

① 荣翠："公共政策制定过程中利益集团博弈分析"，《经营管理者》，2009 年第 8 期。

② 重庆市审计学会课题组："国家审计机关开展经济政策评估研究"，重庆审计网，2008 年 12 月 2 日，见 http://jsj.cq.gov.cn/gb/news/news_detail.asp?id=1610。

第六章
跨国公司在华可持续发展与
我国外资政策过程调整

第一节 跨国公司在华可持续发展

根据前文的论述，跨国公司在华可持续发展的动态演进过程综合表现为"四大博弈主体"（跨国公司、地方政府、本土企业、行业协会）的互动作用，形成"四大演进动力"和"三大演进模式"。"四大演进动力"指跨国公司的整体战略部署、地方政府的推动、本土企业的成长、行业协会的连接。"三大演进模式"则指跨国公司与地方政府博弈下的演进模式、跨国公司与本土企业互动下的演进模式、跨国公司与行业协会依托的演进模式。在跨国公司对华投资的整个过程中，上述各种演进动力和演进模式并非是独立并行的，相反，在对华投资过程的不同阶段，四大演进动力各自的作用力是交替和变化的，三大演进模式也呈现出交替主导的组合关系。图6.1 所构建的多元治理模型则具体阐述跨国公司如何在多方利益博弈的过程中维持发展。模型中的主体分别是跨国公司、地方政府、本土企业和行业协会。模型设定四个主体有不同的目标，以跨国公司对华投资总体规模的持续扩张作为推动多元治理的根本动力。

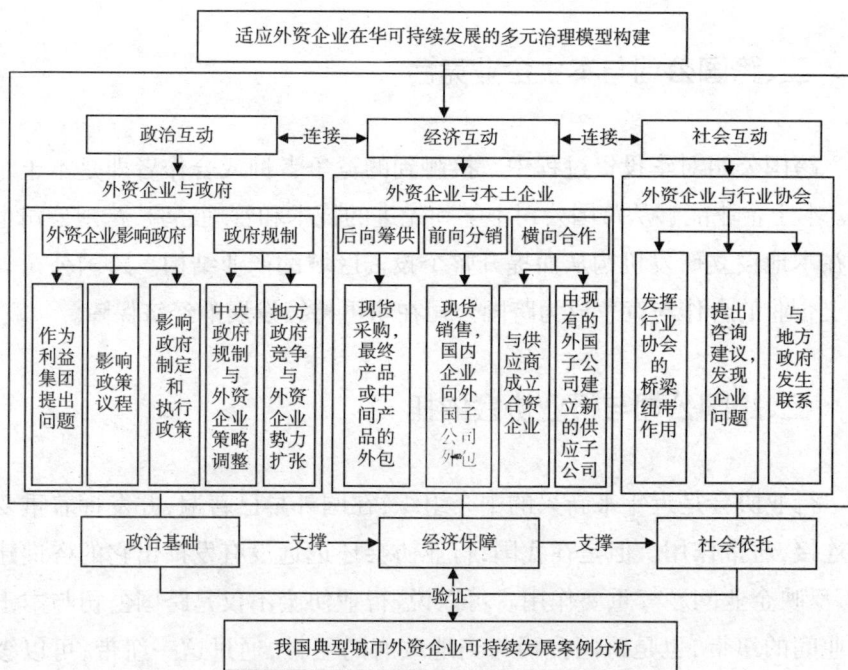

图 6.1　跨国公司在华可持续发展多元互动模型构建

一、跨国公司与政府博弈

东道国政府是招商引资的主要责任者，成为东道国吸引外资的政治基础。不论是中央政府还是地方政府，在招商引资过程中都担负着主要的责任。一方面，跨国公司作为强大的利益集团，在政策过程中会不断地提出问题，影响政策议程，对东道国政府制定和执行外资政策施加压力，最终使得政策对己有利。另一方面，东道国政府会对于跨国公司不正当地行为进行规制，地方政府可能会因一己私利为发展地方经济而对跨国公司过分迁就，但长期来看，我国招商引资的行为在逐渐步入正轨，政府从制定政策到具体实施的全过程中，不断改进，与时俱进，与跨国公司成为互相博弈的双重主体，尤其是十八大以后，我国招商引资已经步入新的历史阶段，将产业升级放在首位，这也将为跨国公司在华投资创造更为公平、更具吸引力的环境，为跨国公司在华可持续发展打好政治基础。

二、跨国公司与本土企业竞合

跨国公司对华投资过程中，接触到的竞争者抑或合作者即是本土企业。本土企业能够从跨国公司中学到先进的技术和管理经验，跨国公司也会在本地设立研发机构从而提升整个投资区域的产业结构。跨国公司与本土企业的合作与竞争成为跨国公司在华可持续发展的经济保障。

三、跨国公司与行业协会依托

行业协会是近年来新兴的中介组织，在国外早已普遍，并发挥着重要的连接、纽带作用。但是在我国，行业协会还远远没有发挥出它的咨询建议、反映企业问题等重要作用。可以说，行业协会不仅是跨国公司与本土企业间的纽带，也是跨国公司与当地政府的纽带，通过这一纽带，可以缓和彼此矛盾，沟通信息，建立信任，加深合作。

总之，要想使跨国公司在华可持续发展，尽量减少跨国公司的外移和撤资，就需要树立多元治理的治理思路，构建多元治理的跨国公司在华可持续发展机制，使跨国公司对华投资过程中，同时拥有政治、经济和社会多重连接，更加深入地根植于中国肥沃的投资热土中。

第二节　外资政策工具选择的新趋势

改革开放以来，我国的外资政策围绕三个目标：一是规模寻求目标，旨在更多地吸引外商直接投资；二是质量提高目标，强调利用外资的质量和水平；三是投资后收益获得目标。目前，我国利用外资正处在从过去的规模寻求，到现在的质量提高，再逐渐发展到投资后收益获得的新阶段。吸引外资的根本目的是为了提升我国的国际分工地位，更多获得全球化的利益，带动我国社会经济和谐、可持续发展。外资政策目标的这一转变有其深刻的背景。如今，我国对外开放进入全面转型期，外商投资增长伴生的矛盾日益复杂,对利用外资问题的争论也逐渐高涨,例如利用外资规模、"市场换技术"以及产业安全等问题,都曾引起国内展开了激烈的讨论。尽管这些争论观点各异,但实质都是如何统筹利用外资和国内发展,如何在扩大开放中提高外商投资质量和水平,而这也是后危机时期我国调整利用外资政策所要考虑的重要问题。

一、新政策环境

(一)国际环境

1. 加入世贸组织"后过渡期"的影响

按照中国加入世贸组织的承诺,从 2005 年起中国在加入世贸组织谈判中获得的过渡期基本结束,原有的一些管理手段将逐步放开或取消,加入世贸组织对我国经济的一些深层次影响已经逐渐显现出来,中国自此进入加入世贸组织的"后过渡期"。具体来说,"后过渡期"的标志主要体现在:关税已降至承诺的终点(除少数汽车及零部件、化工品外)。2005 年,我国的关税总水平降低至 9.9%,其中工业品平均关税下降到 9.3%,农产品下降到 15.35%;所有非关税措施将取消;农产品关税配额数量达到最高点(植物油除外);贸易权已完全放开;服务贸易中除少数部门外,大部分部门将取消限制,允许外商独资或控股,以及国内法律法规的清理基本完成。2006 年以后我国基本结束了加入世贸组织保护期,向跨国垄断资本逐渐完全敞开大门,加入世贸组织的好处逐渐用尽,副作用开始显现。

2. 后危机时代的来临

随着 2008 年全球金融危机的扩散和蔓延,实体经济已深受影响。作为实体经济的中坚力量,跨国公司在这次波及范围之广、持续时间之长、影响程度之深均属罕见的国际金融危机中受到了很大的冲击,大量跨国公司出现巨额亏损或盈利状况恶化。在这种情况下,我国外资政策也进入了转轨时期,就吸引外资规模而言,已经不存在改革开放初期只关心利用外资的规模多少问题,关键是如何制定有效的政策和配套措施,引导外资推动我国经济的发展,也就是注重引资的质量问题。后危机时期,我国吸引外资并不是因为国内没有资金,而是要吸收资金流动中搭载的各种竞争能力,促进经济持续增长和结构升级。在当今全球经济受金融危机影响仍未消除,全球产业结构调整出现阶段性降温,外资供给受到影响,以及全球引资竞争日益加剧的形势下,坚持进一步扩大吸引外资规模,提高引资质量的政策取向,积极拓宽利用外资渠道,努力使外商直接投资流入保持在较大规模并持续有所增长,对我国实现全面协调可持续发展的宏观目标十分重要。

3. 贸易发展环境恶化

近年来,随着我国具有较强比较优势的产品快速且大量涌入目标市场,我国也成为贸易摩擦的重灾区。据世贸组织统计,从 1995—2012 年,我国共遭受反倾销 1365 起,是遭受反倾销最多的国家。2012 年,国外对我出口产品提起 235 起贸易救济措施调查,涉案金额 122 亿美元。①此外,一些国家和地区还利用我国加入世贸组织的法律文件中有关"特保"、"纺织品限制措施"等条款,以及各种技术壁垒限制我国扩大出口,使我国贸易发展环境趋于恶化。我国进入贸易摩擦的高发期,与国际市场竞争激烈、贸易保护主义盛行直接相关。

(二)市场力量增强

中国的发展离不开世界,世界的发展需要中国,这已日渐成为国际经济界的共识。加入世贸组织十余年,我国进出口贸易额翻了两番,2012 年外贸总额达 3.15 万亿美元,有力地促进了国民经济的增长。中国已经成为世界经济增长的催化剂,中国市场的逐步开放和积极参与世界贸易为各国带来无限商机,创造了更多的就业机会,推动了全球经济的进一步增长。中国正在供应和需求两个方面,尤其在供给方面,对全球贸易产生影响:中国满足了国际市场对物美价廉的产品的需求。由于中国贸易结构的

---

① "我国亟须加快转变外贸增长方式",《东方早报》,2013 年 7 月 18 日。

特点是出口产品中原料大量进口,加工贸易占重要地位。这就决定了中国贸易增长产生的利益分布广泛,使很多国家包括一些中小发展中国家受益。

(三)政策目标新变化

"进口替代"实现了基本工业化的目标。"出口导向"实现了外汇丰裕的目标。国际金融危机后的新形势、新变化,世界经济一体化进程不断加快,区域局势动荡等是我国政府制定外资政策应该考虑的首要因素。目前,中国引资战略应彻底改变传统的以出口创汇为首要目标的粗放式发展战略,进入到以进出口平衡为特征的第三阶段(进口替代为第一阶段,出口导向为第二阶段),实施进出口平衡贸易战略,替代原有的进口抑制型单向贸易战略。在政策工具的选择上要重视多种工具的综合,加强管制,规范市场秩序,保证新时期的政策目标得以实现。

二、外资政策工具选择的新观点

古典研究途径的支持者们提倡一种"纯"工具研究和将"纯"化的工具应用实践。他们认为对各种具体的研究应分别独立地进行,人们应该要么使用这种工具,要么使用那种工具,而工具的组合运用是导致失败的原因,然而要对各种工具作非常明确的区分显然是不可能的,目前的分类法还做不到这一点。

以我国改革开放以来外资惯例实践来说,政策工具的单一使用导致了一些领域的不平衡。因此,不同政策工具的同时使用并且协调运用更符合现实社会经济发展的需要,工具的优化组合可以取长补短,避免单个工具应用的片面性。胡德认为,政府是运用一组行政工具以许多不同组合,于许多不同场合,追求许多目标之过程。[1]行政工具是将政策目标转化为

---

① 杨洪刚:《中国环境政策工具的实施效果与优化选择》,复旦大学出版社,2011年,第120~122页。

具体政策行动的作用机制。

由于政策问题的不断出现,政策理想与社会现实之间的差距拉大,其紧迫性和进入议程的特征要求政府在实践中要根据理想与现实之间的差距,判断存在问题的性质与类型以选择相应的政策工具,制定能解决问题、符合实际情况的政策。因此在保持政策稳定性的同时,在政策工具的选择上则应该稳中有变,不可单打独斗,要注重协调和配合,多管齐下,才能适应政策环境的变化,有效地解决政策问题。跨国公司越来越重视公平的竞争环境和我国巨大的市场潜力,为增强外资政策的统一性和透明度,就必须坚持外资政策的制定权、解释权统一行使,以确保法律适用的统一性、解释的权威性和执行的严肃性。因此,根据政策范式理论,可修改、调整原有不完善的政策,取消已不适用的外资政策,及时选择其他合适的政策工具加以辅佐,重视工具之间的协调和配合,切忌相互矛盾,相互拆台。

实践证明,过于单一依赖某种工具来吸引外资造成了不良的后果。20世纪80年代到90年代初,国家依靠以税收为主的经济性工具吸引外资。90年代中后期,国家为了更多地追求竞争的公平性,减少了对外资的优惠政策,中央政府宣布从1996年4月1日起采取步骤使国内和外国公司处于同等的竞争地位,包括统一税收制度,取消对外国公司免交进口税的规定和相关税收鼓励措施。经济优惠政策被宣布取消后立即引起了在华投资的跨国公司的强烈反应,外国直接投资的协议额呈迅速下降趋势,实际投资额在长达一年半的时间里停滞不前。同时为了规避政策,已经在华投资的跨国公司还在优惠政策被规定截止的日期之前突击进口设备和原材料,造成了短期内贸易收支不平衡的不利情况。

这正是由于当时我国政府偏重经济性工具的运用,片面地相信跨国公司正是受到经济上的诱因才来华投资的,盲目地迷信经济性工具的效用,对外商投资的规模毫无限定,结果优惠条件给中小资本提供了存活和发展的空间,却偏离了我们吸引大型跨国公司投资的预定目标。税收优惠并非吸引外资的首要因素。世界银行经济学家威勒和莫迪(Wheeler & Nody,2007)的研究表明,跨国公司在实现一体化扩张的过程中,最关心的因素为基础设施、现有外资状况、工业化程度和市场容量等,而不是优惠政策。①优惠政策在提升东道国吸引外资的竞争优势方面作用非常有限，它只不过是一个辅助性政策，而不是决定因素。跨国公司来华投资是必然选择，外国投资者看中的是良好的投资环境、完备的生产经营条件、公平的竞争环境和我国巨大的市场潜力等因素，税收等经济方面的优惠并不是其投资的关键。因此，我国政府要加强投资软环境的建设，实行国民待遇，对源自不同国家和地区的投资平等对待，对所有内外资企业平等对待，以良好的投资环境吸引外资，自然会增加大型跨国公司来华投资的吸引力。

事实上，政策工具的协调运用在改革开放以来的实践中有所体现。吸收外商直接投资、鼓励跨国公司发展，是我国自改革开放以来促进出口的一项重要政策。以优惠的政策吸引外商投资，是世界各国普遍采用的做法。因此，为大量吸引外资，中国对外商投资采取了市场与经济诱因性工具，如实行了许多包括税收减免、免税进口以及其他优惠在内的优惠政策，并以法规的形式确定下来。在对外商投资的管理方面，政府进行了放权，省市地方政府，特别是沿海省份在批准投资立项的各方面被给予越来越大的权利。并且政府对外商投资的产业方向作出了行政指导，提供了相关的官方信息。同时，跨国公司在中国的增多逐渐形成了新的标的群体。由于政府给予的优惠政策，使得跨国公司掌握的资源日渐增多，自主性和组织性也增强了，因此近年来，政府对于跨国公司的管理除了传统性工具外，逐渐增加了运用信息性工具和自愿性、组织性工具来引导跨国公司在华的投资。

---

① 聂杜鹃："中国成为'世界工厂'的隐忧及反思"，《理论界》，2009年第5期。

三、政策工具选择的新实践

（一）组织性工具

1.政府必要的行政干预

日本学者指出,行政"规制"和"指导"也是对引资实行监控的有效方式和手段。西方经济理论认为,在完全竞争的条件下所达到的市场均衡实现了资源的最优配置,即达到了帕累托最优状态。而一个经济体系实现帕累托最优的前提条件是市场的充分竞争性。但是在现实世界中,由于充分竞争市场上的帕累托最优并不完全反映社会福利的最优,且因垄断、外部效应、价格刚性、公共物品及不完全信息等方面因素的存在,使市场失灵,所以有必要通过政府干预,调节市场失灵所造成的扭曲,实现社会福利最优。

在后危机时期,我国政府应按照科学发展观的要求进一步调整外资政策,制定下一阶段的外资战略目标,利用外资改善我国产业结构、区域经济结构,缩小城乡差别、贫富差别。加强外资政策同产业政策的协调,合理引导外资的产业流动,达到优化产业结构的目的。因此政府的作用仍是不可忽视的,管制性工具和组织性工具仍有其存在意义和价值。

政府职能需要转变,其实一切外资政策归根到底都是由政府制定,世界上从来就没有过真正的自由贸易,也没有完全意义上的市场调节。在这个转折时期,必须坚持政府对吸引外资的适当干预,但是干预的方式和方法要符合国际惯例的基本原则要求,履行大国责任,更要以我为主,适应国内经济和社会发展的需要,始终把国家整体战略利益放在首位,作为一切行动的出发点和立足点。用国家利益观念指导本国国际行为,增强有效管理对外经济的能力,也只有这样,才能真正作到牢牢把握对外开放的主动权。

2.完善市场规则

健全市场主体制度和完善国内法律环境。法制的统一是市场经济的本质要求,也是衡量一国法律环境优劣的重要标志。没有统一的法律,国民待遇也就失去了一个统一的参照系统。我们要完善技术标准、技术法规体系,加强技术立法工作,构建既符合国际惯例又符合我国发展需要的技术法规和技术标准体系。这方面可以参照技术法规、技术标准较为完善的欧盟、美国、日本的先进经验,建立起包括专门法律——技术规范——技术标准——评定程序的技术法规体系,同时适度提高技术标准。全球金融危机的爆发对我国政府是挑战更是机遇,有必要利用技术标准加强对国内产业的保护,这方面我们可以借鉴韩国的成功经验。韩国利用技术贸易壁垒(TBT)协定的"灰色地带",在检验、建议的技术标准方面,设置技术壁垒,尽可能地将进口商品对其市场的冲击减至最小。实践证明,国际资本总是流向在实质上能给外国投资者以及投资提供较高保护程度的国家或地区,而不是单纯形式上承诺国民待遇的国家。我国要实现真正意义上的国民待遇,提高我国在国际资本市场上的竞争能力。

(二)管制性工具

1. 与产业导向相结合

针对以"套利"为目的的资本流入,应该一方面采取行政管理等强制性措施;另一方面加快建立符合市场经济规律的金融外汇体制,并采取公开市场操作等经济手段,以防止"套利"资金的流入。例如属于国家限制的服务贸易项目、污染严重且技术档次低的项目、重复引进的项目,不管是内资企业还是跨国公司,都要逐年减少直至取消其享受的优惠政策。反之,对于基础设施项目、进口替代的原材料项目、高科技项目,均应给予内外资企业一定的优惠政策。

应借鉴国外经验,制定中国的反垄断政策,并将反垄断政策与前述产业政策相结合,即对一些鼓励外商投资的行业可允许外商有较高的持股比例,而对一些限制性行业则只允许外商持有一定比例以下的股权,对外商控股的限制应附加时间条件,以体现我国对国内产业只提供有条件保护的精神,如对某一行业,规定外资在一定年限(如15年)内持股比例不可超过 50%,过了这一年限限制后,持股比例限制自动取消。

2. 细化规制条款,重视规制执行

目前在出台的一些利用外资政策上,规定了极其详细的优惠政策,而在禁止、限制方面则轻描淡写,不便执行、操作。因此,除应当明确禁止外商控股的行业规定外,还要制定国内品牌保护、专利技术保护,防止外资控制、垄断中国市场等详细政策。对于外商违反国家规定,应坚决予以查处,不得姑息。

(三)经济性工具

1. 经济性工具的价值依然存在

跨国公司对华投资的目的是利润最大化,即将资金投资到最能获利的国家和地区。我国要吸引更多的跨国公司,也要使跨国公司有利可图。在跨国公司看来,要从投资中获利,首先考虑的是产品的市场,同时也关心东道国有无优惠政策。我国人口多,消费水平虽不高,但市场潜力很大,这是跨国公司看好中国市场前来投资的重要原因。但是我国仍是一个发展中国家,从总体上说,投资环境还需进一步改进。因而要吸引外资,仍有必要采取相应的优惠政策。当前,在许多发展中国家纷纷实行优惠政策,竞相吸引外资的情况下,我国完全以市场吸引外资,而不同时采取某些优惠政策,似乎并不可取。因此,经济性工具仍有很重要的作用。在今后一段时期内,依旧是引资政策必不可少的工具之一。

2. 弱化并逐渐取消不合理的税收优惠政策

外国投资者及其投资在我国的优惠待遇集中体现为税收优惠, 近年来,税收优惠的吸引力相对减弱。税制改革后,我国已经废止工商统一税,统一了内资企业的流转税;"两税合一"后,跨国公司与本土企业的税负渐趋统一,但是目前跨国公司仍然享有较大的政策优惠,与内资企业相比仍存在很多投资上的方便,尤其是一些地方政府,更是对大型跨国公司在本地的投资一路开绿灯,对于这些不合理的现象应尽快予以取消,彻底实现本土企业与跨国公司真正意义上的平等竞争。

3. 有目的、有重点地运用政策工具

对外商投资基础设施建设仍要保留优惠待遇。基础设施建设投资大，周期长，利润低，是我国经济发展的"瓶颈"。同时由于我国基础设施发展不足，外商投资基础设施建设不存在同国内企业争夺市场和不平等竞争的问题。因此，对道路、码头、电厂等基础设施建设，应采取一定的优惠政策，以吸引更多外商投资，加快经济建设的发展。对劳动密集型加工企业应在适当的时候再取消其优惠政策。我国沿海地区劳动密集型企业由于生产成本的提高，已开始向西部地区转移。新的这类投资也开始进入一些西部地区。一些国家在吸收外资达到一定的阶段后才逐步降低或取消一些原有的优惠待遇，我们也应当采取同样的政策，当西部地区吸收外商投资有较大发展时，再开始准备降低或取消原有的一些优惠待遇。

把地区优惠政策和产业优惠政策结合起来。一方面，将地区优惠政策从东南沿海向西北内地倾斜，以充分利用外资开发内地丰富的自然资源；另一方面，增加产业优惠政策力度，改变优惠措施。将外商直接投资引向高新技术行业和农业、基础设施行业，因所得税优惠对技术密集型与资本密集型外商投资企业影响不大，所以应把税收优惠集中在所得税以外的其他税种的优惠上，如增值税和营业税优惠。将优惠待遇转变为效益赋予，实现权利和义务的平衡，从而促进外商企业优惠体系向效益的转变。

应从全方位吸引外资，转移到以贯彻国家产业政策为主的目标上来。按照国家产业要求，有目的、有重点地对外资实行税收优惠政策。根据世贸组织中《补贴与反补贴协定》的规定，允许对落后地区经济发展及环境保护提供补贴，对外资的导向应以部门、行业为出发点，体现产业政策，我们可以积极利用现行世贸组织中的有关规则鼓励外资投向落后地区的重要产业，尤其着重对引进先进技术、现代管理经验和高素质专门人才的项目给予政策上的支持、鼓励。

（四）不同工具的优化组合

1. 以经济性工具为主，以组织性工具为辅

取消优惠政策和开放市场应同步进行，对一些行业的外资，可以将开放市场和取消原有的优惠政策搭配起来一起出台，这样可减少对外商投资的冲击，跨国公司也会觉得合情合理。统一的税收优惠政策通过立法的形式加以确定。这方面可以学习日本、新加坡等国的做法，制定专门的《税收优惠法》（或《税收鼓励法》），使优惠的规定更加明确和系统，增强税收优惠刚性。这样，既便于纳税人理解和掌握，又利于执法机关的操作，还有利于弱化避税和滥用税收优惠条款的行为。

2. 以信息性工具为主，以组织性工具和管制性工具为辅

在市场经济体系尚未健全，仍需政府的宏观调控的情况下，信息性工具的运用需要组织性工具的支持。一方面，政府发布信息，对外商投资的产业加以行政指导，促进产业结构合理化。但另一方面，如为了保障国家政治、经济的独立和安全等，需要以管制性工具限制外资进入国防企业和与意识形态有关的行业及某些具有自然垄断性质的行业。对一些准许进入的行业，如金融、保险、商品零售批发、物流等，出台相应的管理办法（管制性工具），以减少和避免对国内相关企业的冲击。要按照国家的产业政策，引导外国资金投向技术含量高、工艺先进的产业；投向规模大、产业关联性强的产业；投向基础设施和基础产业。完善有关外资引入的法律体系，运用法律手段规范跨国公司的竞争行为（组织性工具）。通过立法和严格执法，制止外国跨国公司及其引起的本国企业的倾销活动和垄断经营。

3. 注重新型政策工具的出现：自愿性组织和团体

外资进入中国已有三十多年，跨国公司日渐形成了一个独立的"标的群体"。一方面，跨国公司受到中国政府外资政策的影响；另一方面，跨国公司又是我国外资政策工具运用的对象。随着其力量的壮大，这个群体已经开始影响政府外资政策的制定和政策工具的选择。就像进入20世纪90年代中期以后，工会和妇联担当起了国有企业下岗职工代言人的角色，为

他们的利益奔走呼号一样,跨国公司也为了在华利益不断与我国政府进行接洽。政府应该完善社会服务体系,健全社会中介服务机构,研究建立解决纠纷的机制,依法处理跨国公司的投诉,维护跨国公司在华合法权益。

第三节　中国外资政策过程的适度调整

一、对外资立法进行调整与完善

近年来,随着中国加入世贸组织后不断与国际社会接轨,中国外资立法已经取得了巨大的进展。如 2000 年 10 月全国人大常委会对跨国公司法和中外合作企业法的修改,2001 年 3 月九届全国人大四次会议又对中外合资企业法进行了修改。2008 年 8 月,《中华人民共和国反垄断法》正式施行,这是中国外资立法史上的重大进步,为中国外资立法的进一步完善创造了有利条件,也充分说明了中国在外资立法领域取得了巨大进步。

中国的外资立法与世贸组织规则相比仍然存在一定差距。首先,中国的外资立法并没有与内资企业实行同样的立法标准,而是分别制定了中外合资企业法、中外合作企业法和跨国公司法等若干部法律,今后应该合并这些分散的法律法规,制定统一的外商投资企业法,新的外商投资企业法规定的跨国公司的待遇必须与有关的内资企业的法律规定相同。其次,现行的外资税收政策优惠制度是以区域导向和产业导向为主,采用全面税收优惠原则,使得外资税收流失严重。随着中国经济的不断发展与吸引外资工作情况的不断变化,外资税收应改为主导产业导向和科技导向,将优惠领域向能源、交通、通信、原材料和农业等基础产业和高新技术产业倾斜。最后,随着跨国公司对华投资规模的不断扩大,现行的法律法规已无法涵盖全部领域,最为典型的就是针对目前大规模的外资并购国有企业的现象,目前中国出台的反垄断法尚缺乏明确的执行细则。中国政府应根据利用外资工作中出现的问题,尽快制定新的法律法规,修改原有的法律法规。例如中国在已颁布的反垄断法的基础上,应吸取发达国家在反垄断方面的成功经验,进一步完善反垄断法,规范企业的市场竞争。另外,当对知识产权保护过度的时候,就会导致知识产权垄断过度、限制竞争的出现,从而阻碍创新。实际上,在世贸组织的《与贸易有关的知识产权协议》(TRIPS 协议)第八条第二款中就有明确规定:"为了防止权利所有人滥用知识产权,或者采用不合理的限制贸易或对技术的国际转让有不利影响的做法,可以采取适当的措施,但以这些措施符合本协议的规定为限。"因而中国的反垄断法或知识产权法在今后应充分利用这一条款,尽可能保证所有在华企业的公平竞争。

二、完善我国外资政策过程

对于中国三位一体的政策过程而言,首先,执政党方面,由于中国共产党是中国社会主义现代化事业的领导核心, 是 "居于领导地位的执政党"[①],中国共产党领导和执政的过程,就是不断制定和实施决策的过程。中共中央通过法定程序把党的主张变为国家法律,成为全体人民的自觉行动。外资政策也不例外,它也必须服从党的精神。共产党对国家的领导主要体现在组织领导上,党对于中国外资政策的制定要发挥"把握方向、谋划全局"的作用。在政策精神下达上做好工作,努力做好组织领导工作。

其次,人大代表要真正代表民意,了解一定时期中国吸引外资政策对国家的经济贡献以及对人民的生活水平的提高程度, 提出切合实际的政策建议,可以考虑吸收跨国公司的人员为人大代表,或在政协委员中吸收跨国公司的成员,以赋予跨国公司更多的影响政策过程的合法渠道。全国人大是中国最高立法机关,人大在立法上要严格把关,要将政府部门提出的议案, 仔细研究并严格审议,控制政府部门独揽政策制定和执行的权力,从而制约政府部门的种种设租行为。

再次,在现阶段,政府部门仍然承担着中国外资政策的制定与执行的重要任务,从国务院到商务部、国家发改委等外资政策的直接制定者以及

---

① 朱光磊:《当代中国政府过程》,天津人民出版社,2002 年,第56 页。

政策执行过程中的具体官员,都是跨国公司施加影响的主要对象,因此这些部门要格外警惕跨国公司的糖衣炮弹,用制度约束自身的行为,并不断提高自身的执政能力,争取在与跨国公司的谈判中处于优势地位。由于目前中国的政策评估仍然由政府的政策研究部门负责,如外资政策的评估就是由商务部政策研究室及国家发改委政策研究室等部门进行,缺乏外资政策的中立评价机构。今后,应强化国家审计机关对外资政策的评估。审计机关以其独立的身份,不受任何权力主体的制约和影响,能够站在公正的立场上,客观评价和处理外资政策。而且审计机关对于政策的评估是一种综合性的评估,是对政策制定、执行的全过程全方位的评估,涵盖了制定、实施外资政策的所有部门,既可以评估政府部门,又可以监督直接责任人是否接受跨国公司的贿赂,从而发现外资政策制定和实施的规律,从宏观角度提出完善建议。

(1)在问题的提出环节,应鼓励跨国公司在内的所有利益集团充分表达自己的意见,这不仅有利于中国民主社会的建设,也有利于外资政策的公平公正,更加保护国内民营企业和优质产业的发展。

(2)在议程设置环节,应制定一套科学的程序,根据不同因素将政策的重要程度加以区分,如该项政策对国家经济发展的重要性,对国家税收的贡献,对产业调整的影响等,只有依据这种科学合理的排序,才能正确进行议程设置,真正将重要的、急需的政策提案列入议程表,优先加以考虑。对于跨国公司的政策建议,政府部门可以优先考虑,但是一定要符合相关的程序,减少人为因素和主观因素的影响。

(3)在政策制定方面,公开立法机构的制定方案,以及政府首脑的讨论结果,并向公众说明制定该项政策的重要依据等。积极举办政策出台之前的听证会和研讨会,倾听社会各界对于该项政策的意见,尤其是在外资政策的制定过程中,既要充分考虑跨国公司的意见和建议,又要兼顾其他利益集团的利益。

(4)在政策执行环节,由于现阶段,个别政府部门与机构,为了扩张自己的部门利益和局部利益,往往误导高层决策;在执行过程中,扭曲原有政策精神。针对这一问题,一方面,要适时改革中国政府官员的政绩考核体制,不能只看经济发展指标,还要综合政治、社会、文化等多重指标加以考察;另一方面,要严格规定涉及中国外资政策的各个职能部门的工作范围和各级政府官员的职责权限,对于违法收取跨国公司贿赂,接受跨国公司及其行业协会好处的行为,严格查处并给予惩罚。尽量杜绝跨国公司寻租的途径和政府设租的可能性。

(5)在政策评估环节,资料和信息的有效获取一直是评估的最大障碍,因此,要对外资政策进行充分的、科学的评价,就必须拥有详细的、真实的统计资料和政策信息。今后应建立跨国公司对华投资的信息数据库,对相关信息进行科学有效的收集和整理,避免故意隐瞒信息和制作虚假信息的行为,为评估外资政策的有效性奠定坚实的基础。

三、对外资政策的监管进行改革

对外资政策监管进行改革实际上就是要有效防止跨国公司寻租中的政府俘获行为的发生,并且建立对已经发生的政府俘获行为的纠错机制,即建立一种新的更加有效的监管体制。通常情况下,实施监管的领域主要发生在垄断领域,而垄断领域往往是跨国公司集中的领域。

首先,应设立专门的监督外资政策的制定。由于中国的外资政策基本上是由商务部、国家发改委等部门制定,它们在制定外资政策时有相当的自主权,几乎不受外部干预,这是外资政策监管不力的主要原因。为此,可以学习美国设立,它可以有效控制个别部门制定外资政策的盲目性和利益偏好。美国的管理与预算办公室隶属于白宫,中国的管理与预算办公室可以设置在国务院,也可以与国务院法制办合署办公,与国务院法制办注重于从法律的专业技术角度进行审查不同,其职责更注重于从经济学的角度对外资政策进行审查与监管,防止不同机构之间的潜在重叠和利益冲突,同时要求各相关机构提交详细的政策制定分析,将其作为制定外资政策的依据。该办公室在审查并对内容基本认同后可将之公示以接受社会公开评议,并负责整理公众对该意见的答复和建议。这就要求该机构工作人员有较高的学术功底和政策水平,对于每一项外资政策的出台都能有正确的判断和预期。

其次,设立专门的、权威性的反垄断执行机构。该机构分为中央和地方两个层面的执法机构,在中央层面,可以设置国务院反垄断委员会。比照美国的联邦贸易委员会,负责处理全国和地区间的竞争与垄断问题,包括制定政策法规、对垄断市场的行为进行调查和行政裁量。在地方层面,负责处理地方和区域内部的竞争垄断问题,这对于及时、公正地处理跨国公司行业垄断和限制市场竞争行为极为重要。

再次,建立责任追究机制和官员的财产申报制度,并严格限制其直系亲属从事违规的商业活动。尽管中国在这方面已经作出了规定,但一直未能严格实行。而政府俘获所涉及的权钱交易数额很大,并且持续时间较长,如果实行严格的党政官员财产申报制度和限制其直系亲属从事违规的商业活动,就使官员不敢收受贿赂,否则难逃法律监管和制裁,这就切断了政府官员和跨国公司之间的权钱交易的链条,得不到“租金”的官员当然也不会为跨国公司免费提供垄断政策。对于政府官员故意制定能够为跨国公司带来垄断利润的外资政策的行为,要明确相关责任追究机制。可以从制度上规定凡是由反垄断机构调查立案并被法院判定收受贿赂的官员要受到责任追究,并且要立即启动对当时制定该政策官员(即使已经离任)的经济调查,如果发现和跨国公司之间确实存在行贿受贿的事实,不仅要追究官员的行政责任、刑事责任,还要在追究跨国公司的刑事责任的同时,追究其经济责任,追回因垄断所带来的垄断利润。这样不仅可以对政府官员起到制约作用,也对跨国公司寻租产生威慑力,使跨国公司不敢轻易从事贿赂政府官员的行为,从而不断完善对中国外资政策的监管。

参考文献

中文译著

[1] [澳]欧文·E.休斯著:《公共管理导论》,彭和平等译,北京:中国人民大学出版社,2001年版。

[2] [冰岛]思拉恩·埃格特森著:《经济行为与制度》,吴经邦等译,北京:商务印书馆,2004年版。

[3] [比]热若尔·罗兰著:《转型与经济学》,张帆、潘佐红译,北京:北京大学出版社,2002年版。

[4] [德]柯武刚、史漫飞著:《制度经济学——社会秩序与公共政策》,韩朝华译,北京:商务印书馆,2004年版。

[5] [德]尤尔根·哈贝马斯著:《公共领域的结构转型》,曹卫东译,上海:学林出版社,1999年版。

[6] [美]E.S.萨瓦斯著:《民营化与公私部门的伙伴关系》,周志忍等译,北京:中国人民大学出版社,2002年版。

[7] [美]J.R.科斯等著:《财产权利与制度变迁》,胡庄君等译,上海:上海三联书店,1994年版。

[8] [美]阿格拉诺夫、麦奎尔著:《协作性公共管理:地方政府新战略》,北京:北京大学出版社,2007年版。

[9] [美]阿兰·斯密德著:《制度与行为经济学》,刘璨、吴水荣译,北京:中国人民大学出版社,2004年版。

[10] [美]埃利诺·奥斯特罗姆著:《公共事务的治理之道》,余逊达译,上海:上海三联书店,2000年版。

［11］［美］戴维·奥斯本、特德·盖布勒著:《改革政府——企业精神如何改革着公营部门》,上海市政协编译组译,上海:上海译文出版社,1996年版。

［12］［美］丹尼尔·W.布罗姆利著:《经济利益与经济制度——公共政策的理论基础》,陈郁等译,上海:上海人民出版社,2006年版。

［13］［美］杜鲁门著:《政治过程:政治利益与公共舆论》,陈尧译,天津:天津人民出版社,2005年版。

［14］［美］盖伊·彼得斯著:《政府未来的治理模式》,吴爱明等译,北京:中国人民大学出版社,2002年版。

［15］［美］理查德·C.博克斯著:《公民治理——引领21世纪的美国社区》,孙柏瑛等译,北京:中国人民大学出版社,2005年版。

［16］［美］罗纳德·J.奥克森著:《治理地方公共经济》,万鹏飞译,北京:北京大学出版社,2005年版。

［17］［美］麦克尔·麦金尼斯著:《多中心体制与地方公共经济》,毛寿龙译,上海:上海三联书店,2000年版。

［18］［美］曼瑟尔·奥尔森著:《国家兴衰探源》,吕应中等译,北京:商务印书馆,1993年版。

［19］［美］詹姆斯·N.罗西瑙著:《没有政府的治理》,张胜军等译,南昌:江西人民出版社,2001年版。

［20］［美］伯特·基欧汉、海伦·米尔纳著:《国际化和国内政治》,姜鹏、董素华译,北京:北京大学出版社,2003年版。

［21］［美］查尔斯·林德布罗姆著:《政治与市场:世界的政治经济制度》,王逸舟译,上海:上海三联书店,1992年版。

［22］［美］丹尼斯·C. 缪勒著:《公共选择理论》,杨春学等译,中国社会科学出版社,1999年版。

［23］［美］E. E. 谢茨施耐德著:《半主权的人民:一个现实主义者眼中的美国民主》,任军锋译,天津人民出版社,2000年版。

［24］［美］弗雷德·R.戴维著:《战略管理》,李克宁译,北京:经济科学出版社,1998年版。

[25]［美］弗雷德·J.威斯通著：《接管、重组与公司治理》，李秉祥等译，大连：东北财经大学出版社，2000年版。

[26]［美］费正清、R.麦克法夸尔著：《剑桥中华人民共和国史（1949—1965）》，王建朗等译，上海：上海人民出版社，1990年版。

[27]［美］亨利·勒帕日著：《美国新自由主义经济学》，李燕生等译，北京：北京大学出版社，1985年版。

[28]［美］加布里埃尔·A.阿尔蒙德、小 G.宾厄姆·鲍威尔著：《比较政治学：体系、过程和政策》，曹沛林等译，上海：上海译文出版社，1987年版。

[29]［美］刘易斯·科塞著：《社会冲突的功能》，孙立平等译，北京：华夏出版社，1989年版。

[30]［美］克里斯托弗·巴特利特著：《跨国管理：理论、案例分析与阅读材料》，宋志红译，北京：中国财政经济出版社，2005年版。

[31]［美］罗伯特·达尔著：《多元主义民主的困境——自治与控制》，周军华译，长春：吉林人民出版社，2006年版。

[32]［美］迈克尔·波特著：《竞争优势》，陈小悦译，北京：华夏出版社，1997年版。

[33]［美］默里·L. 韦登鲍姆著：《全球市场中的企业与政府》，张兆安译，上海：上海三联书店、上海人民出版社，2002年版。

[34]［美］乔·B.史蒂文斯著：《集体选择经济学》，杨晓维等译，上海：上海三联书店、上海人民出版社，1999年版。

[35]［美］乔治·斯蒂纳、约翰·斯蒂纳著：《企业、政府与社会》，张志强、王春香译；北京：华夏出版社，2002年版。

[36]［美］斯蒂格利茨著：《政府为什么干预经济》，北京：中国物资出版社，1998年版。

[37]［美］詹姆斯·布坎南著：《自由、市场与国家》，平新乔、莫扶民译，上海：上海三联书店，1988年版。

[38]［美］爱德华·M.格莱汉姆著：《全球性公司与各国政府》，赵书博译，北京：北京出版社，2000年版。

[39]［美］奥尔森著：《集体行动的逻辑》，陈郁等译，上海：上海人民出版

社,2006 年版。

[40][美]保罗·萨缪尔森、威廉·诺德豪斯著:《经济学》(第十七版),萧琛译,北京:人民邮电出版社,2004 年版。

[41][日]小岛清著:《对外贸易论》,周宝廉译,天津:南开大学出版社,1987 年版。

[42][日]有泽广巳著:《昭和经济史——日本的崛起》,鲍显铭译,哈尔滨:黑龙江人民出版社,1987 年版。

[43][以色列]G.M.格罗斯曼著:《利益集团与贸易政策》,李增刚译,北京:中国人民大学出版社,2005 年版。

[44][英]帕特里克·敦利威著:《民主、官僚制与公共选择——政治科学中的经济学阐释》,北京:中国青年出版社,2004 年版。

[45][英]尼尔·胡德、斯蒂芬·扬著:《跨国企业经济学》,叶刚等译,北京:经济科学出版社,1990 年版。

中文著作

[46]曹沛霖:《政府与市场》,杭州:浙江人民出版社,1998 年版。

[47]曹洪军:《外资并购与中国外资政策调整研究》,北京:人民出版社,2005 年版。

[48]崔新健:《国际直接投资理论与政策》,北京:中国财政经济出版社,2002 年版。

[49]崔新健:《外商对华直接投资的决定因素》,北京:中国发展出版社,2001 年版。

[50]陈富良:《规制政策分析——规制均衡的视角》,北京:中国社会科学出版社,2007 年版。

[51]陈庆云:《现代公共政策概论》,北京:经济科学出版社,2004 年版。

[52]陈文华:《产业集群治理研究》,北京:经济管理出版社,2007 年版。

[53]陈继勇:《国际直接投资的新发展与外商对华直接投资的研究》,北京:人民出版社,2004 年版。

[54]陈明森:《产业升级外向推动与利用外资战略调整》,北京:科学出版

社,2004 年版。

[55]陈昕:《社会主义经济中的公共选择问题》,上海:上海三联书店,1994
年版。

[56]陈岩:《国际一体化经济学》,北京:商务印书馆,2001 年版。

[57]陈振明:《政策科学》,北京:中国人民大学出版社,1998 年版。

[58]丁茂战:《我国政府行政审批治理制度改革研究》,北京:中国经济出
版社,2006 年版。

[59]董辅礽:《集权与分权——中央与地方关系的构建》,北京:经济科学
出版社,1996 年版。

[60]董克用:《构建公共服务型政府》,北京:中国人民大学出版社,2007
年版。

[61]范春辉:《全球化背景下跨国公司的政治功能研究》,南京:南京大学
出版社,2006 年版。

[62]方福前:《公共选择理论——政治的经济学》,北京:中国人民大学出
版社,2000 年版。

[63]高新军:《美国地方政府治理:案例调查与制度研究》,西安:西北大学
出版社,2007 年版。

[64]葛顺奇:《跨国公司技术战略与发展中国家技术模式选择》,北京:中
国经济出版社,2002 年版。

[65]顾丽梅:《公共政策与政府治理》,上海:上海人民出版社,2006 年版。

[66]郭小聪:《政府经济学》,北京:中国人民大学出版社,2003 年版。

[67]韩彩珍:《中国外资政策和法律的绩效分析》,北京:中国经济出版社,
2007 年版。

[68]韩福荣、徐艳梅:《合营企业稳定性与寿命周期》,北京:中国发展出版
社,1998 年版。

[69]韩志国、樊纲、刘伟、李扬:《中国改革与发展的制度效应》,北京:经济
科学出版社,1998 年版。

[70]胡宁生:《现代公共政策研究》,北京:中国社会科学出版社,2000
年版。

[71]黄静波:《国际技术转移》,北京:清华大学出版社,2005年版。

[72]经济合作与发展组织著:《分散化的公共治理:代理机构、权力主体和其他政府实体》,国家发展和改革委员会事业单位改革研究课题组译,北京:中信出版社,2004年版。

[73]江激宇:《产业集聚与区域经济增长》,北京:经济科学出版社,2006年版。

[74]江小涓:《中国的外资经济——对增长、结构升级和竞争力的贡献》,北京:中国人民大学出版社,2002年版。

[75]江涛:《公共哲学》,北京:中共中央党校出版社,2003年版。

[76]李媛、张弛:《WTO框架下中国对外贸易制度调整与重构》,沈阳:东北大学出版社,2005年版。

[77]李尔华:《跨国公司经营与管理》,北京:首都经济贸易大学出版社,2001年版。

[78]李东阳:《国际直接投资与经济发展》,北京:经济科学出版社,2002年版。

[79]李洪江:《跨国公司新发展及其经济效应分析》,哈尔滨:黑龙江人民出版社,2002年版。

[80]李寿祺:《利益集团与美国政治》,北京:中国社会科学出版社,1988年版。

[81]李景鹏:《中国政治发展的理论研究纲要》,哈尔滨:黑龙江人民出版社,2000年版。

[82]李青:《区域创新视角下的产业发展:理论与案例研究》,北京:商务印书馆,2004年版。

[83]李庆钧、陈建:《中国政府管理创新》,北京:社会科学文献出版社,2007年版。

[84]李亦亮:《企业集群发展的框架分析》,北京:社会科学文献出版社,2007年版。

[85]联合国贸发会议跨国公司投资司:《1998年世界投资报告:趋势和决定因素》,北京:中国财政经济出版社,2000年版。

[86]林峰:《跨国公司战略调整与中国对策》,北京:社会科学文献出版社,2005 年版。

[87]林尚立:《国内政府间关系》,杭州:浙江人民出版社,1998 年版。

[88]林尚立:《制度创新与国家成长——中国的探索》,天津:天津人民出版社,2005 年版。

[89]刘力、许民:《入世后的中国外资政策》,北京:中国社会出版社,2002年版。

[90]刘海云:《跨国公司经营优势变迁》,北京:中国发展出版社,2001年版。

[91]刘红忠:《中国对外直接投资的实证研究及国际比较》,上海:复旦大学出版社,2001 年版。

[92]刘曙光:《区域创新系统:理论探讨与实证研究》,青岛:中国海洋大学出版社,2004 年版。

[93]卢泰宏:《跨国公司行销中国》,广州:广东旅游出版社,2002 年版。

[94]卢现祥:《寻租经济学导论》,北京:中国财政经济出版社,2000 年版。

[95]毛蕴诗、蒋敦福、曾国军:《跨国公司在华撤资——行为、过程、动因与案例》,北京:中国财政经济出版社,2005 年版。

[96]毛蕴诗:《跨国公司战略竞争与国际直接投资》,广州:中山大学出版社,1997 年版。

[97]彭国甫:《市场失灵与政府治理——政府经济职能与行为研究》,长沙:湖南人民出版社,2005 年版。

[98]彭澎:《政府治道变革——跨国公司对中国政府治理方式的影响与对策》,北京:人民出版社,2004 年版。

[99]秦斌:《一体化国际经营——关于跨国公司行为分析》,北京:中国发展出版社,1999 年版。

[100]桑玉成:《政府角色——关于市场经济条件下政府作为与不作为的探讨》,上海:上海社会科学院出版社,2000 年版。

[101]沈荣华:《中国地方政府学》,北京:社会科学文献出版社,2006 年版。

[102]沈亚平:《社会转型与行政发展》,天津:天津大学出版社,2004 年版。

［103］沈玉平:《公共选择理论与地方公共财政制度创新》,中国财政经济出版社,2004 年版。

［104］沈远新:《中国转型期的政治治理》,北京:中央编译出版社,2007年版。

［105］孙大雄:《宪政体制下的第三种分权:利益集团对美国政府决策的影响》,北京:中国社会科学出版社,2004 年版。

［106］孙伯瑛:《当代地方治理——面向 21 世纪的挑战》,北京:中国人民大学出版社,2004 年版。

［107］谭融:《美国利益集团政治研究》,北京:中国社会科学出版社,2002年版。

［108］谭深、刘开明:《跨国公司的社会责任与中国社会》,北京:社会科学文献出版社,2003 年版。

［109］唐娟:《政府治理论》,北京:中国社会科学出版社,2006 年版。

［110］唐勇:《跨国公司行为的政治维度》,上海:立信会计出版社,1999 年版。

［111］腾维藻、陈荫枋:《跨国公司概论》,北京:人民出版社,1991 年版。

［112］田贵明:《跨国公司对外直接投资与东道国激励政策竞争》,北京:中国经济出版社,2003 年版。

［113］田为民、张桂林:《比较政治制度》,北京:新华出版社,2004 年版。

［114］外经贸部跨国公司研究中心:《2001 跨国公司在中国投资报告》,北京:中国经济出版社,2001 年版。

［115］王俊豪:《政府管制经济学导论》,北京:商务印书馆,2001 年版。

［116］王梦奎:《经济全球化与政府的作用》,北京:人民出版社,2001 年版。

［117］王林生、范黎波:《跨国经营理论与战略》,北京:对外经济贸易大学出版社,2003 年版。

［118］王浦劬:《政治改革与政府创新》,北京:中信出版社,2003 年版。

［119］王钦:《跨国公司并购中国企业:动因 效应与对策研究》,北京:中国财政经济出版社,2005 年版。

［120］王骚:《政策原理与政策分析》,天津:天津大学出版社,2003 年版。

［121］王小鲁等:《中国地区差距:20 年变化趋势和影响因素》,北京:经济
　　　科学出版社,2004 年版。

［122］王晓民:《议会制度及立法理论与实践纵横》,北京:华夏出版社,2002
　　　年版。

［123］王志乐:《2007 跨国公司中国报告》,北京:中国经济出版社,2007
　　　年版。

［124］王志乐:《软竞争力——跨国公司的公司责任理念》,北京:中国经济
　　　出版社,2005 年版。

［125］吴先明:《跨国公司治理》,北京:商务印书馆,2005 年版。

［126］夏兰、周钟山:《基于网络结构视角的产业集群演化和创新》,北京:
　　　中国市场出版社,2006 年版。

［127］夏书章:《现代公共管理概论》,长春:长春出版社,2000 年版。

［128］谢庆奎:《政府学概论》,北京:中国社会科学出版社,2005 年版。

［129］谢庆奎:《中国地方政府体制概论》,北京:中国广播电视出版社,1998
　　　年版。

［130］谢亚光:《跨国公司在中国的投资分析——以北京为例的实证研究》,北
　　　京:经济管理出版社,2006 年版。

［131］徐家良:《政府评价论》,北京:中国社会科学出版社,2006 年版。

［132］薛求知:《当代跨国公司新理论》,上海:复旦大学出版社,2007 年版。

［133］杨光斌:《中国政府与政治导论》,北京:中国人民大学出版社,2003
　　　年版。

［134］杨光斌:《制度的形式与国家的兴衰——比较政治发展的理论与经
　　　验研究》,北京:北京大学出版社,2005 年版。

［135］杨建龙:《关于外商投资与外资政策的博弈分析》,北京:经济科学出
　　　版社,2000 年版。

［136］杨龙、王骚:《政府经济学》,天津:天津大学出版社,2004 年版。

［137］杨龙:《发展政治学》,北京:高等教育出版社,2006 年版。

［138］杨龙:《中国政府近期主要问题的政治分析》,天津:天津教育出版
　　　社,2007 年版。

［139］尹冬华：《从管理到治理：中国地方治理现状》，北京：中央编译出版
　　　社，2006 年版。

［140］俞可平：《治理与善治》，北京：社会科学文献出版社，2000 年版。

［141］杨玉桢：《地方政府与跨国公司对外直接投资》，北京：知识产权出版
　　　社，2007 年版。

［142］张国庆：《行政管理学概论》，北京：北京大学出版社，2000 年版。

［143］张纪康：《跨国公司与直接投资》，上海：复旦大学出版社，2004 年版。

［144］张昕：《转型中国的治理与发展》，北京：中国人民大学出版社，2007
　　　年版。

［145］张宇燕：《经济发展与制度选择》，北京：中国人民大学出版社，1992
　　　年版。

［146］张志红：《当代中国政府间纵向关系研究》，天津：天津人民出版社，
　　　2005 年版。

［147］赵蓓文：《WTO 规则与中国外资政策》，上海：上海远东出版社，2004
　　　年版。

［148］赵永茂、孙同文、江大树：《政府间关系》，台北：元照出版社，2001 年版。

［149］中国产业地图编委会、中国经济景气监测中心：《中国产业地图2007》，
　　　北京：社会科学文献出版社，2007 年版。

［150］周小虎：《企业社会资本与战略管理——基于网络结构观点的研究》，北
　　　京：人民出版社，2006 年版。

［151］朱鸿伟：《跨国公司行为的政治经济分析》，北京：经济科学出版社，
　　　2006 年版。

［152］朱光磊：《现代政府过程理论》，北京：高等教育出版社，2006 年版。

［153］朱光磊：《政治学概要》，天津：天津人民出版社，2001 年版。

中文论文

［154］常健："论政策执行过程中的职权冲突及其化解"，《中国行政管理》，
　　　2007 年第 11 期。

［155］常健："经济增长、分配不平等与政治稳定的结构关系及其政策启示"，

《学海》,2007 年第 2 期。

[156]常健:"论中国公共政策理念的第二次价值转向",《湖南社会科学》,
2006 年第 4 期。

[157]陈敏敏:"跨国公司对东道国技术进步的反思",《国际贸易问题》,2000
年第 5 期。

[158]陈潭:"经济政治学论纲——理解政治的公共选择理论视角",《湖南
师范大学社会科学学报》,2003 年第 5 期。

[159]陈潭:"公共政策变迁的理论命题及其阐释",《中国软科学》,2004 年
第 12 期。

[160]陈明森:"产能过剩与地方政府进入冲动",《天津社会科学》,2006 年
第 5 期。

[161]楚永生:"中国政府利用外资政策的变革及趋势探析——基于跨国公司
与东道国政府之间的博弈分析",《太原理工大学学报》(社会科学
版),2005 年第 9 期。

[162]戴炳源等:"中国中产阶级的现状特点及发展态势简析",《财政研究》,
1998 年第 9 期。

[163]杜江、高建文:"外商直接投资与中国经济增长的因果关系分析",《世
界经济文汇》,2002 年第 1 期。

[164]段学芬、蔡晨风:"'十二五'期间我国利用外资的政策选择",《学术
界》,2010 年第 12 期。

[165]范黎波:"遵守规则与发展中国家利用外国直接投资的关联性",《南
开管理评论》,2004 年第 4 期。

[166]干咏昕:"政策学习:理解政策变迁的新视角",《东岳论丛》,2010 年
第 9 期。

[167]郭琦:"重塑政府与企业间的关系——社会资本理论的视角",《生产
力研究》,2007 年第 6 期。

[168]郭巍青、涂锋:"重新建构政策过:基于政策网络的视角",《中山大学
学报》(社会科学版),2009 年第 3 期。

[169]胡景岩:"跨国公司是否带来先进技术",《经济导刊》,2007 年第 3 期。

[170]黄微："54 家跨国公司联名'上书'——内外资企业所得税并轨引起轩然大波"，《沪港经济》，2005 年第 3 期。

[171]江涌："警惕部门利益"，《瞭望》，2006 年第 41 期。

[172]江小涓、李蕊："FDI 对中国工业增长和技术进步的贡献"，《中国工业经济》，2002 年第 7 期。

[173]江小涓："中国出口增长与结构变化：外商投资企业的变化"，《南开经济研究》，2002 年第 2 期。

[174]金道政、袁国良："论公共选择理论的缘起和研究方法"，《浙江社会科学》，1998 年第 5 期。

[175]康慧军："跨国公司与东道国政府：专有优势、环境和业绩的关系"，《东华大学学报》（社会科学版），2005 年第 2 期。

[176]赖明勇、包群："外商直接投资技术外溢效应的实证研究"，《湖南大学学报》（自然科学版），2003 年第 4 期。

[177]李成贵："政策执行：一个需要纳入学术视野的问题"，《国家行政学院学报》，2000 年第 3 期。

[178]李林："关于中国立法权限划分的理论与实践问题"，载于王晓民：《议会制度及立法理论与实践纵横》，华夏出版社，2002 年。

[179]李文秀、赵浩兴："跨国公司子公司网络嵌入模式探讨"，《华东经济管理》，2004 年第 4 期。

[180]梁莹莹："是公司责任，不是社会责任"，《当代经理人》，2006 年第 3 期。

[181]刘畅："新时期我国外资政策的范式转变及影响因素研究"，《求实》，2013 年第 3 期。

[182]刘畅："跨国公司对中国政策过程的影响分析——以外资政策为例"，《唯实》，2011 年第 12 期。

[183]刘畅："外资企业在华可持续发展的机制构建——以多元治理为视角"，《经济体制改革》，2014 年第 2 期。

[184]刘畅："政策网络理论：中国外资政策研究的新思路"，《现代经济探讨》，2013 年第 10 期。

[185]刘畅、郭昱："中国外资政策的历史演进与范式评估"，《改革》，2012

年第 12 期。

[186]刘恩专:"外商直接投资的出口贸易效应分析",《当代经济科学》,1999
　　年第 2 期。

[187]刘重力:"中国产品出口结构研究",《南开经济研究》,2000 年第 5 期。

[188]鲁桐:"东道国政府制定跨国公司政策的理论思考",《世界经济与政
　　治》,1995 年第 4 期。

[189]吕晓英、吕胜利:"外商在华直接投资与经济增长关系的实证分析",
　　《甘肃社会科学》,2003 年第 6 期。

[190]钱峻峰:"家乐福的中国攻略",《中国物流与采购》,2004 年第 5 期。

[191]桑秀国:"利用外资与经济增长——一个基于新经济增长模型及对中国
　　数据的验证",《管理世界》,2002 年第 9 期。

[192]沈亚平、郭琦:"从'公共服务型政府'到社会取向型政府",《生产力
　　研究》,2006 年第 10 期。

[193]孙伯瑛、李卓青:"政策网络治理:公共治理的新途径",《中国行政管
　　理》,2008 年第 5 期。

[194]孙业利:"浅析中国政府的跨国公司政策",《上海经济研究》,1999 年
　　第 11 期。

[195]王晨钟:"FDI 对中国出口贸易及出口商品结构影响的实证分析",《黑
　　龙江对外经贸》,2004 年第 5 期。

[196]王允贵:"外资对中国产业安全的影响与对策",《新闻周刊》,1997 年
　　第 3 期。

[197]王玉琼:"利益集团与政策决策",《探索》,2001 年第 2 期。

[198]王健君:"'阳光'博弈浮现",《瞭望》,2008 年第 10 期。

[199]文华:"市场经济于外商投资企业的国民待遇研究",《中国法学》,1994
　　年第 5 期。

[200]吴瑾:"科技型中小企业技术创新基金政策变迁研究——基于政策网络
　　的视角",《科学学研究》,2012 年第 3 期。

[201]巫云仙:"改革开放以来我国引进和利用外资政策的历史演进",《中
　　共党史研究》,2009 年第 7 期。

[202]奚君羊、刘卫江："外商直接投资的贸易效应实证分析",《上海财经大学学报》,2001 年第 6 期。

[203]冼国明、张岸元："跨国公司与美国国会对华政治",《世界经济》,2004年第 4 期。

[204]冼国明、严兵、张岸元："中国出口与外商直接投资——1983—2003年数据的计量分析",《南开经济研究》,2003 年第 1 期。

[205]萧政、沈艳："外国直接投资与经济增长的关系及影响",《经济理论与经济管理》,2002 年第 1 期。

[206]向铁梅："国际贸易与直接投资的关系及其中国情况的实证分析",《世界经济研究》,2003 年第 3 期。

[207]项后军："外资企业的迁移及其根治性问题研究——以台资企业为例",《浙江社会科学》,2003 年第 4 期。

[208]薛求知："跨国公司与中国中产阶级的形成与发展",《管理世界》,1999年第 4 期。

[209]杨龙："新制度主义理论与中国的政治经济学",《教学与研究》,2005年第 7 期。

[210]杨龙、吴光芸："论跨国公司的政治行为及其对我国政府治理的影响",《中州学刊》,2006 年第 5 期。

[211]杨友任、夏铸九："跨界生产网络之在地镶嵌与地方性制度之演化:以大东莞地区为例",《都市与计划》,2005 年第 3 期。

[212]叶秉喜、庞亚辉："跨国公司化解危机的不二法门",《经理人》,2004年第 3 期。

[213]岳经纶："中国发展概念的再定义:走向新的政策范式",《中国公共政策评论》,2007 年第 1 期。

[214]张鹏、李荣林："外商直接投资对中国贸易影响的动态分析",《世界经济研究》,2006 年第 6 期。

[215]张慧："跨国公司行为理论阐释的新进展",《世界经济研究》,2006 年第 8 期。

[216]郑胜利、黄茂兴："从集聚到集群——祖国大陆吸引台商投资的新取

Edition, Prentice Hall, Englewood Cliffs, New Jersey, 1992.

[230]Laster Milbrath, *The Washington Lobbyists*, Chicage: Rand McNally, 1963.

[231]Markus Taube, *Main Issues on Foreign Investment in China's Regional Development: Prospects and Policy Challenges*, Foreign Direct Investment in China, OECD, 2002.

[232]Peter J. Buckley, Mark Casson, *The Future of the Multinational Enterprise*, Holmes and Meier, 1976.

[233]Ronald J. Hrebenar, *Interest Group Politics in America*, Armonk, New York: M. E. Sharpe, Inc., 1997.

[234]Rober J. Carbaugh, *International Economics*, Sixth Edition, South Western-College Publishing, 1998.

[235]Rugman, Alan M, *Inside the Multinational: the Economics of Internal Markets*, Twenty-fifth Edition, Palgrave Macmillan, 2006.

[236]Susan K. Sell, *Private Power, Public Law: the Globalization of Intellectual Property Rights*, Cambridge: Cambridge University Press, 2003.

[237]UNCTAD, *World Investment Report 2005: Transnational Corporations and the Internationalization of R&D*, 2006.

[238]Vernon, R., *The Location of Economics Enterprise*, Allen and Unwin, 1974.

[239]Anselin, L., Thirty Years of Spatial Econometrics, *Papers in Regional Science*, 2010, 89(1).

[240]Beugelsdijk, S. McCann, and Mudambi, R., Introduction: Place, Space and Organization Economic Geography and the Multinational Enterprise, *Journal of Economic Geography*, 2010.

[241]Chen, T. J. & Chen, H. & Ku, Y. H., Foreign Direct Investment and Local Linkages, *Journal of International Business Studies*, 2004(35).

[242]Coase, R. H., The Nature of Firm, *Economica*, November, 4, 1937.

[243]Davies R., P. Norback and A. Tekin-Koru, The Effect of Tax Treaties on

Multinational Firms: New Evidence from Microdata, *The World Economy*, 2009, 32(1).

[244]Dunning, J.H., The Eclectic Paradigm of International Production: a Re-Statement and Some Possible Extensions, *Journal of International Business Studies*, 1988, 19(1).

[245]Garretsen, H. and J. Peeters, FDI and the Relevance of Spatial Linkages: Do Third Country Effects Matter for Dutch FDI?, *Review of World Economics*, 2009, 145(2).

[246]Hall Peter, Policy Paradigms, Social Learning, and the State: The Case of Economic Policymaking in Britain, *Comparative Politics*, 2005, 25(3).

[247]Hayakawa, K. Kimura and Machikita, T., Firm Level Analysis of Globalization: a Survey of the Eight Literatures, *Eria Discussion Paper Series*, 2010, 35(5).

[248]Johanson, J. & Mattsson, L. G., Interorganizational Relations in Industrial Systems: a Network Approach Compared with the Transaction-Cost Approach, *International Studies of Management and Organization*, 1987, 17(1).

[249]Kurata, Ohkawa and Okamura, Location Choice, Competition and Welfare in Non-tradable Service FDI, *International Review of Economics and Finance*, 2009(18).

[250]M.Habib, L. Zurawicki, Country-Level Investments and the Effect of Corruption—Some Empirical Evidence, *International Business Review*, Vol. 10, No. 6, December 2001.

[251]Marick F. Masters & Gerald D.Keim, Determinants of PAC Participation Among Large Corporations, *The Journal of Politics*, Vol.47, 1985.

[252]Nachum, L. & Keeble, K., Foreign and Indigenous Firms in the Media Cluster of Central London, *ESRC Centre for Business Research*, University of Cambridge Working Paper, No. 154, March 2000.

[253]Nohria, N. & Ghoshal S., Differentiated Fit and Shared Values: Alter-na-

向",《世界经济与政治论坛》,2002 年第 3 期。

[217]郑先武:"大型跨国公司对华投资特点及我们的对策",《经济工作导刊》,2002 年第 11 期。

[218]资欣:"关于外资并购中国国有企业的思考",《税务与经济》,2005 年第 4 期。

[219]褚晓路:"政治结构功能演进与人大功能'归位'——中国政治现代化的一个基本问题",《人大研究》,2001 年第 10 期。

[220]邹昭稀:"中国利用外资的演进轨迹与范式解构",《改革》,2009 年第 2 期。

外文文献

[221]Alan Percock, *Public Choice Analysis in Historical perspective*, Cambridge University Press, 1992.

[222]Charles W. Kegley, Jr. Eugene R. Wittkopf, *World Politics: Trend and Transformation*, Fifth Edition, St. Martin Press, Inc., 1995.

[223]Dunning, J.H., The *Multinational Enterprise*, New York: Prager Publishers, 1971.

[224]Dunning, J. H., *Explaining International Production*, London: Unwin Hyman, 1989.

[225]Dunning, J. H., *Determinants of Foreign Direct Investment: Globalization Induced Changes and the Role of FDI Policies*, London: World Investment Prospects, 2002.

[226]Guisinger S. F., *Investment Incentives and Performance Requirements*, New York: Praeger, 1985.

[227]Hogwood, W. Brian and Peters, B. Guy, *Policy Dynamics*, New York: St. Martin's Press, 1983.

[228]Hymer, S. H., *The International Operations of National Firms*, Ph. D. Dissertation, MIT Press, 1976.

[229]K. J. Holsti, International Politics, *a Framework For Analysis*, Sixth

tives for Managing Headquarters—subsidiary Relations, *Strategic Management Journal*, 1994, 15(6).

[254]Porter, Michael E., Please Note the Location of Nearest Exit: Exit Barriers and Planning, *California Management Review*, 19, 1976.

[255]Richard W. Murphy, Lobbies as Information Sources for Congress, *Bulletin of the American Society of Information Science*, April, 1975.

[256]Raab C D., Understanding Policy Networks: a Comment on Marsh and Smith, *Political Studies*, 2001, Vol. 49.

[257]Slangen, A. H. L., Beugelsdijk, S., The Impact of Institutional Hazards on Foreign Multinational Activity: a· Contingency Perspectiv, *Journal of International Business Studies*, 2010, 13(1).

[258]Vernon, R., International Investment and International Trade in the Product Cycle, *Quarterly Journal of Economics*, 1966(5).

[259]William A. Stoever, The Stages of Developing Country Policy toward Foreign Investment, *Columbia Journal of World Business*, Fall 1985.

后 记

　　跨国公司在华可持续发展及对我国外资政策的影响是一个内涵极其丰富的研究领域，涉及政治学、经济学、管理学和社会学等多个学科。进行深入而细致的分析虽然具有一定的学术价值和现实意义，但对于政治学专业的我来说却是极富挑战性的工作。本书仅从跨国公司与母公司、跨国公司与东道国政府、跨国公司与东道国企业、跨国公司与东道国行业协会这四个方面尝试性地探讨了跨国公司在华可持续发展的路径选择。事实上，影响跨国公司在华可持续发展的因素还有其他方面可以进一步研究，并且其对我国外资政策的甚远影响亦是我今后进一步的研究方向。

　　本书作为教育部人文社会科学研究青年基金项目（11YJC810028）的结项成果，自 2011 年 9 月获得批准立项，历经三年，在完稿之际，我首先要衷心感谢我的博士生导师杨龙教授，从书稿的选题到全书的框架设计，导师都给予了细致的建议和指导，为我的学术之路铺垫了坚实的基础。导师循循善诱但又严格要求，不仅教会了我在学业上谦虚谨慎，而且教会了我很多人生道理，使我在今后的人生道路上受益匪浅。

　　感谢天津财经大学于立校长，依托"天津财经大学优秀青年学者计划"的科研平台，让我在学术研究的沃土中充分汲取营养。于立校长每周"优青班"的讲座，令我广开思路，每每都能碰撞出学术的火花，启发我对科学问题的不断探究。感谢经济学院的领导武彦民教授、张进昌教授、黄凤羽教授、杨书文副教授以及诸位同人。作为一名青年教师，我学习和工作上的每一点进步都离不开你们的大力支持和无私帮助。你们为我提供的良好的科研环境与我取得的成绩密不可分。

　　感谢我的博士后合作导师朱春奎教授。自 2012 年 5 月进入复旦大学公共管理博士后流动站进行研究工作，朱老师对我的课题进行了悉心指导，多次召开小组讨论，给予我很多启发性的新思路和新见解，从书稿的目录到章节安排，甚至是表格图示，都与我进行推敲、商议，朱老师一丝不苟的科研精神和一贯严谨的治学风范，值得我永远学习。

感谢"天津市高等学校创新团队培养计划"和"天津财经大学优秀青年学者资助计划"对本书的资助。同时对天津人民出版社的王康女士、杨舒女士在本书出版过程中所做的种种工作表示感谢。

感谢我的公公婆婆，不辞辛劳，背井离乡帮助我照看宝宝五年有余，感谢我的父亲在生活和工作中对我的谆谆教诲和体贴关怀，感谢我的爱人朱亮对我工作上的支持与生活上的包容，感谢我的宝贝朵朵带给我无尽的快乐，愿他健康、快乐地成长。

在本书的写作过程中，我查阅和参考了国内外各种与研究有关的文献，汲取了其中的研究成果，在此表示深深的谢意。当然，除了对本书有较大影响的文献资料已经在脚注或者参考文献中注明以外，可能还有遗漏之处，在此也一并致谢。由于学识有限，书中难免出现疏漏，概由我一人负责。

刘畅 谨记

2014 年 8 月